Andreas Maron

LEADER SHIP

Essentials

REDLINE | VERLAG

Andreas Maron

LEADERSHIP

Essentials

VOM WISSENDEN ZUM KÖNNER –

Wie Führungskräfte ihr Know-how erfolgreich in die Praxis umsetzen

Bibliografische Information der Deutschen Nationalbibliothek
Die Deutsche Nationalbibliothek verzeichnet diese Publikation in der Deutschen Nationalbibliografie. Detaillierte bibliografische Daten sind im Internet über https://dnb.de abrufbar.

Für Fragen und Anregungen
info@m-vg.de

Wichtiger Hinweis
Ausschließlich zum Zweck der besseren Lesbarkeit wurde auf eine genderspezifische Schreibweise sowie eine Mehrfachbezeichnung verzichtet. Alle personenbezogenen Bezeichnungen sind somit geschlechtsneutral zu verstehen.

1. Auflage 2025

Türkenstraße 89
80799 München
Tel.: 089 651285-0

Redaktion: Monika Spinner-Schuch
Umschlaggestaltung: Maria Verdorfer
Umschlagabbildung: inhabitant_b/Adobe Stock
Satz: Kerstin Stein
Druck: GGP Media GmbH, Pößneck
Printed in Germany

ISBN Print 978-3-86881-779-9
ISBN E-Book (EPUB, Mobi) 978-3-96267-655-1

Weitere Informationen zum Verlag finden Sie unter
www.redline-verlag.de
Beachten Sie auch unsere weiteren Verlage unter www.m-vg.de

Inhalt

TEIL 2

Können werden – für Fortgeschrittene

TEIL 3

Weitere Aspekte zum Thema Leadership

Prolog

Lieber Herr Fischer,

nachdem ich gehört habe, dass Sie das Unternehmen wechseln werden, möchte ich die Gelegenheit kurz nutzen und Ihnen Danke sagen.

Die vier Jahre mit Ihnen als Bereichsleiter waren großartig. Irgendwie haben alle das Gefühl, gewachsen zu sein. Sie waren anders beziehungsweise Sie sind anders als viele Ihrer Vorgänger und Sie werden wissen, was ich damit meine. Bleiben Sie, wie Sie sind. Ich freue mich für alle Mitarbeiter, die es mit Ihnen als Chef zu tun bekommen werden.

Alles Gute, S. E.

Liebe Carolin,

heute früh bei meinen Morgenübungen ist mir mal wieder klar geworden, wie gern ich eigentlich zur Arbeit komme. Das hat viel mit dir zu tun! Du hast eine klare Richtung und kannst diese auch bei deinen Vorgesetzten vertreten. Was ich besonders schätze, ist, dass wir immer wissen, was wirklich wichtig ist und was nicht. Behalt das bei! Wir schätzen dich alle sehr.

Bis später, B.

Liebe Frau Dr. Serpin,

wie Sie wissen, bekomme ich die Gelegenheit, in den Vorstand eines anderen Unternehmens aufzusteigen. Ich gehe mit einem lachenden und einem weinenden Auge. Das lachende Auge freut sich darauf, viele Prinzipien, die ich bei Ihnen als unsere CEO gelernt habe, auch in meinem »neuen« Unternehmen zu verankern. Das weinende Auge ist traurig darüber, nicht mehr Teil dieses einmaligen Führungsteams zu sein.

Sie haben es einfach hinbekommen, eine klare Ausrichtung zu behalten, diesen unsäglichen Budget- und Planungsprozess zu vereinfachen und die gesamte Führungskultur in Richtung »Leader-Leader« statt wie früher »Leader-Follower« zu entwickeln. Auf Ihren Aktionärsversammlungen berichten Sie stets zuerst über die Lage der Mitarbeiter- und Kundenzufriedenheit sowie über unsere Rolle in der Gesellschaft und die Entwicklung unseres Zieles zur Klimaneutralität, bevor Sie dann im Weiteren die wichtigsten Finanzkenngrößen präsentieren. Das zeugt aus meiner Sicht von einer Art Führung, wie ich sie mir vorstelle, und ich werde versuchen, diese Erfahrung in meine neue Rolle mitzunehmen.

Bonne Chance! U. A.

Lieber Herr Schmitt,

ich gehe nächste Woche in Rente und hatte das Glück, meine ganze Arbeitszeit in Ihrem Unternehmen verbringen zu können. Sie werden das nicht mehr wissen, aber ich gehörte damals zu der Gruppe Lehrlinge »Zweitchance«. Ich hatte keinen Schulabschluss und es war Ihre Idee gewesen, so jemandem wie mir eine zweite Chance für ein gutes Leben zu ermöglichen. Viel später – auch das wissen Sie, Gott sei Dank, nicht – haben mich eine Reihe von Headhunter-Anfragen nicht bewegen können, Ihr Unternehmen zu verlassen. Sie haben einen einzigen Unternehmenswert seit jeher ins Zentrum gestellt: VERTRAUEN. Ich wusste immer, dass ich keinen anderen Platz finden würde, wo dies so gelebt sein würde wie hier. Sie sind Ihrem Prinzip treu geblieben und Sie können stolz auf Ihr mittlerweile kleines Imperium sein.

Herzlichst, A. P.

Wie hoch ist wohl der Prozentsatz an Managern, die eine solche Nachricht oder gar einen solchen Brief bekämen? Die Wahrscheinlichkeit, dass es mehr (meist gedankliche) Briefe wie die nachfolgenden gibt, dürfte höher sein:

Lieber Herr Fischer,

ich habe gehört, dass Sie das Unternehmen wechseln werden. Gott sei Dank, kann ich da nur sagen!

Die vier Jahre mit Ihnen als Bereichsleiter waren furchtbar. Hier ist keiner von uns gewachsen. Alles war nur auf Sie und Ihren Erfolg ausgerichtet. Es ist ja verständlich, dass Sie große Karriereziele verfolgen, aber wir haben alle gespürt, dass wir nur Handlanger für Sie sind. Sie sollten überlegen, ob Ihre Haltung zur Führung noch zeitgemäß ist, und ich bedauere Ihre künftigen Mitarbeiter schon jetzt!

Dennoch alles Gute, S. E.

Liebe Carolin,

heute früh bei meinen Morgenübungen habe ich mir mal wieder gedacht: Warum tue ich mir das bei uns eigentlich noch länger an?

Wahrscheinlich hast du heute Nacht schon wieder eine neue Idee gehabt und wir sehen vor lauter Vorgaben, Zielen, Mails und Problemen den Wald vor lauter Bäumen nicht. Verfügbar bist du außerdem auch nie! Du meinst immer jovial: »Habt euch nicht so, so ist die Welt heutzutage.« Ich bezweifle, dass du da richtig liegst.

So, ich raff mich jetzt auf. Bis später. B.

Sehr geehrte Frau Dr. Serpin,

wie Sie wissen, bekomme ich die Gelegenheit, in den Vorstand eines anderen Unternehmens aufzusteigen. Ich gehe mit einem lachenden und einem weinenden Auge. Das lachende Auge freut sich darauf, aus Ihrem unsäglichen Performancedruck herauszukommen. Ich verstehe, dass es am Ende auf gute finanzielle Ergebnisse ankommt. Aber die Art, wie Sie die Unternehmenskennzahlen und den Shareholder-Value in den Vordergrund gestellt haben und wie Sie uns als Führungskräfte und damit auch Ihre ganze Belegschaft vor sich hergetrieben haben, lässt mich nur noch den Kopf schütteln. Es ist kalt geworden. Wie viele meiner Kollegen habe ich auf dem Weg zusammenbrechen sehen vor lauter Druck und Deadlines! Ich fand es eigenartig, dass Sie nie Drohungen aussprechen mussten, aber im Grunde hatten und haben hier alle Angst vor Ihnen. Ich weiß, dass Sie vom Gutdünken Ihres Aufsichtsrats abhängen und dass Sie eine tolle Performance aufweisen wollen, aber ein Unternehmen ist mehr als eine Maschine.

Ich gehe aber auch mit einem weinenden Auge, weil Sie immer noch wahnsinnig tolle Menschen mit unausgeschöpften Potenzialen im Unternehmen haben, die aus verschiedensten Gründen bleiben werden und denen ich so gerne eine andere Art von Führung wünschen würde.

So wie Sie möchte ich nicht werden und ich hoffe, dass mir das in meiner neuen Vorstandsrolle gelingt.

Bonne Chance! U. A.

Sehr geehrter Herr Schmitt,

ich gehe nächste Woche in Rente und so wie es aussieht, werden Sie es vermutlich nicht einmal wahrnehmen.

Jetzt bin ich seit meiner Lehrlingsausbildung in Ihrem Unternehmen, welches über die Jahrzehnte zu einem stattlichen kleinen Imperium gewachsen ist. Ich bin aus Loyalität und vermutlich auch aus Feigheit vor dem Unbekannten bei Ihnen geblieben. Viel Spaß hat es nicht gemacht. Alle

Entscheidungen lagen immer bei Ihnen und ich habe abends meiner Frau häufig geklagt, dass ich mir nur wie ein Zahnrad eines großen Getriebes vorkomme. Man wusste nie, was im Unternehmen los war, und bei Veränderungen wurden wir immer nur vor vollendete Tatsachen gestellt. Heute bei meinem Ausstieg komme ich mir irgendwie »klein« vor und betrachte aus der Ferne, mit welcher Großspurigkeit Sie und Ihre ganze Familie im Betrieb und außerhalb des Betriebs auftreten, als würde Ihnen die Welt gehören. Aber wirklich für den Erfolg arbeiten tun wir. Ich will nach all den Jahren nicht undankbar erscheinen. Ich konnte durch den Arbeitsplatz mein Leben finanzieren – so einigermaßen wenigstens. Aber wenn ich zurückblicke, hätte ich mein Glück woanders suchen sollen.

Mfg, A. P.

Über die Rolle der »Chefs« wird viel geredet und viel geklagt. Angeblich verlassen Menschen nicht die Firma, sondern ihren Boss. Wo sind sie – die wirklich »Guten«? Wo sind die Menschen, die es verstehen, andere Menschen dauerhaft mit vollem Engagement auf die Reise zur Erreichung großartiger und sinnvoller Ziele mitzunehmen?

Es wird zu viel »gemanaged«, aber zu wenig gut geführt. Wer diese Aussage wie ich für plausibel hält, für den dürfte das Buch interessant sein. Für alle anderen wohl auch.

Vorwort

Der Schweizer Markus Studer war viele Jahre lang ein routinierter Herzchirurg. Doch als er merkte, dass er seinen Zenit erreicht hatte, wollte er ein sehr guter Lkw-Fahrer werden. Und so tauschte er sein Skalpell gegen einen selbst gekauften Mercedes Actros ein und arbeitete mit voller Freude daran, in einem neuen Gebiet wieder ein Könner zu werden. Klingt doch verrückt, oder?

Zugegeben, das ist schon eine ganze Weile her. Im Jahr 2007 las ich einen Artikel[1] über ihn in dem von mir sehr geschätzten Magazin *brandeins* mit dem Schwerpunkt »Können«. Könner werden und Könner bleiben. Dieser Gedanke hat mich nach dieser inspirierenden Geschichte nicht mehr verlassen.

Und so betrachte ich Woche für Woche, Jahr für Jahr die Vielzahl der Führungskräfte, denen ich in meiner Arbeit begegne, und frage mich innerlich immer wieder: »Wer von denen ist wohl ein echter Könner und wer nicht? Wer von diesen Menschen weiß überhaupt etwas über wirklich gute Führung? Und wer von denen, die meinen, etwas darüber zu wissen, kann es tatsächlich in der Praxis in die Tat umsetzen?«

Um das Prinzip Könnerschaft zu beherrschen, muss man nicht gleich so ungewöhnlich wie Markus Studer agieren. Man kann es auch wie Arthur Rubinstein halten. Der verstorbene weltberühmte klassische Pianist spielte bis ins hohe Alter stets umjubelte Konzerte. Befragt, was sein Geheimnis für dieses Phänomen sei, antwortete er in einem Interview[2]: »Ich passe den

Schwierigkeitsgrad meiner Stücke meinen schwindenden Fähigkeiten an – das ist alles.«

Wenn ich hier einleitend sage, dass es einen Unterschied zwischen Wissen und Können gibt, so klingt das trivial. Aber glauben Sie mir – die Realität dazu ist ernüchternd.

Am leichtesten ist dies in Managerseminaren zu erleben. Hier werden die Teilnehmer erst dann aufmerksam, wenn wirklich neue Gedanken oder Themen vorgetragen werden. Wehe, man taucht mit »alten Kamellen« oder eben mit grundlegenden Führungsprinzipien auf. Seien Sie gewiss, dass Sie sehr schnell Kommentare zu hören bekommen wie: »Das kenne ich längst« oder »Das ist jetzt wirklich nichts Neues, das habe ich vor Jahren schon gehört«. Wenn man dann aber einmal interveniert und hinter den Vorhang der Personen schaut, so stellt man immer wieder fest, dass praktisch nichts vom »Kenne ich schon« wirklich praktischer Bestandteil des tagtäglichen Tuns ist. Wir alle wissen, wie wichtig zum Beispiel gesunde Ernährung ist. Aber wie viel Prozent der »Wissenden« würde sich ehrlicherweise als ein Könner in gesunder Ernährung bezeichnen?

In diesem Zusammenhang erinnere ich mich an den Frust eines hohen Managers eines großen österreichischen Unternehmens. Er war verärgert, dass seine von ihm ausgedachte Bereichsstrategie so gut wie überhaupt keine Umsetzung in der Belegschaft erfahren hatte. Dabei hatte er so viel in das interne Marketing mit Vorträgen, Plakaten et cetera investiert. Viel später ging ihm erst ein Licht auf, als wir an diesem Beispiel das Prinzip der Kommunikationskette diskutierten.

Diese Kette funktioniert meist so:

- *Schritt 1:* Einer erzählt oder schreibt an 100 Personen.
- *Schritt 2:* Hören oder Lesen – Nur 90 von den 100 waren da oder hatten Zeit, es zu lesen.
- *Schritt 3:* Verstehen – Nur 70 von den 90 haben inhaltlich wirklich verstanden, worum es geht.
- *Schritt 4:* Einverstanden sein – Nur 50 von den 70 sind inhaltlich mit dem Vorhaben einverstanden.

- *Schritt 5:* Einmal ausprobieren – Nur 30 von den 50 nehmen sich die Zeit und probieren die Inhalte des neuen Vorhabens wirklich aus.
- *Schritt 6:* Dauerhaft anwenden – Nur 10 von den 30 schaffen es, daraus eine Gewohnheit oder gar eine Könnerschaft zu machen.

Fest steht: In jedem Metier des Lebens, ob bei Unternehmensberatern, Handwerkern, Managern, Ärzten, Servicepersonal et cetera, gibt es nur die berühmten »10 Prozent«, die man als echte Könner in ihrem Fach bezeichnen würde.

Zwischen Wissenden und echten Könnern gibt es einen entscheidenden Unterschied: Die Wissenden haben einiges gelesen oder gehört und könnten vielleicht noch einen einigermaßen fundierten theoretischen Vortrag halten. Die echten Könner wenden das Wissen an, bringen es in ihren Kontext und lernen permanent durch weiteres Training und Erfahrung. Eine der Hauptursachen dafür liegt sicher auch in unserem Schulsystem. Wir schaffen uns Stoff ins Gehirn, aber praktische Fähigkeiten erlernen wir kaum noch. Wo sollen die Könner im Leben also auch herkommen?

Jemand, der noch nie in der Rolle einer Führungskraft in der Geschäftswelt war, hat keine Vorstellung davon, wie dramatisch die Anforderungen an unsere Verantwortungsträger mittlerweile gestiegen sind. »More with less« und »ständiges Wachstum« sind die Mantras, denen sie sich unterworfen fühlen. Fast alle spüren Druck und machen sich permanent Sorgen darüber, ob und wie lange sie den Anforderungen an positive Resultate standhalten können.

Ich habe zudem nicht den Eindruck, dass die Managementliteratur ausreichend Entlastung liefert. Natürlich gibt es Tausende von Führungsmethoden und Tipps und Tricks, aber letztlich scheinen sie meine Klienten eher weiter zu verunsichern, als ihnen im Getöse des Tagesgeschäfts und dem Wirbelwind ständig neuer Anforderungen und Herausforderungen Stabilität zu geben. Ständig kommen neue Methoden und Konzepte daher und man weiß als moderner Manager eigentlich nie: Was brauche ich davon wirklich?

Aber beim Thema Führung braucht die Welt Könner auf ihrem Gebiet. Und das ist gar nicht so schwer, wie man vielleicht denkt. Gute Führung basiert auf wenigen fundamentalen Grundgesetzen, wie wir noch sehen werden. Diese zu kennen, zu lernen und anzuwenden, ist nicht schwierig. Man bekommt sie meist nur nirgends oder zu spät wirklich beigebracht.

Ich habe in diesem Buch einen Chorus an Führungsfähigkeiten zusammengestellt, die ich aus meiner Erfahrung für erstrebenswert halte, um in der heutigen Zeit in einer Führungsrolle bestehen zu können.

- Teil 1 beschreibt die elf Basisfähigkeiten, die jede gute Führungskraft beherrschen sollte.
- Teil 2 ist wichtig für erfahrene Führungskräfte und Manager in höheren Positionen. Hier geht es um die Könnerschaft in der Führung von Organisationen.
- Im Teil 3 gehe ich auf Sonderfragen ein, welche immer wieder in meinen Führungsseminaren thematisiert werden.

Wer weiß, vielleicht fährt Markus Studer noch immer in seinem Truck quer durch Europa? Aber auch wenn er sich schon zur Ruhe gesetzt haben sollte: Sein Prinzip »Ein Könner werden und Könner bleiben!« wird stets Teil meines Leitbildes bleiben.

Viel Freude nun auf dem Weg zur guten Führung.

Andreas Maron

Harmating, im Jahr 2025

TEIL 1

Können werden – die Basics

Nach der Leitung von Hunderten von Führungsseminaren quer durch alle Hierarchien – vom Führungseinsteiger bis hin zum erfahrenen Vorstandsvorsitzenden – traue ich mich zu sagen, dass es eine Reihe von Fähigkeiten gibt, die für jeden in einer Führungsposition relevant sind – nicht nur für Neueinsteiger.

Möglicherweise tendieren erfahrene Manager dazu, diesen Teil 1 zu überspringen – aber man müsste mir schon die Person zeigen, die wirklich alle hier beschriebenen »Basics» wirklich beherrscht.

Nochmal – es geht nicht um Wissen oder Kennen — es geht um KÖNNEN.

Ich kann mich gut selbst führen

Matthias Platzeck musste 2006 nach nur einem halben Jahr im Amt als Bundesvorsitzender seiner geliebten SPD zurücktreten. Zuvor hatte er zwei Hörstürze und einen Nervenzusammenbruch erlitten. Den Bundesvorsitz abzugeben, bezeichnete Platzeck als »die schwierigste Entscheidung«[3] seines bisherigen Lebens; er habe sie auf »dringenden ärztlichen Rat« hin getroffen. Bei seiner Rücktrittserklärung äußerte Platzeck offen, dass er sich mit dem Amt des Parteivorsitzenden übernommen und seine Kräfte überschätzt habe.

Man könnte eine Chronik füllen mit Beispielen wie ihm. Menschen, die in hohen Positionen sind, Menschen, die viel Gutes bewegen könnten, die aber durch bestimmte Umstände aus dem Rennen geworfen werden. Dabei ist Burn-out, wie im Falle Matthias Platzeck, nur eine der vielen Ursachen hierfür.

Wenn Führungskarrieren scheitern, so liegt das meist an der Selbstführung. Wenn Sie an dieser Aussage zweifeln, so denken Sie zunächst einmal an Ihre eigenen »Niederlagen« im Beruf zurück. Waren es wirklich nur äußere Umstände, die Sie dafür zur Rechenschaft ziehen können, oder liegen die Gründe doch eher darin, dass Sie zu beschäftigt waren, um entweder das Kleingedruckte zu lesen oder um die dunklen Wolken am Horizont der Unternehmensentwicklung, der eigenen Ehe oder der eigenen Gesundheit wahrzunehmen?

Niemand wird bestreiten, dass eine Führungskraft nur dann dauerhaft gut sein kann, wenn sie sich zunächst selbst gut führt. Sich selbst gut zu führen ist die Basis jedes erfolgreichen Lebens. Und für alle, die die Entscheidung treffen, auch Führungskraft werden zu wollen, gilt dies in noch größerem Maße.

Gute Selbstführung ist die Voraussetzung. Danach kann man sich gerne aufmachen, um andere zu führen.

Kommen wir also gleich zur Sache. Ich beginne mit zwei wesentlichen Tipps für echte Profis auf dem Gebiet der Selbstführung:

- *Tipp 1:* Verändern Sie Ihre ungesunden Glaubenssätze.
- *Tipp 2:* Studieren Sie das Buch *Die 7 Wege zur Effektivität* von Stephen R. Covey und werden Sie zum Lehrer dafür.

Steigen wir ein.

Tipp 1: Die Sache mit den Glaubenssätzen

Ich war weit in meinen Dreißigern, als ich mich zum ersten Mal bewusst mit der Wirkung des Wortes »Glaubenssatz« auseinandersetzen musste. Wir hatten seitens der Firma eine Weiterbildung und der Seminarleiter konfrontierte uns mit einem sogenannten Antreibertest.[4] Wie bei solchen Übungen üblich, beantworteten wir ein paar Fragen zur Selbsteinschätzung und zählten unsere Punkte zusammen. Das Ergebnis war die folgende Grafik:

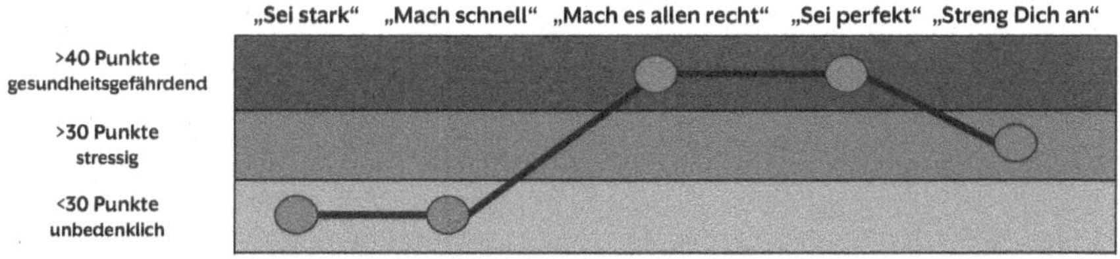

Bild 1: Meine Auswertung beim Antreibertest

Die Grafik ließ mich seitdem nicht mehr los, denn sie war ein Beispiel dafür, wie man selbst den Wald vor lauter Bäumen nicht sieht. Man lebt von Tag zu Tag und wundert sich, warum manche Dinge nicht so laufen, wie sie sollten, und nimmt vieles für gegeben hin. Dann kommt ein simpler Coaching-Test daher und plötzlich fällt es einem wie Schuppen von den Augen.

Urplötzlich hatte ich mit dieser Auswertung einen Indikator in der Hand, warum ich nahe am Burn-out war und viel zu häufig erlebte, dass mein letzter Gedanke vor dem Einschlafen war: »Meine Güte, warum habe ich das und das alles noch nicht erledigt?« Kein Wunder – ich hatte gleich zwei innere Antreiber im Gefahrenbereich! Wie soll das auch gehen – es allen recht machen zu wollen und dann auch noch alles perfekt zu machen? Was für ein Wahnsinn! Beides ist zudem eine Illusion – und dann auch noch in der Kombination?

Sofort wurde mir klar, warum all meine Investitionen in Zeitmanagement-seminare und die tollen Planungswerkzeuge auf Papier oder später im Computer nie die erhoffte Wirkung hatten.

Glaubenssätze sind mächtig. Sie bringen Menschen dazu, sich und andere in die Luft zu sprengen (Terroristen), den Planeten gegen die Wand zu fahren (»Die Wirtschaft des Landes ist wichtiger ...«) oder ihre Familie zu vernachlässigen (»Die Arbeit ist das Wichtigste ...«). Nur zur Klarstellung! Zum Zeitpunkt des Seminars saß ich in der Geschäftsleitung eines großen Unternehmens, hatte eine Familie und stand somit mitten im Leben.

Ich interpretierte mein Verhalten immer als naturgegeben und Teil meines Charakters – insbesondere meines Arbeitsethos. Immer sagte eine innere Stimme in mir: »Andreas, du bist halt so.« Vieles in meinem Leben fühlte sich dennoch wie ein Kampf an.

Durch das besagte Seminar wurde mir klar, dass viele Verhaltensweisen von eigenen Glaubenssätzen geleitet sind. Glaubenssätze entstehen meist in der Kindheit über Erzählungen und dann später über eigene Erfahrungen. Für meine geliebte Großmutter war das Leben recht einfach. Sie *glaubte* zutiefst an Gott, *verhielt* sich daraufhin fromm nach den göttlichen Vorgaben und alles, was sie im Leben erfuhr und erhielt (*die Resultate*), bestätigte stets ihre eigenen Glaubenssätze.

Mein Lieblingsbeispiel für die Macht von Glaubenssätzen ist folgendes: Es soll Führungskräfte geben, deren starke Überzeugung (Glaubenssatz X) es ist, dass Menschen vom Grunde her faule Wesen sind. Wie verhält sich eine solche Führungskraft den Mitarbeitern gegenüber? Sie oder er wird wohl viel vorgeben, kontrollieren und wenig vertrauen. Was erntet die Führungskraft sehr häufig? Wenig engagierte Mitarbeiter. Was lernt die

Führungskraft daraus? »Ha – ich habe recht.« Und der Glaubenssatz stabilisiert sich.

Andere Führungskräfte sollen dagegen die starke Überzeugung (Glaubenssatz Y) haben, dass Menschen sehr wohl engagiert arbeiten, vorausgesetzt, sie sehen einen Sinn in ihrer Tätigkeit und sie haben gute Arbeitsbedingungen. Wie verhält sich nun eine solche Führungskraft gegenüber den Mitarbeitern? Sie wird sie mehr einbinden, ihnen mehr vertrauen und mehr Freiheitsgrade und Entfaltung lassen – und zwar völlig automatisch. Was wird eine solche Führungskraft häufig ernten? Engagierte Mitarbeiter, womit sich der eigene Glaubenssatz wieder bestätigt und festigt.

Die Frage ist nun nicht, welche der beiden Führungskräfte recht hat beziehungsweise welcher ihrer unterschiedlichen Glaubenssätze X oder Y nun richtig ist. Beide haben irgendwo recht! Die einzig richtige Frage ist vielmehr: Welcher der beiden Glaubenssätze ist für die eigene Lebensführung effektiver – sprich: auf Dauer positiv wirksamer?

Ich bin nach vielen Jahren und viel Arbeit mit Führungskräften davon überzeugt, dass wir nicht Opfer unserer bestehenden Glaubenssätze sind. Wir können sie hinterfragen und wir können sie verändern.

Wenn man mit den Ergebnissen des eigenen Lebens nicht zufrieden ist, dann hat man zwei bekannte Hebel, die man betätigen kann. Wenn Sie kleine Dinge verändern möchten, arbeiten Sie direkt an den Verhaltensweisen. Wenn Sie große Dinge verändern möchten, arbeiten Sie an Ihren Glaubenssätzen.

Was macht also ein Könner auf diesem so zentralen Gebiet der Selbstführung?

- *Schritt 1:* Setzen Sie sich entweder mithilfe eines Coachs oder einer Selbstanalyse aus dem Netz oder der Literatur mit Ihren Glaubenssätzen auseinander, welche Sie in Ihrem Leben so angesammelt haben.
- *Schritt 2:* Finden Sie heraus, welche Ihrer Glaubenssätze wohl die ungesundeste Wirkung auf Ihr Leben haben.
- *Schritt 3:* Welche alternativen Sätze würden Ihnen schlagartig Erleichterung verschaffen? (Die »Erlauber«)

- *Schritt 4:* Halten Sie sich im Alltag diese »Erlaubersätze« so häufig es geht bewusst vor Augen und versuchen Sie, danach zu handeln. Warten Sie geduldig die Ergebnisse ab und nehmen Sie diese bewusst wahr. Nur die Resultate können uns auf Dauer einen neuen Glaubenssatz annehmen lassen, denn – wie gesagt – alle Glaubenssätze entstehen entweder aus Erzählungen oder eigenen Erfahrungen.

Der Schock der Auswertung des Antreibertests ist nun über 25 Jahre her und ich habe in dieser Zeit meine drei ungesündesten Antreiber wie folgt behandelt:

- *No. 1:* »Andreas, sei perfekt!« – Der innere Glaubenssatz dahinter war: »Ich muss alles noch besser machen, es ist nie genug.« Ich habe ihn nunmehr aktiv ersetzt durch: »Ich darf Fehler machen und aus ihnen lernen. Es genügen auch manchmal auch 80 Prozent.«
- *No. 2:* »Mach es allen recht.« – Der innere Glaubenssatz dahinter war: »Ich bin nur dann wertvoll, wenn alle mit mir zufrieden sind. Wenn ich Nein sage, werde ich abgelehnt.« Mein Erlaubersatz heute lautet: »Ich darf meine eigenen Standpunkte ernst nehmen. Ich bin in Ordnung, auch wenn jemand mit mir unzufrieden ist. Ich darf es auch mir recht machen.«
- *No. 3:* »Erst die Arbeit, dann das Vergnügen.« – Der innere Glaubenssatz lautet: »Finanzielles Auskommen ist das Wichtigste. Ohne Geld kannst du deine Familie und dich selbst nicht erhalten.« Hier habe ich nunmehr folgenden Erlaubersatz dagegengesetzt: »Ich setze gut überlegte Entscheidungen in das Zentrum meines Lebens und nicht mehr die Arbeit.«

Blicke ich heute auf die letzten Jahrzehnte meines Lebens zurück, so hat die Arbeit an meinen Glaubenssätzen die mit Abstand größte positive Wirkung auf meine Resultate – beruflich wie privat – hervorgebracht.
Und hierzu passt auch gleich der Tipp 2 für alle Könner der Selbstführung unter uns.

Tipp 2: Die Sache mit der Effektivität

Ich kenne bis heute kein schlüssigeres Konzept für eine gesunde Selbstführung als *Die 7 Wege zur Effektivität* von Stephen R. Covey.[5] Das Buch hat sich nunmehr weltweit über 30 Millionen Mal verkauft und liegt angeblich auf unzähligen Nachttischen von Führungskräften (meist ungelesen, weil zu müde ...).

Die 7 Wege zur Effektivität sind keine Raketenwissenschaft, denn die meisten Verhaltensweisen hat Aristoteles schon gekannt. Der Wertbeitrag des Autors liegt einzig in der logischen Zusammensetzung einer Mindestzahl von Verhaltensweisen, die in Summe aus meiner Sicht eine echte Erfolgsformel darstellen. Wenn Sie dahinterkommen wollen, wo Erfolg oder Misserfolg in unseren individuellen Leben oder auch gesellschaftlich und global begründet liegt, dann gehen Sie in den *7 Wegen zur Effektivität* suchen und Sie werden fündig werden.

Hier meine persönliche Kurzzusammenfassung, nachdem ich *Die 7 Wege zur Effektivität* vor 25 Jahren gelesen und seit über 22 Jahren vor mehr als 2000 Managern weltweit gelehrt habe.

Könnten Sie mir ad hoc den Unterschied zwischen *Effektivität* und *Effizienz* erklären? 95 Prozent aller Manager definieren *Effektivität* als das Min-Max-Prinzip: mit möglichst wenig Aufwand an Zeit und Ressourcen ein Maximum an Ertrag zu erzielen. Das klingt naheliegend, ist aber eher die Definition von *Effizienz*. Dieser Begriff bedeutet, wie günstig und schnell man etwas erreicht. Es geht bei der *Effizienz* also primär um Produktivität und Wirtschaftlichkeit. Bei der *Effektivität* geht es jedoch darum, die *richtigen* Dinge zu tun, um langfristig erfolgreich bleiben zu können – und das ist ein himmelweiter Unterschied!

- *Beispiel 1:* Wenn ein Fischer von einem erfolgreichen Fischzug kommt und einen Bettler trifft, der Hunger hat, dann kann er ihm sehr effizient helfen, indem er ihm einen Fisch schenkt (das geht schnell und einfach), oder er lehrt ihn das Angeln, welches sehr effektiv ist, denn dann kann sich der Mann selbst erhalten (auf Dauer wirksam).
- *Beispiel 2:* Stellen wir uns einen Trupp Menschen vor, die sich äußerst rasch durch einen Dschungel kämpfen. Sie sind hervor-

ragend organisiert und die Macheten sind messerscharf. Aber einer von ihnen klettert auf den höchsten Baum, schaut sich um und teilt allen mit lautem Rufen mit: »Hey, bitte alle mal zuhören: Wir sind im falschen Dschungel!« Die Truppe agiert effizient, der Baumkletterer ist effektiv (weil er für den langfristigen Erfolg seiner Truppe das *Richtige* tut).

- *Beispiel 3:* Die Schleppnetze der Fischindustrie sind *hocheffiziente* Erfindungen. Noch nie zuvor war es so einfach, mit so wenig Einsatz so viele Fische aus dem Meer zu ziehen. Aber die Frequenz, mit der die Fischindustrie dies tut, ist alles andere als effektiv, denn bald gibt es keine Fische mehr. Wer mehr Bäume aus dem Wald holt, als gesund nachwachsen, hat bald nichts mehr zum Abholzen.
- *Beispiel 4:* Kata, Kanban und Lean Management sind Managementmethoden, um die Prozesse schlank und fließend zu halten. Sie sind eindeutig positiv für die *Effizienz* der Abläufe und damit für niedrige Kosten. Aber was nützt es, wenn man ein Produkt schlank durch die Produktion jagt, das keinen Markt hat? Was nützen Airbus all die Lean-Aktivitäten, wenn der A380 das falsche Produkt zur falschen Zeit wäre?

Es ist erschütternd, festzustellen, dass die Mehrheit der Manager keine eindeutige Unterscheidung zwischen Effizienz und Effektivität treffen kann. Nochmals zur Wiederholung: 95 Prozent aller Manager in den Seminaren verstehen unter *Effektivität* reine Produktivitätssteigerung.

Mir ging es in meiner Managerkarriere nicht anders. Immer wollte ich mehr erreichen mit weniger Einsatz der Ressourcen. Produktiv sein! Das war mein Credo und Kompass. Bis mir eines Montagmorgens mein bester Mitarbeiter seine Kündigung auf den Tisch gelegt hatte! Mich beschäftigte weniger die Tatsache einer Kündigung – das hatte ich schon früher erlebt –, aber wirklich unangenehm überrascht war ich von der Tatsache, dass ich es nicht habe kommen sehen! Ich war als Manager so damit beschäftigt, meine E-Mails abzuarbeiten oder in Dutzenden von teilweise sinnlosen Meetings zu hocken, anstatt mir mehr Zeit mit meinen Mitarbeitern zu nehmen. Ich habe schlicht die *falschen* Dinge getan.

Effektivität bedeutet, die *richtigen* Dinge zu tun (um langfristig erfolgreich zu bleiben), während Effizienz bedeutet, die Dinge *richtig* zu tun. Ich will keinen Begriff über den anderen stellen – beide sind gleich entscheidend für unser aller Zukunft. Ich weiß nur, dass ein Begriff in unserer Wirtschaftswelt eindeutig dominiert – und das ist das Streben nach Effizienz. Ich wünschte, es gäbe mehr Menschen in verantwortungsvollen Positionen, die sich über ihre Effektivität und die Effektivität ihrer Organisation Gedanken machen würden. Manager streben primär nach Effizienz – gute Führungskräfte lieben die Effektivität. Wo sind nur die Menschen, die beides voneinander trennen können und beides beherrschen? Vielleicht wird jetzt schon klar, warum das Buch nicht *Die 7 Wege zur Effizienz* im Titel hat.

Das Reifekontinuum nach Covey

Stephen R. Covey war Wirtschaftswissenschaftler und er beschäftigte sich primär mit den Mechanismen gelungener Lebensläufe von Menschen und Organisationen. Er wollte herausfinden, ob es Gesetzmäßigkeiten gäbe, wenn Menschen oder Organisationen von einem erfolgreichen »Leben« sprechen. Er reduzierte den Begriff *Erfolg* klugerweise nicht nur auf das wirtschaftliche Ergebnis, sondern auf die Frage, ob und wie lange ein Mensch (oder eine Organisation) einen positiven Beitrag für sich und die Welt leisten konnte oder kann.

Covey studierte Lebensläufe von Menschen und Organisationen und stieß bei seinen Forschungen auf einen Zusammenhang von sieben Verhaltensweisen*, welche im Kanon ein Maximum von Lebenserfolg in Aussicht stellen. Diesen Kanon nennt er ein Reifekontinuum (siehe Bild 2).

---

* Die im folgenden verwendeten Begriffe »Verhaltensweisen«, »Wege« und »Gewohnheiten« sind als synonym zu lesen. Sie stehen alle für das im Englischen verwendete »habits«.

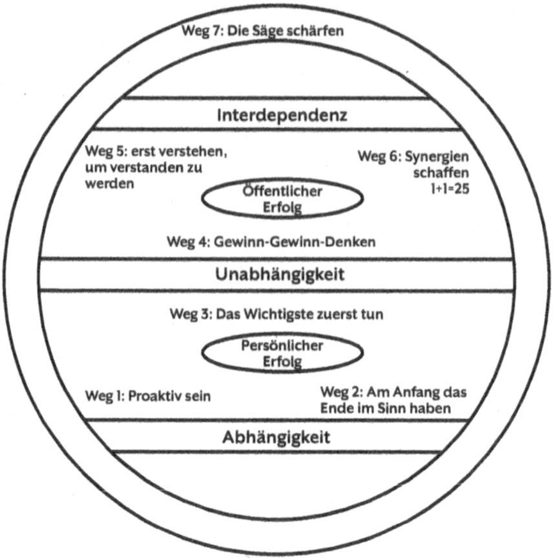

Bild 2: Das Reifekontinuum der 7 Wege zur Effektivität von Stephen R. Covey (adaptiert durch den Autor)

In Kurzzusammenfassungen von *Die 7 Wege zur Effektivität* in der Literatur oder auf YouTube konzentrieren sich die Autoren immer nur auf die Liste der sieben Verhaltensweisen (immerhin meist in der richtigen Reihenfolge). Ich halte das für einen Fehler, denn man sollte sich zunächst mit den drei »Entwicklungsstufen« des Reifekontinuums auseinandersetzen.

Die simple Grundidee: Die unterste Stufe der persönlichen Reife als Erwachsener bezeichnet Covey als »Abhängigkeit«. Die ultimative Stufe der Reife bezeichnet er als »Interdependenz« – übersetzt bedeutet das zum Beispiel wechselseitige Abhängigkeit oder kreatives Miteinander. Dazwischen gibt es eine Art Übergangsstufe: die »Unabhängigkeit«.

Auf der Stufe der *Abhängigkeit* tummeln sich all die Menschen, die gerne andere für ihr eigenes Schicksal verantwortlich machen. Kurz gesagt sind es Menschen mit einer ausgeprägten Opferhaltung. Die Schuld für das, was ihnen im Leben widerfährt, liegt in der Regel bei anderen, aber meist nie bei sich selbst. Sie fühlen sich eher als der Ball, der von anderen herumgekickt wird, und nicht als Spieler in ihrem eigenen Leben. (Überlegen Sie bitte mal selbst, ob die Welt der »Opfer« Ihrer Wahrnehmung nach in der heutigen Zeit eher groß oder klein ist.)

Der erste wesentliche Schritt aus Sicht von Covey zu einer echten persönlichen Reife ist der Schritt von der *Abhängigkeit* zur *Unabhängigkeit*. Menschen auf der Ebene der *Unabhängigkeit* machen nicht mehr andere, sondern meist sich selbst für ihr Schicksal verantwortlich. Das ist ein gewaltiger Fortschritt und mir gefällt für diese Form der »Unabhängigkeit« auch der Begriff der »Souveränität«. Man ist Spieler in seinem Lebensspiel und nie ein Ball, der von anderen herumgestoßen wird. Man sitzt auf dem Fahrersitz seines Lebens und ist nicht Beifahrer. Was für ein schönes Gefühl! Was für ein erster persönlicher Erfolg!

Allerdings wird dieser Erfolg getrübt, wenn diese Menschen auf dieser Ebene der *Unabhängigkeit* verweilen und dadurch zu rücksichtslosen Ego-Shootern mutieren. Die Welt der Egoisten, die nur sich und ihre Bedürfnisse kennen, ist vielleicht nicht so groß wie die Welt der »Opfer«, aber immer noch ausreichend mächtig.

Die wahre Reife eines Menschen liegt laut diesem Modell jedoch nur auf der obersten Ebene – der *Interdependenz*. Hier geht es nicht um »*Du* bist schuld« oder »Alles dreht sich um mich«, sondern hier geht es um das »*Wir*«. Die Idee, die dahintersteckt, ist folgende: Alles in diesem Kosmos ist miteinander verbunden. Es herrscht permanente wechselseitige Abhängigkeit – ob zwischen Himmelskörpern oder den Wesen auf unserer Erde. Im Geschäftsleben erkennen wir das an der Empfindlichkeit von Zulieferketten oder den Schwankungen bei den Börsenkursen.

Die Quintessenz der Selbstführung liegt also zunächst schlicht darin, sich auf Basis einer persönlichen Souveränität (Unabhängigkeit) mit anderen Menschen konstruktiv zu verbinden (Interdependenz). Erst wenn man diese drei Stufen des Reifekontinuums voneinander unterscheiden kann, kann man den Wert der sieben Verhaltensweisen wirklich verstehen und verinnerlichen. Im Grunde geht es bei der Selbstführung darum, in seinem Leben zwei »Erfolge« zu feiern: den persönlichen Erfolg (der Schritt von der Abhängigkeit zur Unabhängigkeit) und den öffentlichen Erfolg (der Schritt von der Unabhängigkeit ins erfolgreiche *Wir* (Interdependenz).

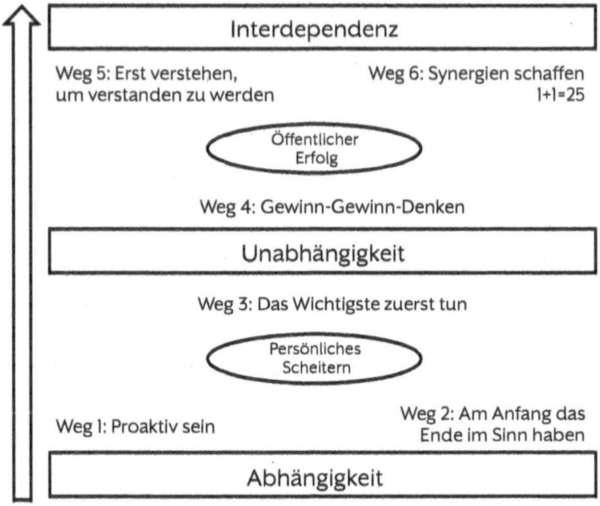

Bild 3: Die 6 ersten Wege zur Effektivität (Stephen R. Covey)

Wie Sie in Bild 3* erkennen, erfordert der Weg von der Abhängigkeit zur Souveränität (Unabhängigkeit) drei Gewohnheiten:

1. *Proaktiv sein* – Ich bin Spieler in meinem Leben und nicht der Ball. Ich bin für mein Glück selbst verantwortlich.
2. *Am Anfang das Ende im Sinn haben* – Ich stolpere nicht einfach in Aktionen und ich habe zudem einen klaren Kompass für mein eigenes Leben.
3. *Das Wichtigste zuerst tun* – Ich lasse mich von meinem Kurs nicht von dringenden und unwichtigen Dingen ablenken.

Achten Sie darauf, dass die Reihenfolge dieser drei Wege Sinn ergibt. Nur ein proaktiver Mensch ohne Opferhaltung denkt in Ruhe über das nach, was

* Aus Gründen der Übersichtlichkeit verzichtet das Bild 3 auf die Darstellung von Weg 7 »Die Säge schärfen«.

ihm oder ihr im Leben wichtig ist und was man vielleicht mal erreicht haben möchte. Es gibt viele Menschen, die vielleicht eine Art Lebensplan oder Karriereplan haben, aber nie zu Ergebnissen kommen, weil sie am Weg 3 scheitern. Damit ist der Weg zur gefühlten Souveränität im Leben häufig verbaut und man verfällt wieder ins Jammern. »Ach, wenn das und das nicht wäre, dann ginge es mir besser ...« Willkommen zurück am Boden der einseitigen Abhängigkeit (von anderen oder von den Umständen).

Der Weg von der Unabhängigkeit zur Interdependenz erfordert drei weitere Gewohnheiten:

1. *Gewinn-Gewinn-Denken* – Ich halte bei allen langfristigen Beziehungen in meinem Leben – ob beruflich oder privat – die Balance zwischen dem Mut, meine eigenen Interessen zu vertreten, und der Umsicht, die Interessen der anderen dabei zu berücksichtigen.
2. *Erst verstehen, um verstanden zu werden* – Bevor ich versuche, jemandem meinen Standpunkt zu verdeutlichen, versuche ich zunächst, seinen zu verstehen.
3. *Synergien schaffen* – Weder versuche ich, mein Gegenüber auf meine Seite zu ziehen, noch nach einem lausigen Kompromiss zu suchen. Stattdessen suche ich nach einer dritten Alternative gemäß der Formel: 1 + 1 = 25 – also einer Lösung, die uns beide voranbringt.

Auch hier ist die Reihenfolge evident. Zunächst ist ein »Gewinn-Gewinn-Denken« ohne die Reifestufe der *Unabhängigkeit* praktisch ausgeschlossen. Warum sollte ein Mensch, der sich auf der Verliererstraße des Lebens fühlt, plötzlich den Mut aufbringen, seine Interessen durchzusetzen und gleichzeitig das Wohl des anderen im Blick zu haben?

Zudem ist der Weg 4 wiederum die Voraussetzung dafür, dem Gegenüber mit der Absicht zuzuhören, seinen oder ihren Standpunkt wirklich zu verstehen.

Schließlich sind die Wege 4 und 5 die Basis für eine konstruktive Lösung in jeglichen Lebenslagen (Weg 6).

Wer diese sechs Verhaltensweisen intensiv in Büchern oder in einem Seminar studiert, stellt sehr schnell fest, wie unreif wir alle in vielen Lebenssituationen agieren – egal wie hoch wir uns auf der Karriereleiter auch befinden mögen.

Die Hauptursache, warum der Homo sapiens eine so mächtige Rolle auf der Erde einnehmen konnte, ist seine Fähigkeit, über Stammesgrenzen hinweg in großen Netzwerken miteinander zu kooperieren – also im WIR (der Interdependenz) zu agieren. Leider wird das konstruktive Miteinander – gerade bei der Lösung von zwischenmenschlichen Problemen, ob in der Familie, in den Unternehmen oder zwischen Nationalstaaten – eingebremst durch die fehlende Reife entscheidender (oder aller?) Akteure. Sehen Sie in Bild 4 also das »Gegenmodell« zu Coveys *7 Wegen zur Effektivität* in Ruhe an. Sie werden sofort verstehen, was ich damit meine.

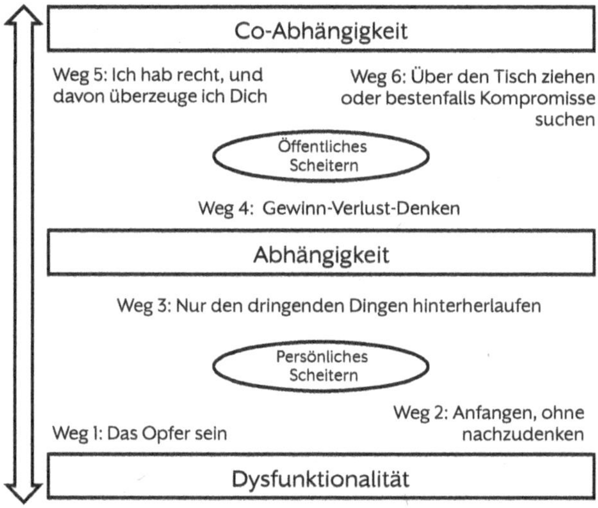

Bild 4: Die 6 ersten Wege zum Scheitern

Das Modell dieses dreistufigen Reifekontinuums wird letztlich umschlossen von der siebten Gewohnheit effektiver Menschen: »**Die Säge schärfen**«.

Covey erzählt hier stets eine altbekannte Geschichte. Ein Mann geht im Wald spazieren und trifft einen Holzfäller, der sich beim Fällen eines Baumes mit seiner Säge recht schwertut. Darauf angesprochen, ob es nach dem Schärfen der Säge hinterher nicht besser ginge, sagt dieser empört: »Schauen Sie sich um, sehen Sie, wie viele Bäume ich heute noch zu fällen habe? Ich habe keine Zeit dafür …« (Achtung! Glaubenssatz!)

Das Prinzip der ständigen Runderneuerung ist deshalb der Kreis um das Modell (siehe Bild 2), weil die sechs skizzierten Verhaltensweisen an Wirkung verlieren, wenn unsere persönliche Säge stumpf ist. Und das tut sie gern in vier Dimensionen:

- *Physische Säge:* Menschen sind in ihrem Alltag dermaßen beschäftigt, dass sie keine Zeit haben, sich um ihren Körper und ihre Gesundheit zu kümmern.
- *Mentale Säge:* Menschen sind dermaßen beschäftigt, dass sie keine Zeit haben, ihren geistigen Horizont zu erweitern, etwas zu lernen, neue Kulturen kennenzulernen et cetera.
- *Soziale Säge:* Menschen sind dermaßen beschäftigt, dass sie keine Zeit haben, sich um ihre wichtigsten Beziehungspartner – im Beruf oder privat – zu kümmern. Von sozialem Engagement ganz zu schweigen.
- *Spirituelle Säge:* Menschen sind so damit beschäftigt, eine (Karriere-)Leiter hinaufzuklettern, dass sie sich nicht ab und zu die Zeit nehmen, sich zu fragen, ob diese Leiter auch an der richtigen Wand steht – also nach dem Sinn fragen.

Man kann lange darüber diskutieren, aber letztlich kommt man zum Schluss, dass alle vier Dimensionen – physisch, mental, sozial und spirituell – für eine erfolgreiche Selbstführung gleich wichtig sind. Damit runden sich das Reifekontinuum und sein Gegenmodell ab (siehe Bild 5).

Ich kenne niemanden, dem es gelingt, in *jeder* Lebenslage diese *sieben Gewohnheiten* konsequent zu praktizieren. Wir sind fehlbare und meist vom Unterbewusstsein gesteuerte Wesen mit Launen und Gefühlen, die uns von der Praxis dieser beschriebenen Verhaltensweisen immer wieder abhalten. Aber dennoch sind sie für mich der praktischste Leitfaden für Könner bei der Selbstführung.

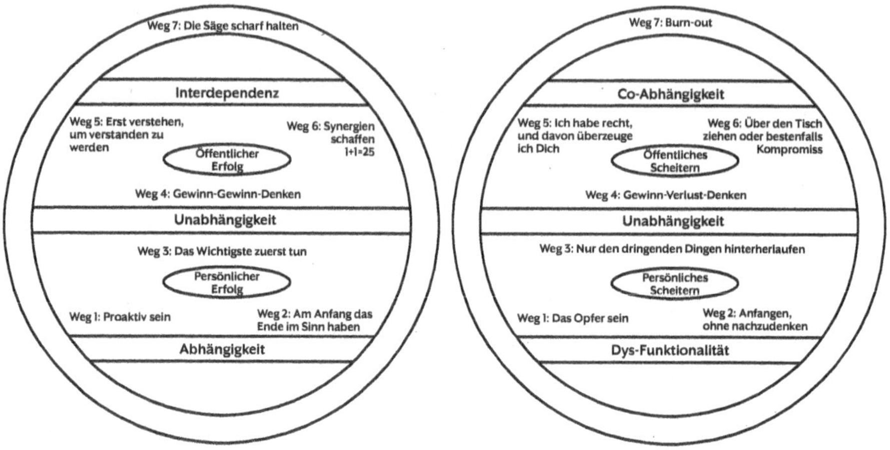

Bild 5: Die 7 Wege zur Effektivität und ihr Gegenmodell

Soweit die Theorie – nun zur Praxis! Was tun die Könner der Selbstführung nun konkret? Hier eine Kurzfassung:

- Sie handeln – wenn irgend möglich – nie aus der Emotion heraus. Sie konzentrieren sich auf ihren Einflusskreis und bleiben konstruktiv und lösungsorientiert (Weg 1: Proaktiv sein).
- Sie haben sich an einem ruhigen Wochenende einmal einen persönlichen Kompass für ihr Leben erstellt und pflegen ihn regelmäßig (Weg 2: Am Anfang das Ende im Sinn haben).
- Sie lassen sich nicht wie viele andere in 80 Prozent ihrer Zeit von dringlichen Dingen leiten, sondern verbringen 80 Prozent ihrer Zeit ausschließlich mit wichtigen Dingen (Weg 3: Das Wichtigste zuerst tun).
- Durch die Wege 4 bis 6 zahlen sie stetig auf das Vertrauenskonto derjenigen Menschen ein, die für ihren eigenen Lebenserfolg relevant sind.

- Sie nehmen sich Zeit, in allen vier Dimensionen ihre Säge zu schärfen. Hierbei kommt es nicht auf heroische Aktionen an, sondern auf kleine, aber regelmäßige Schritte zur Prävention von Burn-outs.
- Wenn sie zu ihrem Lebenserfolg befragt werden oder die Gelegenheit günstig ist, gehen sie in die 7-Wege-Lehrerrolle. Nur wer etwas erklären kann, hat es auch wirklich verstanden. Und das tiefe Verständnis ist die Grundlage zur eigenen Könnerschaft.

Matthias Platzeck ist nach diesem praktischen Modell sicher primär an den Wegen 2, 3 und 7 gescheitert. Jedes Scheitern im Leben, das auch nur ansatzweise mit einem Mangel an Selbstführung zu tun hat, lässt sich in diesem Modell wiederfinden.

Probieren Sie dies in den nächsten Wochen einmal aus. Beobachten Sie in der Familie, im Unternehmen oder in der Gesellschaft Dinge, die nicht so laufen wie erwünscht. Malen Sie sich selbst auf einem Blatt Papier das Modell ab und überlegen Sie ab und zu, an welchen Wegen es gelegen hat, dass etwas gescheitert ist. Das ist eine sehr effektive Einstiegsübung, um das Modell zu verinnerlichen.

Gleiches gilt natürlich auch für Dinge, die wir Menschen als Erfolge bezeichnen würden. Wo haben wohl welche der sieben Verhaltensweisen eine aktive Rolle gespielt? Zum Abschluss dieses ersten Kapitels schauen wir einem echten Könner in Sachen Lebensführung einmal kurz über die Schulter.

Könnerschaft in der Selbstführung am Beispiel von Sebastian B.

Sebastian B. ist 43 Jahre alt, verheiratet, hat drei Kinder und ist Produktionschef eines international tätigen deutschen Maschinenbauunternehmens. In seiner Freizeit macht er lange Wanderungen und ist erster Vorsitzender des Tennisclubs seines Wohnorts.

Sebastian hat vor sieben Jahren in einer persönlichen Krise an einem freien Wochenende in einer Berghütte ein persönliches Leitbild entworfen. Es hängt als Bild in seinem Büro:

Vertrauenswürdig sein! Meine Absichten sind stets gut – ich bleibe integer und ich arbeite an meiner Kompetenz.
Ich coache, trainiere und helfe allen, die in meiner Organisation arbeiten, ihre Fähigkeiten und Persönlichkeiten zu entwickeln.
Bei der Arbeit, in der Gesellschaft und mit meiner Familie werde ich versuchen, alle Abläufe so zu gestalten, dass, wenn ich mal nicht mehr sein werde, man sich an mich erinnert, aber mich nicht vermisst.
Ich möchte in Erinnerung bleiben als ein »Befähiger« für andere, indem ich ihnen helfe, die Schwierigkeiten im Leben zu erkennen und diese zu überwinden.
Ich versuche, positiv zu bleiben und stets auch die guten Seiten misslicher Situationen wahrzunehmen und transparent für andere zu halten, ohne aber die Probleme zu verharmlosen, sondern an ihrer Lösung zu arbeiten.
Ich benutze meine Fähigkeiten, andere Leute zum Lachen oder Schmunzeln zu bringen, so oft ich kann, um ihnen ein paar Momente am Tag zu geben, über die sie sich freuen können. Das gilt für schlechte Tage bei der Arbeit, für die Tage, nachdem das Lieblingsteam mal wieder verloren hat, oder für schwierige Familiensituationen.
Und egal was kommt: Ich halte meine Säge scharf, und zwar in allen vier Dimensionen!

Wann immer Sebastian einmal in einer Krise steckt, betrachtet er sich das Leitbild und findet zurück in seine Spur.

Zusätzlich zu diesem Leitbild kennt Sebastian seine wichtigsten Rollen im Leben und was er in diesen Rollen einmal erreicht haben möchte, wenn er einmal aus dem Leben abtreten sollte. Die Erfahrung der Berghütte hat ihm so gutgetan, dass er sich jedes Jahr ein persönliches verlängertes Wochenende darin gönnt, mit abgeschaltetem Mobiltelefon lange Wanderungen zu unternehmen und abends seinen Lebenskompass zu überarbeiten.

Sonntag abends gegen 18 Uhr setzt er sich in seinen Lieblingssessel und macht eine persönliche Wochenplanung. Welche Rollen benötigen in der nächsten Woche meine besondere Aufmerksamkeit? Sebastian, der Ehemann, der Produktionschef, der Freund, das Vorstandsmitglied? Was ist die *eine* Sache, die wirklich wichtigste, die ich in dieser Rolle nächste Woche tun sollte? Er schreibt sie auf und trägt diese Tätigkeiten fix in seinen Kalender ein. Sollte einmal kein Platz mehr sein vor lauter Meetinganfragen, schafft er sich den Raum für seine persönlichen »Big Rocks« und sagt unwichtigere Meetings entweder ab oder delegiert sie an junge Mitarbeiter, die er fördern möchte. Zusätzlich trägt er sich ein oder zwei Dinge in den Kalender ein, die ihm helfen, seine Säge zu schärfen.

To-do-Listen hat Sebastian mittlerweile aufgegeben. Sie waren sinnlos, weil die Listen immer länger und frustrierender wurden und viele durchaus wichtige Vorhaben wie schwere Mühlsteine in der Liste kleben blieben und auf die Umsetzung vergeblich warteten. Sebastian hatte einmal gelernt, dass nur die Dinge eine Chance zur Umsetzung haben, wenn sie im Kalender stehen. Das klappt natürlich auch nicht immer, aber mit der Umsetzungsquote seiner wichtigsten Aktivitäten, bei denen die privaten Dinge nicht zu kurz kommen, ist er im Gegensatz zu früher höchst zufrieden.

Der zweite große Umschwung bei seiner Selbstführung erfuhr Sebastian, als er sich einmal für zwei Stunden in seinem Lieblingscafé Gedanken darüber machte, welche Glaubenssätze ihn in die ständige Überforderung und Überarbeitung getrieben hatten. Ein Selbsttest förderte drei primäre Glaubenssätze zu Tage: »Arbeite im Schweiße deines Angesichts« (der ständige Spruch seines Vaters), »Ich kann es selbst am besten« und »Mach schnell«.

Nachdem ihm die Sinnlosigkeit dieser drei Aussagen klar wurde, schrieb er sich drei neue Alternativen auf und lernte sie so lange auswendig, bis er sie im Schlaf aufsagen konnte. Wenn man Sebastian heute nach seinen primären Überzeugungen für persönlichen Erfolg befragt, kommen wie aus der Pistole geschossen: »Ich halte stets meine Säge scharf«, »Ich entwickle lieber mein Team, als alles selbst machen zu wollen« und »Ich denke kurz nach, bevor ich etwas beginne«.

Sebastian geht donnerstags um 17 Uhr ins Tennistraining. Das ist ihm wichtig und von diesem Termin wissen nicht nur die Kollegen und Mitarbeiter, sondern auch die Lieferanten und viele Kunden der Firma. Er ist immer wieder erstaunt, wie dieser Termin von allen respektiert wird.

Sebastian kennt seine zehn wichtigsten Beziehungspersonen – sowohl im Privaten als auch im Beruf. Mit diesen Personen versucht er sich mindestens einmal im Monat zu treffen oder zu unterhalten. Er hat sich bewusst damit beschäftigt, was diese Personen als eine Einzahlung auf das Beziehungskonto* empfinden und was als Abhebung. Seit er dieses Bild im Kopf hat, gibt es in seinem Leben momentan praktisch keine persönliche Beziehung, die sich im roten Bereich beziehungsweise in der Überziehung befinden würde. Das spart ihm in der Woche enorm viel Energie und Zeit, die er für wirklich wichtige Themen besser einsetzen kann.

Sebastian hat mittlerweile gelernt, die gute alte Covey-Zeitmatrix (siehe Bild 14) für sich produktiv zu nutzen. Er hat nun nach ein paar Jahren ein verdammt gutes Gefühl dafür, was im Quadranten der Notwendigkeit (Dringend und Wichtig) und was im Quadranten der Selbsttäuschung (Dringend, aber Nicht wichtig) verortet ist. Er kann mittlerweile sehr gut höflich Nein zu diversen Anfragen sagen oder er delegiert diese Anfragen an die Menschen, die er gerne fördern möchte.

Er beeindruckt immer wieder durch seine Pünktlichkeit und dadurch, wie vorbereitet er in Meetings kommt. Außerdem hat er es sich zur Angewohnheit gemacht, dass keine zwei Termine direkt aneinandergrenzen.

Sebastian lädt einmal im Monat seine Mitarbeiter, aber auch Kollegen und Vorgesetzte zu einem Kurzvortrag über Selbstmanagement ein. Anfangs waren es nur wenige, aber die Teilnehmerzahl wächst rapide. Durch die Vorträge verinnerlicht er seine eigenen Gewohnheiten zur Selbstführung und sein Einfluss in der Gesamtbelegschaft wächst ständig. Er stellt fest, wie ihm immer öfter Türen oder Informationen zur Verfügung stehen, die ihm früher als mittelmäßigem Manager verwehrt oder verschlossen blieben.

Sebastian bekommt zwar wie alle seine Kollegen ein ganzes Bündel an Jahreszielen, aber er hat mit seinem Vorgesetzten die drei absolut wichtigen Fokusziele identifiziert. Diese Top-Ziele setzt er bereits seit Jahren brillant um.

Sein aus seiner Retrospektive wohl wichtigster Schritt zur verbesserten Selbstführung ist das zeitliche Investment in sein Team. Auch hier hilft ihm

---

* Das »Beziehungskonto« ist eine gelungene Metapher von Stephen R. Covey, um die Qualität einer langfristigen Beziehung griffig und verständlich darzustellen. Es wird auf Seite 193 weiter erläutert.

sein persönliches Leitbild und seine Mitarbeiter würden für ihn buchstäblich durch das Feuer gehen. Sein funktionierendes Team und sein Fokus auf das Wesentliche ermöglichen es ihm, praktisch nie nach 18 Uhr den Arbeitstag zu beenden und seine Urlaube voll auszunutzen.

Er ist selten krank, macht konsequent Mittagspausen mit einem kurzen Spaziergang bei Wind und Wetter und durch ein ausgefuchstes Ablagesystem verbringt er nicht mehr als zwei Stunden am Tag mit E-Mails.

Mittlerweile ist es zu seiner Passion geworden, ein echter Könner in der Selbstführung zu werden! Wenn man ihn fragt, was ihm das alles bringt, so sagt er sofort: »Erstens habe ich fast immer das Gefühl, Herr des Geschehens in meinem Leben zu sein. Ich sitze auf dem Fahrersitz meiner Existenz und bin nicht Passagier von anderen. Außerdem habe ich massig viel Freiraum für Vergnügen und persönliche Angelegenheiten.«

Zusammengefasst sehe ich in der Praxis fünf Kategorien der Selbstführung:

- *Kategorie 1:* Er hangelt sich von Tag zu Tag.
- *Kategorie 2:* Er beschäftigt sich immerhin mit ungesunden Denk- und Verhaltensmustern.
- *Kategorie 3:* Er kann seine »Säge« in allen vier Dimensionen regelmäßig scharf halten.
- *Kategorie 4:* Er kennt und praktiziert so gut wie möglich die *7 Wege zur Effektivität.*
- *Kategorie 5:* Er ist Lehrer in Sachen »Selbstführung«.

Überlegen Sie abschließend, in welcher Kategorie beziehungsweise Entwicklungsstufe Sie sich in puncto Selbstführung am ehesten verorten. Markieren Sie diesen aktuellen Stand in der Selbstbewertung am Ende des Buches und steigen Sie nun weiter ein in die Welt der »Führung von anderen«.

Ich kann jedem Team eine überzeugende Perspektive vermitteln

Markus F. bekam die Stelle als IT-Leiter eines mittelständischen österreichischen Unternehmens. Am Tag seines Amtsantritts rief er seine Belegschaft zusammen und nachdem er sich ausführlich vorgestellt hatte, wollte er von seinen Leuten wissen, welche Aufgabe denn die Abteilung hätte. Die Antworten sprudelten nur so heraus: »Wir wickeln IT-Projekte ab«, »Wir installieren neue Hard- und Software«, »Wir sorgen für IT-Sicherheit«, »Wir betreiben einen Helpdesk« und so weiter.

Markus musste innerlich schmunzeln und er stellte die Frage anschließend noch einmal: »Was ist hier unsere Aufgabe? Wer engagiert uns hier eigentlich und wofür?« Nach einer kurzen Pause mit etwas verwunderten Gesichtern in der Runde dämmerte es einigen und es kamen Antworten wie: »Wir sorgen mit Hilfe der IT dafür, dass unsere Fachbereiche ihre eigenen Geschäftsziele zuverlässig erreichen können«, »Wir haben als IT einen unheimlich großen Hebel in der Hand, die wirtschaftliche Situation unseres Unternehmens wesentlich zu beeinflussen – im Guten wie auch im Schlechten«, »Ohne unsere Digitalisierungsprojekte wird das Unternehmen den Anschluss im Wettbewerb verpassen und wir sichern uns damit unsere Jobs ab«.

Markus musste innerlich wieder schmunzeln – diesmal aber aus reiner Freude, denn genau das waren die Antworten, die er sich von seinen Leuten eigentlich erhofft hatte.

Sind wir doch ehrlich. Die Unternehmen sind organisiert in kleinen, mittleren und großen Organisationseinheiten, die alle ihren Titel kennen und die sich in funktionale Unterteams oder Mitarbeiter aufteilen, welche dann bestenfalls wiederum über eine Liste ihrer operativen Aufgaben verfügen.

Das ist natürlich nicht falsch – aber reicht das für eine effektive Teamführung aus? Nein – und ich versuche das »*Warum*« kurz zu erläutern, bevor ich beschreibe, was wahre Könner auf diesem Feld so alles praktisch tun.

Aus dem Leadership-Programm von FranklinCovey stammt ein Modell, welches ich als elementares einfaches Führungswerkzeug bezeichne. Es handelt sich dabei um die *6 Ebenen des Engagements*:

Jeder wählt selbst	**6**	**Kreative Begeisterung**
	5	**Überzeugtes Engagement**
	4	**Freudige Kooperation**
	3	**Bereitwilliges Mitmachen**
	2	**Widerwilliger Gehorsam**
	1	**»Rebel or Quit«**

Bild 6: Die 6 Ebenen des Engagements[6]

Im Rahmen einer gesunden Teamperspektive ist der Zusammenhang wie folgt. Zunächst zwei wesentliche praktische Beobachtungen hierzu:

- *Frage 1:* Auf welchen Ebenen befindet sich ein Mitarbeiter, wenn er zum Beispiel eine neue Stelle antritt, auf die er sich erfolgreich beworben hat, oder wenn sie oder er befördert wurde? Antwort: Ebenen 4 bis 6, und das wohl zu 100 Prozent der Fälle.

- *Frage 2:* Glaubt man allen Gallup-Umfragen in den letzten Jahren hinsichtlich der inneren Verbundenheit zum Unternehmen, bei denen regelmäßig zum Ausdruck kommt, dass über 70 Prozent aller Angestellten zum Beispiel in Deutschland quer durch alle Branchen innerlich gekündigt haben – auf welchen Ebenen befinden sich diese 70 Prozent? Antwort: auf den Ebenen 1 bis 3!

Für mich ist dieses Modell deshalb so ein zentrales Führungswerkzeug, weil ich darin die eigentlich elementare Führungsaufgabe sehe, um positive Unternehmensergebnisse über lange Zeit zu realisieren: das Engagement der Belegschaft unter allen Umständen in der oberen Hälfte zu halten.

Der Witz dabei ist nur, dass die 70 Prozent der Menschen, die sich dauerhaft für die untere Hälfte entscheiden, sich früher im oberen Bereich befanden! Eine Standardfrage der Teilnehmer in meinem Seminar ist stets: »Was kann ich tun, um Mitarbeiter wieder zurück ins Engagement zu holen?« Natürlich ist die Frage wichtig. Aber viel entscheidender ist Folgendes: Es geht weniger darum, wie man sie wieder zurückholt, sondern darum, was man tun kann, damit sie gar nicht auf der Leiter des Engagements abrutschen! Prävention ist gute Führung. Verzweifelte Rettungsaktionen sind pures Management.

Liest man Studien darüber, was Mitarbeiter dauerhaft für ihr Unternehmen engagiert hält, so taucht neben dem Betriebsklima immer wieder ein Faktor auf: die Sinnhaftigkeit dessen, was das Unternehmen tut, und im Speziellen, was das eigene Team heute oder in Zukunft dazu beiträgt. Menschen haben eine Neigung dazu, sich nur dann für etwas zu engagieren, wenn es sich neben der Befriedigung elementarer Bedürfnisse (zum Beispiel Entlohnung) auch auf ihre Bedeutung als Mensch und ihr »Vermächtnis« auswirkt. (Habe ich in meinem Leben etwas Bedeutendes zustande gebracht?)

Es fällt nicht schwer, einem CEO die Bedeutung seiner Rolle zu vermitteln und sie oder ihn im Engagement zu halten. Aber wie steht es zum Beispiel bei Call-Center-Mitarbeitern, Administratoren oder Lagerarbeitern?

Lasse ich Führungskräfte in meinen Seminaren einmal bewerten, wie viel Prozent ihrer Mitarbeiter sich im Moment auf welcher Ebene gerade befinden, so nimmt die Ebene 3 (bereitwilliges Mitmachen beziehungsweise Dienst nach Vorschrift) eine bedeutende Rolle ein. Führungskräfte halten es für völlig normal, dass sich ein hoher Prozentsatz der Mitarbeiter auf Ebene 3 tummelt. Welch ein fataler Irrtum! Als würde die Ebene des Engagements etwas über die Größe des Beitrags zum Unternehmen aussagen.

Ich höre bei einem Servicemitarbeiter am Telefon in der ersten Sekunde, ob der Mensch (sofern real) sich auf Ebene 5, auf Ebene 3 oder auf Ebene 1 des Engagements bewegt. Sie oder er ist die Visitenkarte des Unternehmens und hat unmittelbare Auswirkung auf mein Erlebnis als Kunde.

Findet zum Beispiel eine Reinigungskraft einer Firma auf der Toilette eines Unternehmens wichtige Unterlagen, so wird die Reinigungskraft auf der Engagement-Ebene 3 diese womöglich entsorgen, die Reinigungskraft auf Ebene 1 wird sie womöglich der Konkurrenz zukommen lassen, während der gleiche Mensch auf Engagement-Ebene 5 versuchen wird, den Besitzer ausfindig zu machen, um dem eigenen Unternehmen nicht zu schaden.

Bei den *6 Ebenen des Engagements* ist für mich die Ebene 5 elementar. »Überzeugtes Engagement« unterscheidet sich von der freudigen Kooperation (Ebene 4) im Wesentlichen dadurch, dass auf Ebene 5 eine wesentlich höhere Eigenverantwortung für die Erreichung unternehmerischer Ziele vorliegt, wogegen die Ebene 4 immer noch ein Ausdruck von »Leader-Follower« ist und die Mitarbeiter hier erwarten, dass sie immer noch gesagt bekommen, was zu tun ist – um dies freudig zu erledigen. Auf Ebene 5 dagegen sagt eine innere Stimme: »Boss, da, wo du hinwillst, da will ich auch hin!« – und zwar völlig unabhängig von der unternehmerischen Ebene oder Qualität der Aufgabe, welche man innehat.

Die Kunst der Könner liegt darin, möglichst alle Mitarbeiter auf dieser Ebene 5 zu halten oder sie wieder zurückzubringen, sollte das Grundengagement bei der Mehrheit der Belegschaft einmal gelitten haben.

Ich habe vor Jahren für das Team der Wasserversorgung der Stadtwerke einer bayerischen Stadt einmal eine Perspektive mit Hilfe des Werkzeuges »Teamauftrag« entwickelt.

Als wir an dem Punkt ankamen, welchen Nutzen das Team der Wasserversorgung für die Bürger und Unternehmen der Stadt generiert, sagte ein älterer Vorarbeiter mit Kopfschütteln: »Jetzt bin ich schon so lange im Unternehmen tätig, aber mir wird gerade zum ersten Mal so richtig klar, wie wichtig mein Job eigentlich ist! Ich sollte mal nach einer Gehaltserhöhung fragen …«, und die versammelte Runde lachte, sowohl über den Scherz als auch aus leichter Betroffenheit ob der Aussage des alten Haudegens.

Seine Tätigkeit zu kennen und zu können ist das eine. Seinen dahinterliegenden Auftrag und Wertbeitrag zu kennen ist eine andere Geschichte. Die Beschreibung der Tätigkeit, ob als Call-Center-Mitarbeiter, als Bürokraft, als IT-Spezialist oder als Produktentwickler, liefert lediglich eine Klärung über die zu erbringende Leistung, aber sie benennt nicht den Sinn und Nutzen der Tätigkeit.

Ein guter Manager beschränkt sich auf die funktionalen Beschreibungen und Strukturen. Eine gute Führungskraft erkennt *zusätzlich* die Wirkung eines guten Teamauftrags auf das dauerhafte Engagement ihrer Leute. Hierzu die Praxis:

Zunächst setzen Sie sich in einer ruhigen Minute (oder Stunde) mit einer Tasse Kaffee an einen inspirierenden Ort und beantworten zunächst für sich selbst ein paar wenige, aber wichtige Fragen:

1. Wer engagiert uns eigentlich für was? (Die Frage nach den »Key-Stakeholdern«.) Hat sich das, wofür wir mal engagiert worden sind, mittlerweile geändert oder wird sich das voraussichtlich ändern?

2. Wie gut erfüllen wir derzeit das, für das wir engagiert werden? Wie gut sind wir gerüstet, um weiter relevant zu bleiben?

3. Was sind aus meiner Sicht die wohl drei wichtigsten Veränderungen im Team, die dem Anspruch derjenigen, die uns engagieren, genüge tun?

4. Wie überzeugt bin ich selbst davon, dass das, wofür wir von einer Schar Stakeholder engagiert werden, auch das ist, was ich für unseren eigentlichen Auftrag für das Unternehmen sehe? Passt das überhaupt zusammen?
5. Welche Ziele habe ich selbst von »oberer Stelle« bekommen? Was erwartet man von mir langfristig?
6. Was sagt die aktuelle Strategie des Unternehmens konkret aus und was hat das mit uns als Team zu tun?

Wer auf diese sechs Fragen eine Antwort hat, kann nun entspannt in einen Diskurs mit allen Stakeholdern eintreten – insbesondere mit seinem Vorgesetzten, seinen Kollegen, seinen »Kunden« und seinem Team.

Die Praxis sieht jedoch anders aus. Kaum bekommt jemand die Leitung eines Teams mit einer Funktionsbeschreibung übertragen, stürzt er sich in das Tagesgeschäft dieser Organisation. Ehe man sich versieht, hat man für die eben beschriebene Tasse Kaffee und das leere Blatt keine Zeit mehr. Und selbst wenn man das Interesse an diesem Prozess und sogar die Zeit dafür hätte, wüssten die meisten Manager nicht, welche Fragen sie sich wirklich stellen sollten. Man hat es ihnen nie beigebracht. Fühlt man sich auf einem Terrain unsicher, dann meidet man die Gefahren und bleibt auf den ausgetretenen Wegen, die alle um einen herum auch beschreiten. Da kann einem nichts passieren.

Für diejenigen, die sich hier aber zum Könner entwickeln wollen, ist der nächste Schritt wahrlich *keine* Besteigung des Mount Everest: Finden Sie im Kalender ein oder zwei Tage, an denen Sie in Ruhe mit dem Team gemeinsam die sechs oben genannten Fragen beantworten. Die einzige wirkliche Herausforderung, die hier vor Ihnen steht, ist es, dem Team die Absicht und damit auch die Sinnhaftigkeit dieser Aktion zu vermitteln.

Jeder hat hier seine eigene Vorgehensweise – aber ich möchte dennoch einen praktischen Weg skizzieren, der Sie hoffentlich dazu inspiriert, Ihren eigenen Weg über diese Hürde zu finden.

So könnte es sich zutragen:

Ereignis: Wöchentliche Teambesprechung
»Liebes Team! In meinem ganzen Leben und in meiner bisherigen Karriere hat es sich immer wieder gelohnt, ab und an das Tagesgeschäft einmal für eine kurze Zeit anzuhalten und darüber nachzudenken, ob die Leiter, die man tagtäglich hochrennt, auch immer noch an der richtigen Wand steht.
Wie viele Organisationen sind von der Bildfläche verschwunden oder wie viele Teams in der Mittelmäßigkeit gelandet, weil sie die Veränderungen im Umfeld im Tosen des Tagesgeschäfts nicht wahrgenommen haben und schleichend an Relevanz verloren haben? Wie viele gute Leute verlassen wohl ihre Teams, weil es nicht mehr spannend genug ist, sich zu engagieren – einfach, weil man die Sinnhaftigkeit nicht mehr spürt und nur noch frustrierende Alltäglichkeiten wahrnimmt? Warum haben in den westlichen Industrienationen laut Studien über 70 Prozent der Angestellten innerlich gekündigt und machen nur noch Dienst nach Vorschrift?
Ich weiß nicht, wie es euch geht – aber ich möchte das gerne vermeiden. Wem geht das hier auch so? (Handhebungen abwarten – in der Regel sehen das alle auch so ...)
Über dieses Votum bin ich zunächst froh. Deshalb würde ich vorschlagen, dass wir uns am (Datum) für zwei Tage als Team zurückziehen und unseren Kompass neu ausrichten. Was haltet Ihr davon?«

Es gibt unzählige Möglichkeiten, ein Team zu motivieren, eine Entwicklungsmaßnahme zumindest gemeinsam zu starten, ohne gleich Abwehrreaktionen zu erzeugen. Das Ergebnis einer solchen anschließenden Klausur ist ein sogenannter Teamauftrag, den man individuell gestalten kann, der jedoch ein lebendiges Objekt in der Zukunft bleibt.

In meiner Praxis haben sich zwei Arten von Teamaufträgen herausgebildet: die Basisvariante und die erweiterte Variante.

In der *Basisvariante* findet man folgende Inhalte und Überschriften:

a. Ein möglichst aktuelles Teamfoto
b. Wir sehen als Team unseren Auftrag darin …
c. Unsere Hauptkunden und den Hauptnutzen, den wir generieren …
d. Unsere Vision ist …
e. Unser Kompass – ein Scoreboard mit maximal drei Kennzahlen, an denen wir stets ablesen können, ob wir einen guten Job machen oder nicht.
f. Unsere internen Teamregeln

In der *erweiterten Variante* kann man folgende Überschriften und Inhalte ergänzen:

a. Der Stand unserer aktuellen offenen internen Projekte
b. Die Liste der wichtigsten Serviceleistungen und eine Liste der Verantwortlichkeiten
c. Der Qualitätsstand unserer fünf wichtigsten Geschäftsprozesse
d. Liste der Dinge, die wir *nicht* tun
e. Liste der wichtigsten Schnittstellen-Teams und Regeln, wie wir mit ihnen umgehen

Ob man diesen Teamauftrag in einem Dokument zusammenfasst oder über verschiedene Medien unterteilt, ist Geschmackssache. Wichtig ist nur, dass man es zusammen mit dem Team erarbeitet und regelmäßig – mindestens einmal jährlich – einer gemeinsamen Revision unterzieht.

Die Erarbeitung des Teamauftrags hatte für Markus gravierende Konsequenzen. Früher war die IT-Abteilung für viele Geschäftsbereiche die Zielscheibe von Kritik und Häme. Recht schnell, nachdem der Teamauftrag nicht nur erstellt, sondern auch mit den Hauptkunden und Kollegen in den Serviceabteilungen abgestimmt war, hatte sich das Verhalten des Unternehmens gegenüber der IT spürbar zum Positiven verändert. Man wurde ernster genommen und der interne Einflusskreis wuchs langsam, aber stetig. Es dauerte auch nicht lange, bis die IT sehr viel früher in Projekte der Geschäftsbereiche miteinbezogen wurde und die IT-Projekte besser unterstützt wurden als zuvor.

Trotz vieler Headhunter-Anfragen blieben zwei Top-Leute von Markus' Team im Unternehmen. Als Hauptursache erzählen sie gerne, dass sie eine unvergleichliche Sinnhaftigkeit in ihrem Job sehen und der Respekt, der ihnen plötzlich entgegengebracht wird, durch nichts zu bezahlen wäre.

Markus F. wurde recht bald zum CIO befördert und zählt heute zu den einflussreichsten IT-Managern im deutschsprachigen Raum. Seine Teammitglieder dauerhaft in der Mehrheit auf Ebene 5 der sechs Ebenen des Engagements zu halten, ist aus meiner Sicht eine elementare Führungsaufgabe. Einen überzeugenden Teamauftrag mit dem Team zu erstellen und zu pflegen, ist ein wichtiger Baustein hierfür.

Also, Hand aufs Herz: Welche der nachfolgenden Kategorien stimmt am besten mit Ihrem Status quo überein?

- *Kategorie 1:* Wir haben einen Teamtitel und jeder wird seine Aufgaben doch wohl kennen.
- *Kategorie 2:* Alle meine Leute haben klare Aufgabenbeschreibungen.
- *Kategorie 3:* Wir haben einen Teamauftrag entwickelt, ohne Revision.
- *Kategorie 4:* Wir haben einen motivierenden Teamauftrag, den wir regelmäßig gemeinsam aktualisieren.

Ich kann meine Teammitglieder auf Ergebnisse und nicht nur auf Aufgaben ausrichten

Diese Basisfähigkeit für gute Führung eröffnete sich mir in einem Führungsseminar von Boris Grundl mit dem Thema »Leading simple«.

Wie schon in der Geschichte vom IT-Leiter Markus F. erwähnt, gibt es – zumindest in den meisten Organisationen – Stellenbeschreibungen. Sie beschreiben in Form einer Liste oder eines Textes alle Tätigkeiten, die im Rahmen einer bezahlten Tätigkeit vom Mitarbeiter erwartet werden. Für sich betrachtet ist das eine gute Sache.

Jedoch dauerte es einige Jahre, bis ich den wahren Unterschied zwischen Tätigkeitsbeschreibungen und Resultaten zu schätzen gelernt habe. Die Erkenntnis ist zunächst simpel – aber schaut man sich die Praxis an, so sehe ich noch viel zu viele Teamleiter, die ihren Fokus allein auf die Tätigkeiten und Fähigkeiten und weniger auf die gewünschten Resultate legen. Ein praktisches Medium, um dieser Falle wirkungsvoll zu entgehen, ist die sogenannte Ergebnisorientierte Aufgabenbeschreibung – kurz EOA –, welche vom *Grundl-Leadershipinstitut*[7] sehr gut verbreitet wird. Führungskraft und Mitarbeiter vereinbaren nicht einfach eine Aufgabenbeschreibung, sondern erarbeiten eine Liste von Ergebnissen in folgendem Format:

1. »Ich sorge dafür, dass ... (Ergebnis) ...«
2. »Ich sorge dafür, dass ... (Ergebnis) ...«
3. »Ich sorge dafür, dass ... (Ergebnis) ...«

Nur in Ausnahmefällen (zum Beispiel bei unerfahrenen Mitarbeitern) würde man »… indem ich …« ergänzen – also den Weg beschreiben. Klugerweise hält man in der Regel den Weg zum Ergebnis offen und überlässt dies dem Mitarbeiter.

Die sogenannte EOA eignet sich in der Praxis vorzüglich dafür, konstruktive Feedbackgespräche oder Jahresendgespräche zu führen. Über Resultate lässt sich weniger streiten als über eine gefühlte Performance über eine Liste von Tätigkeiten hinweg. Die Ergebnisorientierung ist aber natürlich auch auf der Teamebene anwendbar.

Ich bin in meiner Coaching-Arbeit immer wieder erschrocken darüber, dass so viele Teams oder Abteilungen keine eindeutig messbaren Teamergebnisse verfolgen.

Denken Sie immer an den Führungsdreiklang in der Reihenfolge von *Warum – Was – Wie*. Im letzten Kapitel »Ich kann jedem Team eine überzeugende Perspektive vermitteln« habe ich über das *Warum* gesprochen. Wozu gibt es uns als Team? Wofür werden wir von wem eigentlich beauftragt und wofür? Hier sind wir auf der so wichtigen Sinn-Ebene.

Um unsere Mitarbeiter aber verlässlich auf der fünften Stufe der *6 Ebenen des Engagements* zu halten, ist die Eindeutigkeit des *Was* aber genauso wichtig. Das *Was* – also das Teamziel oder eine EOA – liefert die Brücke zur Tagespraxis. Hier muss das Engagement permanent hochgehalten werden und nicht nur in netten Seminarhotels.

Beim Beschreiben des *Was* kann man allerdings unendlich viele Fehler machen. Der größte Fehler liegt in der Uneindeutigkeit der Formulierung. Hier ein paar Beispiele aus echten Jahresvorgaben an Manager von bedeutenden Unternehmen:

- Wir steigern die Produktqualität signifikant.
- Wir etablieren einen neuen Kundenserviceprozess.
- Im Herbst wird ein neues IT-Logistik-System eingeführt.
- Wir steigern die Kundenzufriedenheit durch verbessertes Kommunikationsverhalten.

Man findet in der Unternehmenspraxis solche (angeblichen) Ziele allerorts und ich kann über die Motivation, sie auf diese uneindeutige Art zu formulieren, nur spekulieren. Will man sich bewusst nicht festlegen? Ist das einfach zu mühsam? Oder warum verbindet man gerne schon in der Zielformulierung das WAS mit dem WIE, wie beim letzten Beispiel?

Ein Team auf Ergebnisse auszurichten, bedeutet ganz einfach, eindeutige Teamziele zu verabreden im Format:

Wir (Verb) (Ergebniskennzahl) von (Startwert) nach (Zielwert) bis (Datum).

Definieren Sie dabei ausschließlich das *Was* und niemals das *Wie*!
So würde obige Liste folgendermaßen lauten:

- Die Fehlerquote von Produkt X sinkt von 18 Prozent auf unter 5 Prozent bis zum 31.10.2026.
- Ab 1.3.2026 wenden alle Prozessbeteiligten im neuen Serviceprozess nachweislich alle Prozessschritte an.
- Spätestens bis zum 1. August 2026 kann jeder von uns im Team einem neuen Mitarbeiter die zehn wichtigsten Funktionen in unserem SAP-System erklären.
- Wir steigern den Kundenzufriedenheits-NPS (Net Promoter Score) von heute –15 auf +25 bis zum 31.12.2026.

Wie gesagt – diese Könnerschaft ist klein, aber fein und sie lässt sich über folgende Ebenen bewerten:

- *Kategorie 1:* Wenn überhaupt, gibt es Aufgabenbeschreibungen für die Teammitglieder.
- *Kategorie 2:* Es gibt für die meisten Teammitglieder EOAs (ergebnisorientierte Aufgabenbeschreibungen).
- *Kategorie 3:* Wir haben zudem eindeutige, miteinander abgestimmte und messbare Teamziele, an denen sich die EOAs orientieren.

Ich kann Mitarbeitergespräche führen, welche das Engagement entwickeln

Es soll tatsächlich Mitarbeiter geben, die innerhalb eines Geschäftsjahres kein einziges persönliches Gespräch mit ihrem Vorgesetzten führen. Natürlich sieht man die Chefs in regelmäßigen Teammeetings und Videokonferenzen oder in Projektmeetings. Aber das persönliche Gespräch fehlt vielerorts. Andere Mitarbeiter kommen immerhin in den (zweifelhaften) Genuss eines Jahresgesprächs mit ihrem Vorgesetzten.

Zweifelhaft deshalb, weil ich zum Beispiel in den Anfangsjahren meiner Karriere aus diesen Jahresgesprächen mit weniger Energie herauskam, als ich hineingegangen bin. Ich fand die Atmosphäre bedrückend und war bestürzt darüber, wie schwer sich manche meiner Chefs damit taten, mir ein konstruktives Feedback zu geben, geschweige denn, die Höhe und Begründung meiner zu erwartenden Gehaltserhöhung mitzuteilen. Es war körperlich spürbar, wie unangenehm ihnen diese Personalgespräche waren, und es erklärt mir auch, warum so viele geplante Jahresgespräche zigmal verschoben werden oder sogar gänzlich ausfallen.

Viele Personalabteilungen geben sich große Mühe, Managern Leitfäden für ein gutes Jahresgespräch an die Hand zu geben. Aber wer setzt sich schon mit einer Checkliste in ein Mitarbeitergespräch?

Ich bin fest davon überzeugt, dass es weniger das knappe Zeitbudget eines Managers ist, das zu schlechter Vorbereitung und Durchführung von Mitarbeitergesprächen führt, sondern die mangelnden Fähigkeiten und das Fehlen von guten Erfahrungen mit ihnen.

Ich sehe bei dieser Könnerschaft folgende Kategorien von Managern:

- *Kategorie 1:* Sie verbringen keine Zeit mit Mitarbeitern im Vier-Augen-Gespräch (außer bei der Einstellung).
- *Kategorie 2:* Sie verbringen situativ Zeit mit ihren Mitarbeitern im Vier-Augen-Gespräch, um Arbeitsfortschritte zu besprechen.
- *Kategorie 3:* Sie verbringen jährlich ein persönliches Vier-Augen-Gespräch, um Arbeitsergebnisse in der Retrospektive zu besprechen.
- *Kategorie 4:* Sie verbringen in einer höheren Frequenz persönliche Vier-Augen-Gespräche, um Arbeitsfortschritte zu besprechen.
- *Kategorie 5:* Sie verbringen in einer hohen Frequenz persönliche Vier-Augen-Gespräche, um neben den Arbeitsfortschritten in erster Linie das Engagement des Mitarbeiters hochzuhalten.

Bevor Sie weiterlesen, überlegen Sie zunächst kurz, worin wohl der Unterschied zwischen den Kategorien 4 und 5 liegt – und warum (leider noch zu wenige) Führungskräfte die Kategorie 5 anstreben.

Traditionelle Manager haben selbst als Teammitglied nie etwas anderes erfahren, als dass man sich maximal um ihre Arbeitsfortschritte kümmert. Ähnlich handhaben sie es selbst (Kategorie 4). Manager der Kategorie 5 haben dagegen eine völlig andere Geisteshaltung. Anstatt die Mitarbeiter von Tag zu Tag in den Arbeitsergebnissen anzutreiben, geht es einem wahren Könner in Sachen Führung darum, das Engagement des Mitarbeiters intakt zu halten – und das nicht einmal im Jahr, sondern regelmäßig, bei einigen Mitarbeitern gar wöchentlich.

Wenn sich jetzt eine innere Stimme bei Ihnen meldet und diese Idee in das Reich der Fantasie befördern möchte, so stelle ich eine These auf und Sie versuchen bitte, diese These zu entkräften:

Es gibt für eine Führungskraft **keine** *wichtigere Aufgabe, als das Engagement ihrer Mitarbeiter hochzuhalten!*

Wenn diese These stimmt, so muss eine Führungskraft permanent etwas unternehmen, um dieses Ziel zu erreichen. Wer beispielsweise zwei Wochen ins Land gehen lässt, ohne etwas aktiv für das Teamengagement getan zu haben, nimmt diese These nicht ernst.

Legen Sie los! Was sind Ihre Gegenargumente? – »Ja, aber die Zeit …«, »Ja, aber die Kunden …«, »Ja, aber das Tagesgeschäft …«
Ernsthaft? Wie viel von den Dingen, die Sie eventuell höher priorisieren als das Engagement Ihrer Mitarbeiter hochzuhalten, haben Sie umso mehr an den Hacken, je tiefer das Engagement Ihrer Leute sinkt? Schauen wir uns dazu die Causa Hans V. an.

Hans ist seit 15 Jahren in einem bayerischen Pharmaunternehmen beschäftigt. Er begann als Lehrling und hat sich nun zu einem der besten Produktentwickler hochgearbeitet. Allerdings zeigt sich seit einigen Monaten, dass sein Engagement bei den *6 Ebenen des Engagements* auf die Ebene 3 »Bereitwilliges Mitmachen« beziehungsweise »Dienst nach Vorschrift« spürbar gesunken ist.

Früher machte er als Letzter das Licht aus, heute ist sein Schreibtisch am Freitag wie bei vielen schon um 12 Uhr leer. Die Zahl seiner Krankentage stieg in den letzten beiden Jahren um 15 Prozent und bei den Firmenfeiern ist er nur noch selten zu sehen. Seine Arbeitsleistung ist in Ordnung, aber einen Verbesserungsvorschlag hat er schon lange nicht mehr eingebracht. War er vor drei Jahren noch der gefragteste Projektleiter für Produktneuentwicklungen, so lehnt er seit mehreren Monaten solche Engagements dankend ab, unter dem Hinweis auf seine Arbeitsbelastung. Mittlerweile wird er gar nicht mehr angefragt.

Vor zwei Monaten hat Hans einen neuen Chef bekommen. In seiner Zeit im Unternehmen hat er schon viele Chefs kommen und gehen sehen. Er selbst war an einer Führungsposition nie wirklich interessiert. Er war schließlich Produktentwickler mit Leib und Seele!

Aber irgendetwas gefiel ihm am neuen Chef. Dieser war anders als die anderen. Er erschien ihm zum einen sehr nahbar, aber dann auch wieder sachlich distanziert, was Hans Respekt abnötigte. Hans kann sich gut daran erinnern, dass der neue Chef in den ersten beiden Wochen seine Zeit mit Zuschauen der Arbeitsabläufe und Einzelgesprächen mit allen Mitarbeitern verbrachte. Danach erarbeitete er mit ihnen einen Teamauftrag und verabredete mit dem Team drei sehr herausfordernde Teamziele, die allesamt klar messbar und terminiert waren.

Jeder im Team hat seit vier Wochen eine persönliche EOA (ergebnisorientierte Aufgabenbeschreibung) und Hans hat sich gleich am ersten Freitagnachmittag danach die Arbeit gemacht, seine EOA in einen eigenen Umsetzungsplan zu übersetzen.

Gleichfalls vor vier Wochen hat sein Chef ihm angekündigt, wöchentlich ein persönliches Gespräch mit ihm führen zu wollen. In der Regel sollte es mittwochs um 13 Uhr stattfinden – sofern bei beiden möglich. Hans mochte diese Idee zunächst nicht sonderlich. Er empfand sich als einen sehr unabhängigen Menschen, der keine außergewöhnliche Kontrolle benötigte, aber das ließ er seinen Chef nicht gleich wissen.

Das erste Meeting würde zwei Stunden dauern, alle weiteren Treffen – sofern nicht verabredet – würden dreißig Minuten nicht übersteigen.

Im ersten Treffen eröffnete ihm sein Chef, dass er mit Mitarbeitern drei Dialoge führen würde: einen Dialog über den persönlichen Beitrag zum Team, einen Dialog über die persönliche Weiterentwicklung und einen Dialog über den Leistungsfortschritt. Dies könne in der Zukunft gemischt erfolgen, beim ersten Treffen wählt er gerne genau diese Reihenfolge.

Hans war gespannt. Sein Chef begann mit einer für ihn außergewöhnlichen Frage: »Was ist aus Ihrer Sicht das größte unerledigte Bedürfnis für unser Team oder unsere Firma?« Hans brauchte hier nicht lange zu überlegen: »Wir müssen schneller werden bei der Produkteinführung. Diese Abstimmungsschwierigkeiten mit der Produktion bei jeder neuen Entwicklung treiben uns aus meiner Sicht auf Dauer an den Abgrund.« Nach ein paar klärenden Fragen zu dieser Aussage fragte ihn sein Chef weiter: »Was sind eigentlich Ihre größten Talente?« Hier kam Hans ins Nachdenken und machte sich etwas Sorgen, wie schnell sein Chef ungeduldig werden würde, wenn ihm jetzt nicht schnell etwas einfiel. Aber sein Chef blieb sichtbar locker.

»Ich glaube, mein größtes Talent ist es, für Klarheit zu sorgen. Ich bin schon früher in der Schule immer vom Lehrer gebeten worden, einen scheinbar schwierig zu verstehenden Sachverhalt so transparent zu machen, dass jeder verstehen konnte, worum es eigentlich ging. Ich liebe es, wenn Dinge klar sind. Unklarheit erzeugt Stress und das ist das Letzte, was Menschen brauchen.« »Interessant«, antwortete sein Chef. Und dann kam die dritte entscheidende Frage: »Und worin sehen Sie für sich Ihren größten Beitrag für unsere Firma, für den Sie einmal in Erinnerung bleiben möchten?«

Da wurde es für Hans etwas emotional, aber es machte ihm komischerweise trotz der Präsenz seines Chefs nichts aus: »Also, ich würde meinen größten Beitrag darin sehen, dass wir dieses eben beschriebene Problem in unserem Entwicklungsprozess nachhaltig gelöst haben und beim durchgängigen Entwicklungsprozess von allen Konkurrenten beneidet werden. Wenn ich hierfür in Erinnerung bleiben würde, hätte sich der Einsatz hier wirklich gelohnt.« Es entstand eine kleine nachdenkliche Pause zwischen beiden. »Dann schauen wir doch einfach, wie wir das realisiert bekommen, einverstanden?«, sagte der Chef. Hans nickte kurz mit einem leisen »Sehr gerne«.

»Dann kommen wir zu meinem Dialog Nr. 2«, fuhr sein Chef fort, stand auf, stellte sich mit einem Stift ans Flipchart und malte ein großes stehendes Rechteck auf das Papier. »Auf der Vertikalen betrachte ich das Engagement eines Mitarbeiters und auf der Horizontalen geht es um dessen Kompetenz. Ich halte die Kombination von beiden Faktoren für den gemeinsamen Erfolg zwischen Mitarbeiter und Firma für unabdingbar.« Sein Chef erläuterte nun ausführlich das sogenannte »Entwicklungsfeld«[8]. Die These dahinter lautet, dass sich jeder Mitarbeiter mit einer beruflichen Rolle im Unternehmen irgendwo auf diesem Feld im Moment befindet. Zur Erläuterung nannte er vier Prototypen (siehe Bild 7).

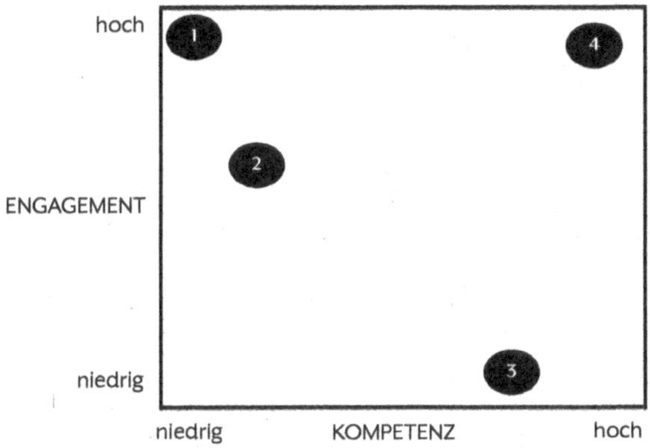

Bild 7: Die vier Prototypen im Entwicklungsfeld nach Grundl

- *Prototyp 1* – der Studienabgänger: extrem hohes Engagement, aber noch wenig Kompetenz.
- *Prototyp 2* – »Honeymoon is over«: die gleiche Person, aber drei Monate später. Die Realität hat ihn oder sie eingeholt, das Engagement ist ein wenig gefallen, aber die Kompetenz ist bereits etwas gestiegen.
- *Prototyp 3* – die alten Hasen: sehr hohe Kompetenz im Job, aber sehr eingeschränktes Engagement für neue Projekte durch die vielen Veränderungen und Enttäuschungen der letzten Jahre im Unternehmen.
- *Prototyp 4* – »die wahren Stützen«: hohes Engagement und hohe Kompetenz. Die Mitarbeiter, auf die man sich immer verlassen kann. Die Mitarbeiter, die die wahren Säulen des Unternehmens darstellen. Sie selber merken es meist nicht – aber alle anderen.

Hans leuchteten diese vier Prototypen ein und ihm fielen zu jeder Kategorie sofort ein paar Beispiele aus der eigenen Organisation ein. »Sind Sie neugierig darauf, wo Sie sich auf diesem Feld im Moment befinden?«, fragte ihn sein neuer Chef? Hans bejahte dies und sein Chef stellte ihm folgende vier Fragen:

- »Wie schätzen Sie in Ihrer Rolle als Produktentwickler Ihre fachlichen Fähigkeiten selbst ein auf der Skala von 0 bis 10?«
- »In Ihrer Rolle als Produktentwickler: Wie bewerten Sie die Ergebnisse aus der Vergangenheit Ihrer Tätigkeit auf der Skala von 0 bis 10?«
- »Wie motivierend und klar sind Ihnen Ihre aktuellen Ziele in Ihrer Rolle auf der Skala von 0 bis 10?«
- »Wie bewerten Sie Ihren Mut und die Zuversicht, diese Ziele auch zu erreichen, auf der Skala von 0 bis 10?«

Hans nannte ihm nach kurzen Überlegungen die Zahlen 7, 9, 9 und 6 und erläuterte nach jeder Frage jede Ziffer ausführlich. Daraufhin skalierte sein Chef auf dem Flipchart beide Achsen von 0 bis 100, kreuzte auf der horizontalen Achse mit der Kompetenz die 63 (Wert von Frage 1 multipliziert mit Wert von Frage 2) an und auf der vertikalen Achse mit dem Engagement die 54 (Wert von Frage 3 multipliziert mit dem Wert von Frage 4). Der Punkt im Entwicklungsfeld entstand nun einfach aus dem Kreuzungspunkt beider Einzelwerte (siehe Bild 8). »Ich kann diesen Punkt auf dem Feld noch nicht selbst persönlich einschätzen. Dafür kenne ich Sie noch nicht gut genug. Aber ist er Ihnen plausibel?«, fragte sein Chef.

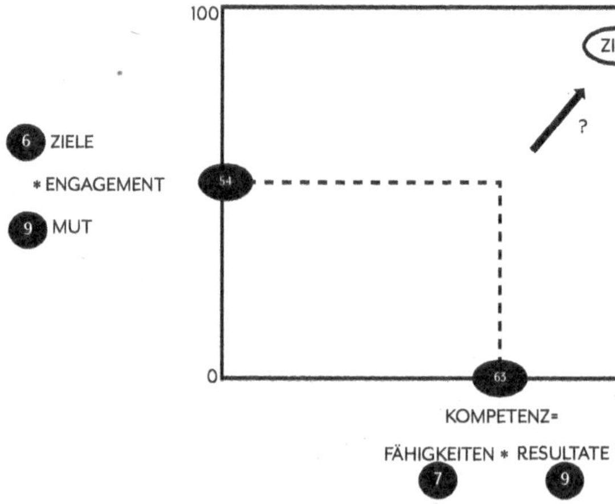

Bild 8: Die vier Prototypen im Entwicklungsfeld nach Grundl

Hans war klar, dass Kompetenz aus der Kombination von Fähigkeiten und den Resultaten entsteht. Man braucht beide Faktoren in hoher Güte, um als wirklich kompetenter Mensch zu gelten. Dabei fiel ihm aus irgendeinem Grund die lange Liste von technisch guten Sportlern ein, die trotzdem nie etwas Zählbares gewonnen haben.

Etwas länger dauerte seine Einsicht, dass hohes Engagement mit intrinsischen Zielen und der Zuversicht von dessen Erreichung verbunden ist. Aber auch dieser Zusammenhang machte letztlich für ihn Sinn: Ein Ziel, von dessen Sinnhaftigkeit man selbst überzeugt ist, liefert den Treibstoff für das Engagement. Die Zuversicht (der Mut), es zu erreichen, ist der Zündfunke.

Mit dem Punkt auf dem Entwicklungsfeld war er einverstanden. Der Chef wollte wissen: »Wie bewerten Sie diesen aktuellen Punkt für sich selber und wenn Sie ihn verändern wollten, wo sollte er künftig liegen?« Hans wies auf die rechte obere Ecke. Da wollte er wieder sein. Da war er schon einmal vor wenigen Jahren. Dahin wollte er wieder zurück.

»Einverstanden. An welchem der vier Hebel (Fähigkeiten/Resultate/Ziele/Mut) sollten wir zuerst ansetzen und womit?«, fragte ihn sein Chef. »Wenn ich entscheiden kann, dann unbedingt bei den Fähigkeiten. Ich bin hier bei einigen technischen Entwicklungen in den letzten Monaten etwas ins Hintertreffen geraten und das raubt mir auch etwas den Mut, meine aktuellen Ziele zu erreichen.«

Sein Chef und er sprachen letztlich über drei Entwicklungsmaßnahmen und verabschiedeten diese. Das Meeting hatte bis zu diesem Zeitpunkt knapp eine Stunde gedauert. Nach einer kurzen Kaffeepause leitete der Chef ein: »Kommen wir zum letzten Dialog – den Arbeitsfortschritten.« Er ging folgende Fragen mit Hans der Reihe nach durch:

- »Über welche Projekte und Themen sollten wir sprechen?«
- »Worin kann ich Sie im Moment unterstützen?«
- »Was ist im Moment Ihre größte Herausforderung und warum?«
- »Was ist die größte Chance, die wir derzeit im Team ungenutzt lassen?«

Dieser Dialog machte Hans viel Freude. Sein Chef schrieb mit und stellte ein paar Verständnisfragen. Die zwei Stunden dieses gemeinsamen Kick-offs waren fast vorüber. Sein Chef skizzierte zum Abschluss noch etwas seine nächsten Pläne zur Entwicklung der Organisation und bat Hans um dessen Einschätzung dieses Vorgehens. Abschließend vereinbarten sie das Folgegespräch in der kommenden Woche.

Seitdem treffen sich sein Chef und er wöchentlich für knapp 30 Minuten. Hans merkt, dass sich dieses Gespräch zum Ankertermin in der Woche entwickeln wird, auf den er sich stets freut. Sein Chef bleibt dabei meist in der Coaching-Rolle und die meisten Antworten entwickelt Hans für sich selbst. Noch nie fühlte er sich in der Firma so wertgeschätzt und einflussreich.

Der neue Chef praktiziert diese drei Dialoge mit jedem seiner sogenannten Direct Reports. Außerdem bringt er jedem, der in einer Managerrolle ist, diese Dialoge bei. Er investiert in einer normalen Arbeitswoche acht bis zehn Stunden in persönliche Gespräche mit seinen wichtigsten Leuten. Diese Gespräche machen dem neuen Chef in seiner Funktion mit Abstand am meisten Freude und sie führen zum größten Ertrag. Die anfängliche wöchentliche Frequenz erweitert sich mit der Zeit auf monatliche Treffen im Zuge einer Entwicklung der Eigenverantwortung jedes Teammitglieds, ohne aber deren Engagement aus dem Auge zu verlieren.

Das ist ein praktisches Beispiel für einen Chef in der Kategorie 5 bei dieser Könnerschaft. Hand aufs Herz: Ist das wirklich so unrealistisch, was der Chef von Hans hier praktiziert?

Wenn Sie »Ja« sagen, dann möchte ich Sie dennoch kurz fragen, welche Glaubenssätze Sie von dieser Praxis abhalten. Es bleibt naturgemäß Ihnen überlassen, wie hoch Sie sich in den fünf skizzierten Kategorien vorarbeiten wollen und wie konsequent Sie diese Ebenen auch in der Praxis durchhalten. Aber denken Sie immer daran: Ab dem Moment, an dem Sie Führungsverantwortung für Menschen haben, hängen Ihre Ergebnisse von den Arbeitsergebnissen und dem Engagement Ihrer Leute ab. Regelmäßige Eins-zu-eins-Gespräche dürften Ihnen hier die entscheidende Stütze sein.

Ich kann eine gute Feedbackkultur entwickeln

Ein Geschäftsführer hatte mich beauftragt, ihm zu helfen, eine bessere Feedbackkultur in seine Organisation zu bringen. In der Klausur mit seinem Führungskreis wählte ich dafür eine praktische Methode, welche ich am Ende dieses Kapitels näher beschreiben werde.

Es lief zunächst alles nach Plan. Die Abteilungsleiter saßen sich gegenüber und gaben sich gegenseitig konstruktives Feedback. Und dann plötzlich passierte es! Eine Abteilungsleiterin stand plötzlich auf, schaute kurz in die Runde der Kollegen und rannte tränenüberströmt aus dem Raum.

Mein erster Gedanke war, dass ich das Team mit der Übung überfordert habe. Ich unterbrach den Prozess und ging auf die Suche nach der Kollegin. Sie saß im Foyer des Hotels in einer entlegenen Ecke. Als sie mich kommen sah, signalisierte sie mir kurz, dass sie noch etwas Zeit zur Beruhigung bräuchte. Ich setzte mich in die Nähe und nach einer Weile kam sie in meine Sitzecke. Ich wollte mich schon für die Übung entschuldigen – aber sie sagte Folgendes: »Jetzt bin ich über 25 Jahre in diesem Unternehmen. Warum um alles in der Welt habe ich das nicht alles schon früher gehört? Wieso hat mir das keiner früher gesagt?«

Nachdem sie sich etwas beruhigt hatte, gingen wir zusammen zurück in den Seminarraum. Wir konnten die Feedbackübung fortsetzen und anschließend nahm die Kollegin ihren Mut zusammen und konfrontierte das Führungsteam mit der Aussage, die sie mir im Foyer bereits gab.

Wir kommen damit zu einem der traurigsten Kapitel einer guten Führungskultur – der Fähigkeit, eine gute Feedbackkultur im Team oder in einer größeren Organisation zu entwickeln. Wir Menschen würden ohne Feedback degenerieren. Wir hätten keine Orientierungspunkte für unsere Entwicklung. Natürlich erhalten wir schon in frühester Kindheit Feedback. Lob und Kritik finden in der Familie statt und natürlich auch in den Schulen. Unser Schulsystem ist bekanntermaßen gnadenlos mit den Bewertungen aufgrund des Zensurensystems.

Aber wie auch immer man über die Bewertungssysteme denkt, die uns in unserem Leben begegnen: Sie geben uns Orientierung, wo wir stehen, und damit geben sie uns zwangsläufig auch eine Orientierung darüber, ob wir hier stehenbleiben wollen oder nicht.

Ich kann mich noch gut daran erinnern, wie klar die Feedbacks in der Schule seitens der Lehrer, wie klar die Feedbacks während der Bundeswehr seitens meiner Vorgesetzten und wie klar die Feedbacks seitens meiner Ausbilder an der Universität waren.

Das hörte schlagartig auf, als ich meine Berufslaufbahn startete. In meinem Traineeprogramm war Feedback noch klarer Teil des Curriculums, aber seit ich mit operativen beruflichen Tätigkeiten in Unternehmen begann, war es mit klaren Feedbacks dahin. Im Grunde war ich meine eigene Feedbackinstanz und interpretierte das Verhalten meines Umfelds mir gegenüber, ob ich einen guten Job machte oder nicht. Natürlich gab es die berühmten Jahresgespräche mit meinen jeweiligen Chefs, aber wie schon an anderer Stelle erwähnt, bin ich aus diesen Gesprächen immer mit weniger Energie herausgekommen, als ich hineingegangen war. Das lag primär an der mangelnden Fähigkeit meiner damaligen Chefs, gutes Feedback zu geben. Sie lobten häufig oberflächlich und gaben auch nur sehr oberflächlich kritisches Feedback. Immer hatte ich das Gefühl, mein Chef wollte das Feedback möglichst schnell hinter sich bringen. Man war sicher mit meinen Leistungen grundsätzlich zufrieden und niemand wollte mein Engagement durch übertriebenes kritisches Feedback drücken. Es war aber stets eher frustrierend und das lag primär daran, dass ich kein klares Entwicklungspotenzial aufgezeigt bekam.

Woran liegt das? Beim Feedback befindet man sich naturgemäß auf dünnem Eis. Die Gefahr, Engagement einzubüßen, ist größer als die Chance, zusätzliches Engagement zu entfachen. Das weiß jeder, der einmal versucht hat, ein kritisches, aber aufbauendes Feedback zu geben.

Die Hauptgründe für das Verhalten meiner Vorgesetzten waren: a) Angst vor Engagementverlust und b) mangelnde Kommunikationsfähigkeiten. Und gerade weil man unzureichend erlernt oder praktiziert hat, effektives Feedback zu geben, vermeidet man es, wann immer man kann. Die Auswirkungen hierfür sind verheerend. Denn ohne Rückkopplung in positiver und korrigierender Weise treten wir auf der Stelle. Dabei ist die Praxis gar nicht so schwierig.

Hier ein Beispiel. In einem Führungsseminar zum Thema Feedback gab ich der Teilnehmerrunde folgendes Feedback:

»Ich stelle während unseres Seminars fest, dass Sie mich kaum störend unterbrechen und Sie Ihre Fragen aus meiner Sicht klug wählen. Das führt dazu, dass ich mich hier vorne vor Ihnen allen sehr wohlfühle und viel mehr und offener erzähle, als ich es tun würde, wenn ich mich weniger wohlfühle. Machen Sie bitte weiter so!« – Unmittelbar darauf: »Wie geht es Ihnen mit dem, was ich gerade gesagt habe?«

Die Runde begrüßte diese Aussage sehr und fühlte sich im eigenen Verhalten bestärkt.

»Okay, dann eine andere Aussage: Ich habe während unserer Vorbereitungsmeetings via Videokonferenz immer mal wieder bemerkt, dass viele von Ihnen durch irgendein Medium abgelenkt waren. Das hat mich irritiert und ich war etwas verunsichert, ob unser Vorhaben gelingen würde. Ich würde mir wünschen, dass wir in den nächsten Konferenzen konzentrierter bei der Sache sind.« – Unmittelbar darauf: »Wie geht es Ihnen mit dieser Aussage?«

Die Runde war natürlich weniger »amused«, insbesondere diejenigen, die von diesem Feedback besonders betroffen waren. Meinen Wunsch konnten sie jedoch alle respektieren.

Nach dem Seminar kamen zwei Teilnehmerinnen auf mich zu und bedankten sich, dass ich dieses Thema Aufmerksamkeit bei Videokonferenzen so direkt angesprochen hatte. Das Verhalten der Kollegen würde sie gleichermaßen tagtäglich extrem stören, aber sie würden sich nie trauen, hierzu ein direktes Feedback zu geben.

Dabei sind die Grundregeln für gelungenes Feedback einfach. Positives und korrigierendes Feedback funktionieren nach denselben Grundmechanismen:

a. Man bleibt in der Ich-Perspektive und verwendet nur Ich-Sätze. Damit vermeidet man direkten Angriff.
b. Man beschreibt eine sachliche Beobachtung.
c. Man beschreibt die Auswirkung dieser Beobachtung – entweder auf einen selbst als Feedbackgeber oder auf andere in der Organisation.
d. Man drückt einen Wunsch zur Verbesserung beziehungsweise zum Weitermachen aus.

Dieses einfache Grundprinzip lässt sich natürlich noch ausweiten. Man hört zwischen c. und d. erst einmal aufmerksam zu oder man stellt dem korrigierenden Feedback zunächst einen Ausdruck des Respekts voran oder man stellt klärende Fragen et cetera.

Aber wer diese Kernformeln beherrscht, der kommt schon sehr weit in einer zwischenmenschlichen Interaktion. Das Problem ist, dass uns niemand in der Jugend oder in der Ausbildung solche Mechanismen wirklich beigebracht hat. Diese zwischenmenschlichen Fähigkeiten bleiben in der Anwendung eher dem Zufall überlassen. Aber spätestens wenn man sich für die Rolle der Führungskraft entscheidet, dürfte dieses Manko eigentlich nicht mehr existieren. Deshalb ist es notwendig, dass sich Führungskräfte ständig in menschlichen Interaktionen weiterbilden.

In der Praxis sehe ich vier Kategorien einer Könnerschaft:

- *Kategorie 1:* Kein Feedback geben
- *Kategorie 2:* Kaum Feedback geben und wenn, dann schimpfen
- *Kategorie 3:* Kritisches Feedback geben, um Probleme zu lösen

- *Kategorie 4:* Feedback – sowohl positives als auch kritisches – geben und selbst einfordern

In welcher Kategorie würden Sie sich in der Regel selbst einstufen? Was sind die Beweggründe hierfür?

Der CEO eines Versorgungsunternehmens hörte sich meine Ausführungen zum Thema Feedbackkultur in einem Seminar vor Jahren in Ruhe an und gab dann folgenden Einwand, der mich eine Weile danach noch beschäftigte: »Soll ich jetzt jedes Mal, wenn ich sehe, dass jemand seinen Job anständig macht, ihm auf die Schulter klopfen und ein Lob verteilen? Wo kommen wir denn dahin? Wir müssen auch noch etwas arbeiten! Außerdem lobe ich nicht für Dinge, die selbstverständlich sind.«

In einem hatte er recht – wo sind die Grenzen rein quantitativ? Besteht nicht auch das Risiko, dass man es mit dem Feedbackgeben auch übertreiben kann und damit eine gesunde Feedbackkultur wiederum beschädigt?

Zum einen denke ich, dass es sich hier eher um ein Luxusproblem handelt, was in der Praxis kaum vorkommt. Es wird kaum positives Feedback gegeben; dabei ist es eines der einfachsten Dinge, um bei der eigenen Belegschaft ins Vertrauenskonto einzuzahlen. Wir Menschen leben von Aufmerksamkeit und ein positives Feedback in der Art, wie eben beschrieben, liefert häufig einen größeren Schub für das Engagement als jede Sonderaufgabe.

Immer wieder stelle ich in meinen Seminaren die Frage: »Was geht leicht und hat einen enormen positiven Einfluss auf das Engagement?« – Einhellige Antwort: »Ein Lob.« Wem das Loben albern vorkommt, kann es gerne lassen – muss aber später die Konsequenzen schlechteren Engagements ausbaden.

Für eine gesunde Führungskultur gibt es noch eine Reihe weiterer praktischer Methoden, um diese so wichtige Kultur im Team oder der Organisation zu fördern. Hier seien exemplarisch zwei Praktiken kurz erläutert.

Praktik 1: Der Briefkasten

Ich verwende diese Methodik häufig in Teamklausuren, sie funktioniert jedoch natürlich auch im Alltag.

An einem definierten Ort hängt ein DIN-A3-Umschlag mit dem Namen eines Kollegen. Der Umschlag dient als Briefkasten. Zu Beginn einer Klausur erfolgt der Aufruf an alle, die Zeit während der Klausur zu nutzen und einigen/allen Kollegen ein persönliches Feedback in Form eines persönlich geschriebenen Briefes zu geben.

Der Brief muss einer gewissen Struktur folgen:

> Liebe(-r) ...,
>
> ich möchte dir heute gerne etwas Feedback geben.
>
> Was ich total an dir schätze, ist ...
>
> Was ich manchmal beobachte beziehungsweise was ich mir wünschen würde beziehungsweise was ich dir empfehlen würde ...
>
> + (schöner Abschluss)

Dieser Brief wird in den entsprechenden Umschlag geworfen. Am Ende der Klausur nimmt jeder Teilnehmer seinen »Briefkasten« mit nach Hause und setzt sich mit dem Feedback auseinander. Da auch hier die oben beschriebenen Grundregeln von gutem Feedback angewendet werden, fördert diese Methode die Entwicklung einer guten Führungskultur.

Praktik 2: Das 2-Minuten-Feedback

Diese Übung lässt sich am besten bei Teamveranstaltungen zwischendurch einbauen. Sie hat eine extrem positive Wirkung auf die Teamkultur – insbesondere beim ersten Mal.

Das Set-up gleicht einer Art Speeddating. Man baut zwei sich gegenüberliegende Stuhlreihen auf, sodass sich die Teilnehmer unmittelbar gegenübersitzen. Ein Moderator übernimmt das Zeitmanagement. Die Teilnehmer haben zwei Minuten Zeit, ihrem Kollegen, der ihnen gegenübersitzt, ein Feedback zu geben – und zwar nach einem strikten Zeitschema: eine Minute mit dem Inhalt »Was ich besonders an dir mag oder schätze …« und eine Minute mit dem Inhalt »Was ich manchmal beobachte, was ich dir raten oder wünschen würde …«. Die Einhaltung der Zeiten wird vom Moderator strikt geregelt. Nach Ablauf der zwei Minuten wechselt »der Stab« nun zum Kollegen, der soeben das Feedback bekommen hat. Nun hat dieser seine zwei Minuten Zeit, um in der ersten Minute positives Feedback und in der zweiten Minute ein konstruktives kritisches Feedback in der Ich-Form zu übermitteln.

Wenn sich beide Kollegen ihr Feedback gegeben haben, bedanken sie sich dafür. Es erfolgt ein Positionswechsel und neue Feedbackpaare entstehen.

Der Grund, dass diese Übung funktioniert, liegt erstens in den Grundregeln der Ausgewogenheit zwischen positivem und kritischem Feedback, zweitens in der Ich-Form der Aussagen und drittens darin, dass alle ein Feedback geben, aber auch erhalten.

Wie gesagt – ohne gesundes Feedback degenerieren wir. Zumindest entwickeln wir uns weniger gut weiter.

Ich kann also jedem nur raten, sich mit solchen Methoden mutig auseinanderzusetzen und sie in die eigene Teamkultur zu integrieren.

Ich kann ein Team durch jede Art von Veränderung erfolgreich navigieren

Corona hat überall auf der Welt seine Spuren hinterlassen. So auch in den Fluren eines deutschen Mittelständlers in der Rohstoffbranche. Der Konflikt um die internen Coronaregeln hatte den Vertriebsleiter das Weite suchen lassen. Die Trennung war für beide Parteien schmerzhaft und sie wirkte in der Organisation natürlich nach.

Der zeitgleich neu angetretene Geschäftsführer hatte also sofort alle Hände voll zu tun, den Abgang des überaus beliebten Vertriebschefs zu managen. Er baute die Struktur und Zuständigkeiten um und übernahm die Leitung des Vertriebs zunächst selbst.

Für die Mitarbeiter im Vertrieb war das eine gewaltige Veränderung, aber der Geschäftsführer sah das recht locker. Ich hatte Gelegenheit, mit ihm über die Situation ausführlich zu sprechen, und es fielen so Sätze wie: »Ich habe alle Teammitglieder im Vertrieb persönlich in einem Meeting über die Veränderungen informiert«, »Ich habe das Gefühl, dass alle verstanden haben, worum es geht«, »Natürlich haben sich viele über die Art und Weise der Trennung beklagt, aber jeder muss halt einsehen, dass man sich die Welt nicht immer so richten kann, wie man es gerne hätte«, »Die werden schon mitziehen«, »Ich habe allen klargemacht, dass wir das locker schaffen«, und »Ich bin auf jeden Fall optimistisch, dass wir aus dieser Situation gut herauskommen«.

Ich war von seinen Aussagen betroffen. Es hat mich negativ berührt, wie locker, oberflächlich und fast naiv er einen solchen Veränderungsprozess bewertete und behandelte. Im weiteren Gespräch wurde er dann doch etwas nachdenklich – dazu aber etwas später.

Es ist ein echtes Paradoxon. Der Mensch entwickelt sich – von der ersten Sekunde an seit der Befruchtung bis hin zum letzten Atemzug –, sei es körperlich, geistig oder spirituell. Zu keinem Zeitpunkt gibt es so etwas wie Stagnation. Entwicklung ist immer mit Veränderung verbunden und dennoch sehnen sich die meisten Mitarbeiter nach möglichst stabilen Arbeitsumgebungen.

Immer wenn wir als Führungskräfte mit einem neuen Projekt, einer Umstrukturierung oder einfach nur mit neuen Zielen um die Ecke kommen, treffen wir im seltensten Fall auf echte Begeisterung. »Können wir nicht erst mal das letzte Projekt sauber abschließen und die Ergebnisse zur Reife bringen?«, »Bitte nicht schon wieder neue Zuständigkeiten!«, »Hört das denn nie auf?«, »Kann man uns nicht mal einfach unsere Arbeit machen lassen?« – Das sind nur ein paar der allgemein bekannten Klagen, die wir zu hören bekommen und die immer das Potenzial haben, unseren eigenen Veränderungseifer gleich wieder zu dämpfen.

Lässt man jedoch die Mitarbeiter einmal in Ruhe auf einem Stück Papier folgende Frage beantworten: »Was verbindest du mit dem Begriff »Veränderung«?, dann ist immer wieder erstaunlich zu lesen, dass über 80 Prozent der notierten Begriffe eher positiver Natur sind. Dann tauchen so Ausdrücke auf wie »Entwicklung«, »Potenziale entfalten«, »Aufbruch«, »Raus aus dem Stillstand« et cetera. Es ist also gar nicht so aussichtslos, mit den Mitarbeitern das Thema Veränderungen anzugehen. Führen Sie diese einfache Übung gern einmal in einer Ihrer Teamklausuren oder Teammeetings durch.

Allerdings treffe ich ganz wenige Manager, die versuchen, Veränderungen mit ihren Mitarbeitern gemeinsam als positive Herausforderung anzugehen, sondern sie eher davor zu schützen. Sie versuchen dann, die Veränderungen klein- oder schönzureden: »So schlimm wird das gar nicht«, »Das kriegen wir alle locker hin«. Sie versuchen, die kommenden Widerstände durch Beschwichtigungen gleich zu umgehen, und machen damit einen schwerwiegenden Fehler. So verständlich die Motivation ist, mentale Hürden kleinzuhalten – sich der Realität zu stellen, ist langfristig immer besser, als Dinge schönzureden, um dann später Erwartungsenttäuschungen zu generieren. Machen Sie Ihren Mitarbeitern auf einfache Weise klar, welche Grundprinzipien hinter Veränderungen stecken, und steuern Sie mit ihnen zusammen durch die Untiefen hin zur besseren Zukunft. Das klingt zwar unbequem, ist auf lange Sicht aber der bessere Weg.

Die meisten der theoretischen Veränderungsmodelle, die im Geschäftsleben praktisch Anwendung finden, basieren auf mindestens drei Phasen als Grundprinzip:

1. Phase des Status quo
2. Phase der Veränderung, gepaart mit einer Reduktion der Ergebnisleistung
3. Phase der gesteigerten Leistung nach einer erfolgreichen Veränderung

Die bekanntesten Veränderungsmodelle stammen von John P. Kotter (ein 8-Stufen-Modell), von Richard K. Streich (7 Phasen), von FranklinCovey (4 Phasen) und Kurt Lewin (3 Phasen). Zudem erlebt man häufig den Einsatz des »Hauses der Veränderung«* mit seinen vier Zimmern.[9]

Am praktikabelsten finde ich das FranklinCovey-Modell, weil es den richtigen Grad an Komplexität hat, um sowohl Führungskräfte als auch Mitarbeiter nicht zu überfordern und die wesentlichen unterschiedlichen Führungsfähigkeiten innerhalb einer Phase gut voneinander abzugrenzen.

- *Phase I:* Phase des Status quo. Der Leistungsgrad ist auf dem Ist-Stand. Alles ist wie gewohnt.
- *Phase II:* Phase der Störung. Die Veränderung ist verkündet. Das Leistungsniveau sinkt ab, denn Unruhe macht sich breit. Der Fokus auf die Wertschöpfung geht zunächst verloren.

* Das »House of Change« des schwedischen Psychologen Claes F. Janssen ist ein Erklärungsmodell für Veränderungsprozesse.

- *Phase III:* Phase der Anpassung. Man fängt an, sich zu berappeln und zu arrangieren. Die Leistungskurve geht (hoffentlich) wieder nach oben.
- *Phase IV:* Phase der gesteigerten Leistung. Die Anpassungen sind erfolgreich vollzogen. Die Veränderung entfaltet ihre volle Wirkung zum Wohle der Organisation.

Es reicht nicht aus, diese vier Phasen zu kennen und voneinander zu unterscheiden. Vielmehr müssen Führungskräfte in jeder der vier Phasen unterschiedliche Dinge tun, um ihr Team durch diese Phasen zu navigieren.

Denn es gelten hier folgende Grundgesetze:

1. Jede Veränderung durchläuft zumindest die ersten drei Phasen.
2. Das Erreichen der Phase IV ist kein Selbstläufer – sie hängt vom Erfolg der Vorphasen – insbesondere natürlich von Phase III – ab.
3. Ohne Könnerschaft auf dem Gebiet der Veränderung ist es praktisch ausgeschlossen, dass sich alle Teammitglieder zu jedem Zeitpunkt in derselben Phase befinden.
4. Der Erfolg einer Veränderung hängt primär davon ab, wie tief das Leistungsniveau in der Störungsphase sinkt und wie schnell man aus den Phasen II und III herauskommt.

Fahren wir nun mit der Eingangsgeschichte unseres neuen Geschäftsführers fort. Zunächst konfrontierte ich ihn mit meinem Eindruck, dass er die organisatorische Veränderung offenbar etwas zu leichtnähme und die Konsequenzen eventuell unterschätzen würde. Das machte ihn neugierig. Ich malte ihm auf einem Blatt Papier die besagten vier Phasen auf.

Grundsätzlich leuchteten sie ihm ein und ich fragte ihn: »In welcher Phase befinden Sie sich persönlich im Moment?« Ohne zu zögern, zeigte er auf Phase IV und ich zog die Augenbrauen vor Erstaunen hoch. Doch tatsächlich – für ihn war die Veränderung innerlich mental voll verarbeitet. Er befand, dass er schon alles getan hatte. Er hat die Strukturen verändert und sie kommuniziert. Warum sollten die eingeleiteten Veränderungen nicht sofort Früchte tragen? Aus seiner Sicht machte seine Haltung Sinn.

Also fragte ich ihn weiter: »Sind denn alle Ihre Teammitglieder im Vertrieb bereits in derselben Phase angekommen?« Er zögerte mit der Antwort. »Mmh, also mein Stellvertreter im Team sicher. Die anderen? Ehrlich gesagt bin ich mir nicht sicher …« Er beschloss daraufhin, im nächsten Teammeeting die Situation offen mit seinem Team zu besprechen. Er zeigte ihnen das Vier-Phasen-Modell auf einer Pinnwand und ließ jeden zunächst anonym hinter der Wand mit einem Klebepunkt die Phase markieren, in der sich der Mitarbeiter tatsächlich befand. Als alle ihren Punkt gesetzt hatten, drehte er die Wand um und das Team betrachtete gemeinsam das Ergebnis.

Es kam, wie ich erwartet hatte: Die 14 Punkte der Teammitglieder waren über alle vier Phasen verstreut! Nur drei von ihnen sahen sich bereits in Phase IV. Drei von ihnen standen immer noch in Phase I und hatten sich noch keine Minute mit den Veränderungen beschäftigt. Die anderen lagen dazwischen, wobei die Mehrheit sich immer noch in der Phase II der Störung befand. Für unseren neuen Geschäftsführer war das eine Überraschung, aber er ärgerte sich offenbar nicht lange darüber. Er vereinbarte vier konkrete Meetings bis Ende der Woche:

Meeting 1: Hierzu lud er die Mitarbeiter aus Phase I ein, um ihnen nochmals die Veränderungen zu kommunizieren und ihre Rolle bei der neuen Struktur zu besprechen. Er machte ihnen klar, welchen Nutzen die neue Struktur haben wird und was auf die Mitarbeiter zukommen wird. Er holte sich von den Mitarbeitern das Commitment ab, hier aktiv mitzutun.

Meeting 2: Hierzu lud er alle Mitarbeiter aus der Störungsphase ein. Anders als in Meeting 1 hörte er hier lediglich zu. Er ließ sich offen alle Bedenken und Ängste schildern und versuchte, Zuversicht zu generieren, indem er zum Beispiel alle Risiken aus Sicht der Mitarbeiter aufschreiben ließ und sie einer Bewertung nach Auswirkung und Wahrscheinlichkeit des Eintreffens unterzog. Sie diskutierten, wie sie mit den größten Risiken umgehen könnten. Zudem gab er ihnen die Zuversicht, dass er ihre Sorgen ernst nehmen würde. – Sicher hatte er in diesem einen Meeting noch nicht alle Teilnehmer in die Phase III begleitet. Aber die Mehrzahl begann konstruktiv, die Situation annehmen zu wollen.

Meeting 3: Hierzu lud er alle Mitarbeiter aus der Anpassungsphase ein. Dabei ging es um praktische Dinge: Welche Hürden galt es noch aus dem Weg zu räumen? Was war noch unklar? Wo gibt es noch Reibungsverluste? Was war noch nicht durchdacht? – Dieses Meeting hatte typischen Workshopcharakter. Das Ergebnis war ein klassischer Maßnahmenkatalog, um alle möglichst schnell aus der Anpassungsphase entlassen zu können.

Meeting 4: Hierzu traf er alle Teammitglieder, die sich in Phase IV sahen. Mit ihnen besprach er, wie sie nun den Erfolg der Veränderung weiter absichern und was sie tun können, um allen anderen dies wirkungsvoll zu kommunizieren.

Unser Vertriebschef hatte sich recht schnell als Könner auf dem Gebiet der Führung durch Veränderungen entpuppt.

Welches Veränderungsmodell Sie auch für Ihre Zwecke wählen – die Phasen gelten, ob Sie wollen oder nicht. Machen Sie deshalb Ihrem Team Lust auf Veränderung und machen Sie das Team mit dem für Sie passenden Veränderungsmodell vertraut. Nutzen Sie es als Leitfaden für Veränderungsfortschritte.

Abschließend betrachtet sehe ich bei dieser Basisfähigkeit folgende Kategorien von Managern:

- *Kategorie 1:* Hat sich mit den Modellen von Veränderungsprozessen noch nicht befasst.
- *Kategorie 2:* Versucht, die Auswirkungen von Veränderungen vom Team möglichst fernzuhalten.
- *Kategorie 3:* Wirbt erfolgreich für Veränderung und wendet eines der Veränderungsmodelle konsequent an.

Schätzen Sie sich auch hier wieder ehrlich ein und tragen das Ergebnis in die Selbstbewertung am Ende des Buches ein. Welche(-r) Glaubenssatz oder gar -sätze tragen wohl am meisten zu Ihrer Einschätzung bei?

Ich kann ein internes Projekt hervorragend managen

Vor Jahren hatten wir in unserer Beratungsagentur Überlegungen, wie wir unseren Umsatz weiter steigern könnten. Ich kam auf die Idee, eine Art Community für Führungskräfte im Internet zu gründen. Die beteiligten Führungskräfte sollten sich unter unserer Moderation zu interessanten Themen austauschen, für sich einen persönlichen Mehrwert generieren und gleichzeitig mehr Nähe zu unserem Unternehmen finden. Die Projektidee wurde vom Geschäftsführer sofort aufgegriffen und eine Mitarbeiterin aus dem Kundenservice mit der Projektleitung betraut. Nach ca. drei Monaten wurde das Projekt sang- und klanglos beerdigt. Außer Spesen mal wieder nichts gewesen. Was war passiert?

Im Grunde ist das Thema Projektmanagement in Sachen Führungskompetenz ein vergleichsweise alter Hut. Es gibt internationale Standards für erfolgreiches Projektmanagement und jeder Manager kommt früher oder später mit Projekten direkt in Berührung.

Es fängt bereits mit der Definition eines Projekts an. Ein Projekt ist eine temporäre, einmalige Unternehmung mit einem Start und einem geplanten Ende zur Erstellung eines Produkts oder einer Dienstleistung. Von dieser Art »Unternehmungen« gibt es in jedem Geschäftsjahr ausgesprochen viele.

Man muss zwei Arten von Projekten unterscheiden: die Großprojekte, die echte Vollzeit-Projektmanager benötigen, und die vielen internen Projekte, die in den allermeisten Fällen von Menschen geführt werden, deren Hauptrolle eine völlig andere ist, als eben Projekte zu managen.

Dieser Abschnitt der Könnerschaft adressiert nicht die Profis unter uns in Sachen Projektmanagement, sondern all die Führungskräfte, die immer mal wieder in die Verlegenheit kommen, interne Projekte erfolgreich über die Ziellinie bringen zu müssen – und das ist eindeutig die Mehrheit!

Dieser relativierende Unterton rührt daher, dass interne Projekte entweder nicht als solche wahrgenommen werden oder nicht sonderlich beliebt sind, da die Rate der gescheiterten internen Projekte – laut Schätzung meiner Seminarteilnehmer – bei über 80 Prozent liegt. Dieses Scheitern kostet den Projektleiter nicht nur Reputation, sondern die Unternehmen weltweit jährlich sogar ein Vermögen – nicht nur an Geld, sondern insbesondere an Zeit und vor allem Motivation aller beteiligten Mitarbeiter, von unzufriedenen Kunden einmal ganz zu schweigen. Projekte kommen meist auch als Zusatzlast zum Arbeitsalltag hinzu, was die Begeisterung von Teammitgliedern nicht gerade fördert.

Alles in allem sind das keine guten Startvoraussetzungen für jeden, der einmal die Leitung eines internen Projekts akzeptiert hat. Vergessen darf man auch nicht, dass jeder Projektleiter einen wichtigen Nachteil gegenüber jedem Linienmanager hat: Sein Projektteam besteht aus »Freiwilligen«, denen er nicht einfach aufgrund der disziplinarischen Gewalt Anordnungen geben kann. Ein guter Projektmanager muss seine Teammitglieder besonders respektvoll behandeln, sonst steht er mit seinem Vorhaben schnell allein da.

Wer als CEO im Unternehmen nach guten Führungskräften für hochrangige Positionen sucht, sollte sich bei seinen erfolgreichen Projektmanagern umschauen – die wissen, wie gute Führung funktioniert, und können dies auch erfolgreich praktizieren.

Die Könnerschaft in Sachen Projektmanagement hat also zwei große Vorteile:

- Sie lernen, ohne disziplinarische Autorität ein Team erfolgreich zu führen.

- Sie leisten durch erfolgreiche Projekte dem Unternehmen enorme Dienste und empfehlen sich automatisch für höhere Aufgaben im Unternehmen.

Die Könnerschaft in dieser Führungsfähigkeit würde ich folgendermaßen kategorisieren.

- *Kategorie 1:* keinerlei formale Ausbildung in Sachen Projektmanagement (dies trifft wohl auf die Mehrheit aller Führungskräfte zu)
- *Kategorie 2:* formale Ausbildung im Prozess des Projektmanagements nach internationalen Standards
- *Kategorie 3:* Kategorie 2 plus Ausbildung in der Menschenführung in Projekten (die Minderheit)
- *Kategorie 4:* nachweisliche Erfahrung von Kategorie 3 mit überdurchschnittlichen Projektergebnissen

Wo reihen Sie sich hier ein?

Der Nachteil von Kategorie 1 liegt auf der Hand: Die Wahrscheinlichkeit eines Misserfolgs ist extrem hoch, weil die Dynamiken eines Projekts immer unterschätzt werden. An irgendeiner Stelle wirft es Sie aus der Kurve und Sie reihen sich ein in die Phalanx der gescheiterten internen Projekte.

Die Kategorie 2 hat den Nachteil, dass die meisten Prozessschulungen für den Alltag kleinerer interner Projekte zu komplex sind und beim Einsatz temporärer Projektmanager schon längst wieder vergessen sind und zudem als zu aufwendig bewertet werden.

Die Kategorie 3 hat den kleinen Nachteil, dass es nicht viele Schulungen gibt, die sowohl das notwendige Prozess-Know-how als auch die menschliche Dimension in internen Projekten abdecken.

Eine rühmliche Ausnahme stellt hier das Werk von Kory Kogon[10] dar, mit dem Titel *Projektmanagement für inoffizielle Projektleiter*, dessen Grundprinzipien ich kurz skizzieren möchte. Ich möchte Sie hier anstiften, sich mit dem Inhalt dieses Themas näher zu beschäftigen und ihn bei nächstmöglicher Gelegenheit anzuwenden.

Betrachten wir zunächst die Standardphasen eines Projekts.

Phase I: Initialisierung oder Definition

Das Ergebnis dieser Phase I ist ein mit allen Hauptbeteiligten beziehungsweise -betroffenen (neudeutsch: Key-Stakeholder) abgestimmter Projektauftrag. Die Hauptfähigkeiten eines Projektleiters dabei sind, die Key-Stakeholder zu identifizieren und diese einzeln so geschickt zu interviewen bezüglich ihrer Erwartungen hinsichtlich Projektinhalt, Zeit, Budget, Kommunikation et cetera, dass es hinterher nicht mehr heißen kann: »Davon habe ich aber nichts gewusst.« Diese Phase ist entscheidend dafür, ob Sie als Projektleiter Ihre Key-Stakeholder im weiteren Verlauf in der Mitverantwortung halten können oder nicht. Das ist Ihre erste Lebensversicherung im Projekt!

Phase II: Planung

Das Ergebnis besteht hier aus drei Komponenten: dem Risikomanagementplan, dem eigentlichen Projektplan und dem Kommunikationsplan.

Die Fähigkeiten hierfür sind wirklich nicht schwer zu lernen – aber auch in dieser Phase werden meist gravierende Unterlassungen begangen. Den Risiko- und den Kommunikationsplan gibt es in der Regel überhaupt nicht und die bekannten Projektpläne scheitern schon daran, dass Projektmanagement-Werkzeuge, allen voran MS Project, nicht beherrscht werden oder zu komplex sind. Zudem gibt es gewaltige Abneigungen gegen Projektpläne, weil ihre ständige Aktualisierung als zu aufwendig betrachtet wird. Bedenken Sie stets: Wir reden hier über Projekte, die parallel zum eigentlichen Tagesgeschäft betrieben werden.

Phase III: Einbindung

Die Hauptfähigkeiten in dieser Phase sind die Durchführung hocheffektiver Projektmeetings und das effektive Behandeln von »Non-Performern«. Denken Sie daran: Die meisten Projektteammitglieder unterstehen Ihnen häufig gar nicht disziplinarisch und sind stets mit anderen Aufgaben beschäftigt.

Phase IV: Verfolgen & Anpassen

Die notwendigen Fähigkeiten bestehen darin, regelmäßig und effektiv den Projektstatus an alle Key-Stakeholder des Projekts zu kommunizieren sowie Projektänderungen klug zu managen.

Phase V: Abschließen

Die wichtigsten Aufgaben hier sind, ein gutes offizielles Projektende durchzuführen und die Lernfaktoren aufzunehmen und weiterzugeben.

Damit zurück zum eingangs geschilderten gescheiterten Projekt meines Unternehmens in Bezug auf die Etablierung einer Internet-Community von potenziellen Kunden. Bei diesem Projekt sah ich mich als einen der sogenannten Key-Stakeholder. Ich wäre sicher einer der Berater gewesen, die später die »Community« aus Führungskräften geleitet hätten. Außerdem war ich so etwas wie der Initiator der Projektidee.

Eines Tages verabredete sich die Projektleiterin mit mir, um über das Projekt zu sprechen. Ich freute mich auf den Termin, denn in Kenntnis der oben beschriebenen Projektphasen ging ich fest davon aus, dass sie mich als Key-Stakeholder betrachtete und mit mir zunächst über meine Projekterwartungen sprechen würde, bevor sie in die Projektplanung aktiv einsteigen würde.

Doch ich sollte mich irren. Stolz präsentierte sie mir das erste von ihr und unserem Geschäftsführer erstellte Konzept. Geplant war hier eine reine Marketingveranstaltung, in der den Führungskräften unsere Produktpalette und unsere Services vorgestellt werden sollten. Von einer Austauschplattform für die alltäglichen Probleme von Führungskräften war keine Spur mehr.

Ich war ernüchtert und brachte dies auch zum Ausdruck. Ich erläuterte ihr, dass ich hier ganz andere inhaltliche Erwartungen hätte, aber sie sah sich nur als Erfüllungsgehilfin unseres Chefs, der offenbar nur seine eigenen Erwartungen eingebracht hatte. Nach einem kurzen, ergebnislosen Gespräch mit unserem Chef kühlte meine Unterstützung für dieses Projekt schlagartig ab und ich wandte mich anderen Aufgaben zu. Wie bereits berichtet: Nach wenigen Wochen war von dem Projekt nichts mehr zu hören.

Was war die Hauptursache? In Projekten neigt man entweder aus Unkenntnis oder Zeitmangel oder schierem Enthusiasmus gerne dazu, sofort in die Phase II der Planung oder gar in Phase III der Umsetzung einzusteigen, dabei aber die Phase I der Projektinitialisierung zu überspringen.

Die Projektleiterin hatte nur einen Key-Stakeholder im Visier – unseren Chef –, aber die Identifizierung weiterer Key-Stakeholder, wie zum Beispiel interner Berater oder gar Vertreter unserer potenziellen Nutzer und Kunden, blieb aus. Das Projekt wäre nie ein Erfolg geworden und die Firma musste froh sein, dass es letztlich nicht weiter verfolgt wurde.

Schauen wir uns mal die üblichen Gründe an, warum Projekte so häufig scheitern:

- Fehlendes Commitment und Unterstützung der Vorgesetzten
- Unklarer Sinn des Projekts
- Fehlende Ressourcen (Zeit, Geld, Know-how et cetera)
- Unklare Projektrollen
- Unplanbare äußere Einflüsse
- Fehlende Akzeptanz des Projekts in der Organisation
- Fehlende Priorisierung des Projekts in der Konkurrenz anderer Projekte
- Unrealistische Erwartungen
- Zu viele Projekte gleichzeitig
- Beteiligte Personen sind schlecht vorbereitet
- Lessons Learned aus früheren Projekten nicht berücksichtigt
- Mangelnde Disziplin in der Projektdurchführung

- Immer dieselben nominierten Teammitglieder und deren Überforderung
- Fehlende Messgrößen
- Unzureichende Kommunikation
- Projektumfang unklar definiert
- Ständige Änderung von Anforderungen
- Unvollständige Planung
- Falsche Teamzusammenstellung
- Halbherziges Herangehen
- Fehlende Fertigkeiten
- Nicht-Ziele sind nicht definiert
- Key-Stakeholder sind nicht an Bord
- Keine fortlaufende konsistente Dokumentation

Diese Liste entstammt aus einem einzigen Workshop, in dem die Teilnehmer die Fähigkeiten aus dem Konzept von Kory Kogon vermittelt bekamen. Es gibt also sicher noch weitere Gründe, warum Projekte scheitern.

Die gute Nachricht ist: Wenn Sie zu den Führungskräften der Kategorie 4 gehören in Bezug auf das Thema Projektmanagement interner Projekte, so vermeiden Sie praktisch *sämtliche* der hier aufgeführten Gründe für Projektversagen! Das ist kein haltloses Versprechen – dafür gibt es Zeugen.

Das eigentliche Geheimnis des Konzepts von Frau Kogon besteht darin, dass man Prozess-Know-how (die fünf Projektphasen) mit dem Faktor Mensch verknüpft und fünf wesentliche Verhaltensweisen in *jeder* der fünf Phasen an den Tag legt:

- Erwartungen klären
- Erst zuhören
- Respekt zeigen
- Verantwortlichkeit praktizieren
- Anderen Vertrauen schenken

Inhaltlich ist das nicht kompliziert und schon gar nicht schwierig zu lernen. Das Problem ist nur, dass es kaum jemand kennt und damit natürlich auch nicht anwendet.
Die interne Projektleiterin in meinem dargestellten Fall kannte die Inhalte der Initialisierungsphase nicht und sie unterließ drei der fünf genannten Verhaltensweisen: Sie klärte keine weiteren Erwartungen ab, sie hörte nicht zuerst zu und – was immer schwer wiegt – sie respektierte mich nicht. Schade um die vertane unternehmerische Chance.

Können Sie es besser?

Ich kann wirkungsvoll delegieren

Ein Manager stand vor folgender Situation: Es gab ein neues, wichtiges und international sehr sichtbares Projekt, welches bei Erfolg einen enorm positiven finanziellen und nachhaltigen Effekt für die Firma haben würde. Alle seine erfahrenen Leute waren bereits in andere Projekte eingebunden. Aber er hatte noch Johannes. Dieser hatte einen guten Charakter und war willens, das Projekt zu übernehmen. Aber er hatte wenig Erfahrung – weder im Projektmanagement noch im betroffenen Geschäftsbereich. Zudem hat er nicht immer mit Top-Ergebnissen geglänzt.

Was würden Sie an der Stelle des Managers tun? Würden Sie Johannes das Projekt übertragen oder es lieber selbst übernehmen?

Ein anderer Manager stand vor folgender Situation: Es gab jede Menge Stellenstreichungen und er war mit operativer Arbeit zugeschüttet. Zudem versuchte er, alle administrativen Tätigkeiten auch noch selbst zu stemmen. Robert, einer seiner Produktmanager, ist Meister in der Selbstführung und der Fokussierung, aber natürlich besitzt er nicht die Erfahrung des Managers. Dieser wollte partout nichts delegieren, bekam aber gleichzeitig noch die Aufgabe, sich um neue Kunden zu kümmern.

Was würden Sie an seiner Stelle tun? Würden Sie die Administration Ihres Bereiches an Robert delegieren, wenn dieser einverstanden wäre?

Eine Marketingmanagerin stand einmal vor folgender Situation: Es galt, ein CRM-System in ihrem mittelständischen Unternehmen einzuführen. Die einzig verfügbare Person zur Delegation war Maria. Sie kam frisch von der

Uni und es war ihr erster richtiger Job. Ihre Referenzen waren dennoch erstklassig, aber von IT-Systemen und der Organisation hatte sie schlicht noch keine Ahnung.

Was würden Sie an der Stelle der Marketingmanagerin tun? Würden Sie die Aufgabe an Maria übertragen?

Delegieren – kann das nicht jeder?

Nein – definitiv nicht. Und ich bin eines der besten Beispiele dafür. Ich habe mich mit Delegieren immer schwergetan, aus ganz unterschiedlichen Beweggründen und Glaubenssätzen heraus. »Das dauert mir zu lang«, »Ich habe keine Zeit dafür …«, »Ich mache es ohnehin selbst am besten« waren die gängigsten Gedanken, warum ich häufig genug keine Aufgaben delegiert habe. Dazu kamen dann noch Überlegungen wie »Es sind ja sowieso alle im Anschlag, die werden sich bedanken, wenn ich mit einer neuen Aufgabe daherkomme …« oder »Vielleicht denken die, ich will mir das Leben nur einfach machen …?«

Und dann saß ich einmal in einem Leadership-Kurs und der Dozent sagte plötzlich trocken: »Wer nicht delegiert, ist doppelt doof!« Im ersten Moment war ich etwas betroffen, aber nach einer Weile wurde der Satz schnell bestätigt.

Man ist zunächst einmal »doof«, weil man seine Arbeitszeit mit etwas verbringt, was jemand anders eigentlich tun sollte oder vielleicht viel besser tun könnte als man selbst. Nichts ist heutzutage kostbarer als Zeit, und diese mit Aufgaben zu verbringen, die besser delegierbar wären, ist wirklich idiotisch.

Zum Zweiten ist es deshalb doppelt doof, weil die zu delegierende Aufgabe auch zur Entwicklung der Mitarbeiter oder Kollegen beitragen könnte. Man behindert die Entwicklung von Menschen, wenn man meint, alles selbst machen zu können oder zu wollen. Welch eine Todsünde in Sachen guter Führung!

Ich erinnere mich an einen Moment im Vorzimmer eines potenziellen Kunden von mir. Ich war ein paar Minuten früher als geplant vor Ort und saß in einem Sessel mit Sicht zur Sekretärin und der offenen Tür des Geschäftsführers. Plötzlich rief er laut aus seinem Büro zu seiner Sekretärin: »Steffi, wo ist denn meine Flugbuchung für den Flug übermorgen?« Sie rief zurück: »Aber Chef, Sie wissen doch, dass ich mich mit dem Buchungssystem nicht auskenne!« Darauf er: »Okay, dann mache ich es schnell selbst«, und ich vernahm die Klickgeräusche seiner Tastatur, um die Reisebuchung selbst zu erledigen.

Es hätte mich viel mehr gefreut, wenn er gesagt hätte: »Steffi, komm kurz her, ich zeig dir, wie es geht.« Er hätte die gleiche Zeit (oder geringfügig mehr) investiert, sie hätte es für das nächste Mal gelernt, er hätte künftig die Zeit gespart und mein Termin mit dem Geschäftsführer hätte sogar pünktlich begonnen.

Kommen wir also wieder zu einer weiteren Kategorisierung von Managern:

- *Kategorie 1:* In der Regel alles selbst machen
- *Kategorie 2:* Delegation praktizieren, aber selten mit den Ergebnissen zufrieden sein
- *Kategorie 3:* Effektiv delegieren

Wie kommt man aber in Kategorie 3?

Gutes Delegieren steht und fällt mit den drei Säulen: mentale Einstellung, Fähigkeiten und Werkzeuge.

Mentale Einstellung

Fangen wir mit der mentalen Einstellung an. Ich habe einige meiner Glaubenssätze, die das Delegieren behindern, bereits beschrieben. Die falsche Einstellung ist für mich der größte Grund für unzureichendes Delegieren. Viele benötigen geradezu einen Paradigmenwechsel, um die Kunst des Delegierens zu erlernen.

Manchem reicht sogar schon das Mantra »Wer nicht delegiert, ist doppelt doof«, um sein eigenes Verhalten zu verändern. Andere benötigen andere Glaubenssätze, die sie sich antrainieren, wie zum Beispiel »Ich will kein Mikromanager werden« oder »Bevor ich es selbst mache, kann ich ja zumindest mal fragen« et cetera.

Aber ohne Wechsel der mentalen Einstellung geht aus meiner Sicht gar nichts bei der gewünschten Veränderung zum guten Delegieren. Schauen Sie sich hierfür auch noch einmal die Aussagen im Kapitel zur Selbstführung an. Um welche Fähigkeiten geht es anschließend?

Fähigkeiten

Wie so häufig gilt es, ein paar wichtige Faktoren bewusst zu halten, wobei beim Delegieren der Unterschied zwischen Risiko, Kompetenz und Charakter der Person zu beachten ist.

Es sollten nicht nur Tätigkeiten delegiert werden, sondern auch Verantwortung. Je mehr Verantwortung übertragen wird, desto höher die Wahrscheinlichkeit, dass man mit dem Delegationsergebnis hinterher zufrieden ist.

Das gelingt zum einen dadurch, dass man sich mehr auf das *Was* als auf das *Wie* konzentriert, und zum anderen, indem man die Konsequenzen für die Organisation bei guten beziehungsweise schlechten Resultaten der delegierten Aufgabe aufzeigt.

Achtung! Wir sprechen hier nicht von persönlichen Konsequenzen, sondern von den positiven wie negativen Auswirkungen des Resultats der Aufgabe. Machen Sie einfach deutlich, welch positive Auswirkungen es auf das Team oder die Firma hat, wenn die Aufgabe gelingt. Andersherum kann man beschreiben, welche negativen Auswirkungen es auf die Organisation hat, wenn die delegierte Aufgabe nicht erfolgreich erledigt wird.

Neben den üblichen Delegationsinhalten wie Ziel der Aufgabe, Beschreibung der Aufgabe, den Rahmenbedingungen für die Aufgabe sowie den Ressourcen, welche zur Verfügung stehen, sind aus meiner Sicht die Beschreibung und die gemeinsame Verhandlung über die Konsequenzen der spielentscheidende Punkt einer Delegation, weil sie den Mitarbeiter in die Pflicht nehmen.

Wenn Sie nur die Tätigkeit delegieren, ohne die hier eben beschriebenen Inhalte, dann degradieren Sie den Mitarbeiter zu einem Werkzeug mit dem entsprechenden reduzierten Engagement und damit zu einer vermutlich nur durchschnittlichen Qualität der übertragenen und dann abgelieferten Aufgabe.

Bleibt noch die Frage, ob man auf die Beschreibung des *Wie* – also Tipps beziehungsweise Anleitung für die Durchführung – immer verzichten sollte. Das hängt nun wiederum mit den eingangs beschriebenen Faktoren Risiko, Kompetenz und Charakter zusammen.

Ein Geschäftsführer erzählte mir einmal stolz, wie er einer jungen, gerade frisch eingestellten Mitarbeiterin die Aufgabe übertrug, eine Vorstandspräsentation für ihn zu erstellen. Er wollte ihr Vertrauen schenken und gleichzeitig selbst so wenig wie möglich Arbeit mit dem Thema haben und so gab er ihr mit auf den Weg, sie solle »ruhig mal machen«, wie sie es für richtig hielte, er würde mit diesen von ihr erstellten Folien eins zu eins in die Vorstandssitzung gehen – ohne vorherigen Gegencheck. Er käme damit schon klar …

Ich staunte nicht schlecht, und auch wenn er offenbar keine schlechten Erfahrungen mit seinem Delegationsstil gemacht hat, so halte ich sein Delegationsverhalten gelinde gesagt für diskussionswürdig.

Die Ursache liegt in der unzureichenden Relation von Risiko zu Kompetenz. In dem eben beschriebenen Fall ist die Kompetenz der Person für die Aufgabe noch gering, gleichzeitig ist das Risiko hinter der Aufgabe recht hoch. Für diese Konstellation von Risiko zu Kompetenz stimmt das Delegationsverhalten nicht. Hier wäre es angebrachter, etwas mehr Zeit zu investieren und das Ergebnis besser abzusichern.

Was bedeutet Könnerschaft in Kategorie 3 beim Delegieren nun konkret?

Das Beste hierfür habe ich über ein früheres FranklinCovey-Leadership-Programm kennengelernt und nie vergessen: Man muss die gängigsten sechs Delegationsverhaltensweisen kennen und situativ auch anwenden können:

- *Verhalten 1:* »Mach einfach.« (Das funktioniert bei überschaubarem Risiko und hoher Kompetenz der Person.)
- *Verhalten 2:* »Mach mal – aber informiere mich regelmäßig.«
- *Verhalten 3:* »Mach mal – aber informiere mich sofort, wenn etwas schiefgeht.«
- *Verhalten 4:* »Mach mir zunächst mal einen Vorschlag, wie du es angehst, bevor du loslegst.«

- *Verhalten 5:* »Wir treffen uns, und ich stelle dir Fragen, die dir klarmachen, was du machen kannst.«
- *Verhalten 6:* »Ich zeige dir konkret, was es alles zu tun gibt und wie man es macht.«

Ich denke, es ist klar, wann welches Verhalten situativ zum Tragen kommt. Je höher das Risiko und je geringer die Kompetenz, desto eher kommen die tieferstehenden Verhaltensweisen zum Einsatz – was naturgemäß auch mit einem höheren Zeitaufwand zu tun hat.

Allerdings sollte uns bewusst sein: Der Zeitaufwand für das Reparieren einer schlecht delegierten Aufgabe ist in der Regel um ein Vielfaches höher als das disziplinierte Anwenden dieser sechs Delegationsebenen! Aber eine Grundregel gilt immer: Machen Sie Ihr Delegationsverhalten situativ abhängig von der Kompetenz und dem Charakter der Person auf der einen Seite und der Risikosituation auf der anderen.

Womit ich zu der Auflösung der eingangs beschriebenen drei Situationen komme:

Im ersten Fall entschied sich der Manager, es nicht selbst zu übernehmen, sondern die Aufgabe tatsächlich Johannes anzuvertrauen. Zunächst nahm er sich Zeit und schrieb eine Art Auftrag auf, in dem er den Aufgabenumgang, die Ressourcen und vor allem die Konsequenzen beschrieb.

Dann entschied er sich für Delegationsverhalten Nr. 4! Er händigte Johannes seinen Auftrag aus und bat ihn, ihm einen Vorschlag auszuarbeiten, wie er das Projekt angehen würde. Daraufhin verabredeten sie einen Termin, bei dem Johannes sein Konzept vorstellen würde, um es dann gemeinsam feinzujustieren. Nach allem, was ich im Nachhinein gehört habe, war die Aufgabe erfolgreich.

Im zweiten Fall entschied sich der Manager, es *nicht* an seinen Produktmanager Robert zu delegieren. Er wollte ihn in Ruhe lassen und es lieber alleine packen. Zwei Monate später fiel der Manager wegen Burn-out für über ein halbes Jahr aus.

Für welches Delegationsverhalten hätten Sie sich an seiner Stelle entschieden? Überlegen Sie kurz … Die meisten meiner Workshopteilnehmer tendieren hier zu Verhalten Nr. 2.

Kommen wir damit zum letzten Fall. Die Marketingmanagerin hatte sich tatsächlich getraut, die CRM-Einführung an Maria zu delegieren. Hier entschied sie sich für das Verhalten Nr. 5. Sie trafen sich zu einem Meeting und sie bombardierte Maria mit Fragen wie »Was würdest du als Erstes machen?«, »Was ist für dich Erfolg in diesem Projekt?« et cetera. Maria lernte enorm viel aus diesem Gespräch und sie verabredeten regelmäßige Statusmeetings, in denen die Marketingmanagerin immer zunächst eine Coach-Rolle wahrnahm, bevor sie die Beraterrolle übernahm.

Machen wir uns immer wieder bewusst, welches Potenzial im effektiven Delegieren liegt! Wir sparen nicht nur Zeit, sondern wir entwickeln unsere Leute.

Die Kehrseite ist natürlich, wenn delegierte Aufgaben einmal schiefgehen. Hier beobachte ich einen Reflex, vor dem Sie sich als gute Führungskraft tunlichst hüten sollten: Sie machen den Mitarbeiter für das schlechte Ergebnis verantwortlich. Eine gute Führungskraft sucht zunächst bei sich selbst! »War ich zu unklar in meinen Erwartungen?«, »Was habe ich selbst übersehen?«, »War ich zu unrealistisch?« et cetera. Erst wenn Sie solche Fragen beantwortet haben, sollten Sie das Feedbackgespräch mit dem Mitarbeiter suchen, die Ursachen des Scheiterns erörtern und konstruktiv Verbesserungsmaßnahmen herausfinden.

Kommen wir bei dieser wichtigen Führungsfähigkeit zum Abschluss noch zu den Werkzeugen für gutes Delegieren.

Werkzeuge

Besonders viel Freude macht der sogenannte »Delegation Poker«[11]. Der Ausgangspunkt des Delegation Pokers liegt darin, dass es in einem Team zum Beispiel sehr viele Dinge gibt, die nicht zwangsläufig alle von der Führungskraft übernommen werden müssen. Beispiele hierzu sind Urlaubsplanung, Ressourceneinsatzplanung, Budgetplanung oder Vertretung des Teams in bestimmten Firmengremien et cetera.

Ein Manager, der hier nicht viel nachdenkt, macht alles alleine, weil er denkt, das gehöre einfach zu den Führungs- und Managementaufgaben.

Dabei können sehr viele dieser Aufgaben sinnvoll delegiert werden, man spart selbst Zeit und überträgt Verantwortungen an die Mitarbeiter, was wiederum deren Engagement für die Firma erhöhen kann.

Es stellt sich aber auch hier wieder die Frage nach dem Risiko, wie viel und welches Zutun seitens des Managers bei der jeweiligen Aufgabe tatsächlich notwendig ist. Und genau das passgenaue Level hierfür wird gemeinsam ausgespielt, in Form von Pokern.

Praktisch funktioniert das so: Jeder im Team (der Mitspieler) hat sieben unterschiedliche Karten auf der Hand:

- *Karte 1:* »Verkünden« – »Ich werde es Ihnen mitteilen.«
- *Karte 2:* »Verkaufen« – »Ich werde versuchen, es Ihnen zu vermitteln.«
- *Karte 3:* »Befragen« – »Ich hole mir vor meiner Entscheidung Ihren Rat.«
- *Karte 4:* »Einigen« – »Wir werden gemeinsam einen Konsens finden.«
- *Karte 5:* »Beraten« – »Ich werde Sie beraten, aber Sie entscheiden!«
- *Karte 6:* »Erkundigen« – »Ich werde nach Ihrer Entscheidung situativ immer mal nachfragen, um zu helfen.«
- *Karte 7:* »Delegieren« – »Ich werde komplett delegieren und mich heraushalten.«

Zunächst einigt man sich auf den Geschäftsvorfall – wie zum Beispiel auf die Urlaubsplanung. Jeder in der Runde – Manager und die beteiligten Mitarbeiter – überlegen getrennt voneinander, welche Form der Delegation für diesen Geschäftsvorfall am besten geeignet wäre, ziehen die entsprechende Karte und legen sie verdeckt vor sich auf den Tisch. Auf Kommando decken alle gleichzeitig auf. Zieht Team/Mitarbeiter die gleiche Zahl wie der Chef, hat man sich bereits geeinigt, wie man in dem Geschäftsvorfall künftig verfährt. Gibt es eine Diskrepanz, hört man sich gegenseitig die Argumente an und einigt sich auf eine finale Zahl, die dann auch so umgesetzt wird.

Dieser Prozess macht allen Beteiligten viel Freude und zeigt aber auch, dass man sehr viel auf Augenhöhe gestalten kann, was letztlich wieder zu höherem Engagement der Mitarbeiter beiträgt.

Aber denken Sie hier abschließend daran, dass Werkzeuge, wie zum Beispiel der hier beschriebene Delegation Poker, drittrangig für Ihre Könnerschaft sind. Diese kommen nie zum Einsatz ohne die Einübung der Praktiken und schon gar nicht ohne die richtigen Glaubenssätze wie zum Beispiel: »Wenn ich gut delegiere, helfe ich meinem Team und mir im gleichen Maße«.

Gute Führung ohne eine Könnerschaft in Sachen Delegation kann ich mir nicht vorstellen!

Ich kann sehr gut über Kennzahlen führen

Sie könnten sofort einwenden: »Über was soll man denn bitte sonst führen als über Kennzahlen?« In der Praxis hapert es allerdings bei dieser Führungsfähigkeit ziemlich.

Ich sehe hier vier Kategorien von Managern.

- *Kategorie 1:* Keine oder wenige Kennzahlen für Entscheidungen heranziehen
- *Kategorie 2:* Nur die Finanzkennzahlen im Blick haben
- *Kategorie 3:* Nur mit Ergebniskennzahlen führen
- *Kategorie 4:* Mit wenigen entscheidenden Ergebnis-, aber vor allem mit Hebelkennzahlen führen

Fangen wir mit einem Praxisbeispiel für *Kategorie 1* an.

Ich bekam eines Tages den Auftrag von einem Personaldienstleistungsunternehmen, das Führungsverhalten über Kennzahlen vor allem in der Geschäftsführung eines Unternehmens zu verbessern. Einer der Geschäftsführer hielt es nicht mehr länger aus: Die Führungsmeetings waren uferlos; es wurde viel emotional diskutiert. Selten kam man zu einem Konsens und nur selten traute man sich, echte verlässliche Entscheidungen zu treffen. Der Kommentar des Geschäftsführers zu dieser Situation: »Immer wird nur geredet und nie zieht mal einer von uns eine verlässliche Kennzahl hervor, um über Fakten und nicht über gefühlte Einschätzungen der Lage zu befinden!« –

»Es ist ja nicht so, dass wir keine Zahlen hätten. Wir haben genug davon in unseren Systemen, aber keiner benutzt sie wirkungsvoll!«

Mir ist zwar keine Studie dazu bekannt, aber ich nehme an, dass die Gründe für *Kategorie-1-Manager* wohl in einer Bequemlichkeit oder gar einer Angst vor zu viel Transparenz liegen. Vielleicht traut man auch der Qualität der eigenen Informationssysteme nicht – was aber mindestens genauso bedauernswert wäre.

Jedem betroffenen Manager sei die Lektüre des Buches *Factfulness* des leider schon verstorbenen schwedischen Wissenschaftlers Hans Rosling[12] ans Herz gelegt. Selten ist es einem Autor so gut gelungen, die positive Wirkung von Fakten auf unsere Entscheidungen aufzuzeigen. Viel zu oft gehen wir von Annahmen und unseren eigenen Glaubenssätzen in Diskussionen oder Entscheidungen aus, anstatt klare Fakten zu Rate zu ziehen. Wir glauben viel zu häufig zu wissen, was Sache ist – insbesondere natürlich die Manager. Betrachten wir deshalb einmal die nächsten Kategorien.

Manager der Kategorien 2 und 3 haben eine entscheidende gemeinsame Eigenschaft: Sie führen über Ergebniskennzahlen. Die *Kategorie-2-Manager* sind dabei aber nur auf die klassischen Finanzkennzahlen des Unternehmens fokussiert, während *Kategorie-3-Manager* darüber hinaus mit einer Vielzahl von Ergebniskennzahlen aus der Organisation operieren. *Kategorie-3-Manager* mögen zum Beispiel gerne die Balanced Scorecard, weil sie sich eben nicht nur auf die Finanzkennzahlen wie Umsatz, EBITDA oder Cashflow konzentriert, sondern drei weitere Ebenen von Kennzahlen mit einbezieht – nämlich Markt & Kunde, Mitarbeiter & Know-how sowie organisatorische Faktoren wie zum Beispiel Qualitätskennzahlen.

Warum hebe ich das Wort *Ergebniskennzahl* so hervor? Ergebniskennzahlen sind wichtig für die Unternehmensführung. Sie bilden ab, was uns als Führungskräfte schlicht am wichtigsten ist: Ergebnisse. Zunächst klingt das trivial, aber Ergebniskennzahlen haben einen eklatanten Nachteil für gute Führung, wie das folgende Erlebnis aufzeigt.

Die Situation spielte sich in einem Raum eines wunderschönen Seminarhotels bei Bad Aibling ab. Ich leitete einen Strategieworkshop mit der Vorstandsriege eines Beratungsunternehmens. Es war Freitagvormittag gegen 11

Uhr und plötzlich wurden die Herren unruhig. Ich fragte, was los sei, und ich bekam die Aussage: »Herr Maron, das hat nichts mit Ihnen zu tun. Aber um 12 Uhr bekommen wir die Monatsergebnisse geliefert – und die sind wichtig!« Und es kam, wie es kommen musste. Punkt 12 Uhr war es mit der Strategiearbeit vorbei und die Runde versammelte sich um den Laptop des damals gerade neu angetretenen CEOs. Dieser runzelte nach wenigen Sekunden die Stirn (alle um ihn herum ebenfalls) und er sprach folgende Worte mit einem grollenden Unterton aus, die mir bis heute noch in den Ohren klingen: »Meine Herren, so wie ich die Sache sehe, müssen wir dem Unternehmen wohl ein rigides Sparprogramm auferlegen!« Und alle nickten wohlgefällig.

Manager sind süchtig nach Ergebniskennzahlen – aber diese haben den gewaltigen Nachteil, dass sie den Ereignissen, die zu Ergebnissen geführt haben, hinterherhinken. Es dauert manchmal Wochen, bis das Ergebnis eines abgelaufenen Monats bekannt ist. Im Grunde lenken Manager ihre Organisationen permanent mit Blick in den Rückspiegel. Deshalb spricht man im Englischen von »Lag Measures«. Lagging heißt hinken. Und wenn ein Vorstand in der Jahreshauptversammlung die Ergebnisse des abgelaufenen Geschäftsjahres präsentiert, dann zeigt er eine Batterie von »Lag Measures« auf, die manchmal gut und häufig genug schlecht ausfallen. Und dann wird Gericht gehalten. Wenn die Ergebniskennzahlen nicht so ausfallen, wie manche entscheidenden Personen das erwarten (das sind entweder Aufsichtsräte, Firmeneigner, Bankvorstände oder Ehefrauen ...), dann fangen die Stühle an zu wackeln.

Das ist der Grund, warum besonders erfolgreiche Manager sich für die Kategorie 4 entschieden haben. Sie reduzieren in ihrer Praxis die Zahl der wirklich relevanten Ergebniskennzahlen auf ein Minimum und kümmern sich mit ihren Leuten um die Existenz von einigen wenigen effektiven Hebelkennzahlen.

Hebelkennzahlen lassen sich im Englischen gut mit »Lead Measures« bezeichnen. Lead Measures führen zu den gewünschten Ergebnissen hin. Lead Measures beziehungsweise Hebelkennzahlen haben zwei entscheidende Merkmale: Sie sind vom eigenen Team direkt beeinflussbar und sie haben eine prognostische Wirkung auf die darüberliegende Ergebniskennzahl. Mit ihrem aktuellen Stand lassen sich die späteren Ergebnisse schon im Vorfeld zuverlässig vorhersagen und man kann mit dem Team gemeinsam sinnvolle Korrekturen vornehmen.

Wenn ich im Zuge der Entwicklung von Führungskräften einen Manager auditiere, dann stelle ich ihm oder ihr häufig drei Fragen:

1. Wie sieht die aktuelle wirtschaftliche Situation Ihres Verantwortungsbereichs aus?
2. Welche operative Kennzahl liegt Ihnen derzeit besonders am Herzen beziehungsweise beschäftigt Sie derzeit am meisten?
3. Welche Kennzahlen haben Sie am Start, um das kommende Ergebnis dieser operativen Kennzahl vorhersagen zu können?

Weniger als 10 Prozent der von mir in der Vergangenheit interviewten Manager können in etwa folgendermaßen antworten, wie zum Beispiel ein Leiter einer Logistikabteilung eines produzierenden Unternehmens:

- Zu 1. »Derzeit liegen wir im Wirtschaftsergebnis meines Bereiches 3 Prozent im Plus gegenüber dem Plan. Bis Ende des Geschäftsjahres werden wir diesen kleinen Vorsprung auch halten können.«
- Zu 2. »Unsere derzeit wichtigste operative Kennzahl, die uns hier in der Logistik am meisten beschäftigt, ist die Reduktion der sogenannten Non-Conformity-Costs, verursacht durch Transportkosten in relevanten internationalen Projekten, von aktuell 10 Prozent auf möglichst 0 Prozent bis Ende des Geschäftsjahres.«
- Zu 3. »Wir arbeiten hier an zwei Hebelkennzahlen, die wir lenken können und die das Ergebnis direkt beeinflussen:
    - Wir holen für Transportaufträge mit Kosten über 500 Euro mindestens drei Frachtangebote ein und führen Nachverhandlungen durch.
    - Wir steigern die Früheinbindung relevanter Abteilungen von derzeit 0 auf 80 Prozent der wichtigsten Transportaufträge.«

Meine vierte Frage in diesem Zusammenhang lautet dann noch: »Und wer außer Ihnen kennt diese Kennzahlen und deren Wichtigkeit noch?« – Die Antwort des Leiters der Logistikabteilung war: »Natürlich alle in meinem Team! Die operative Kennzahl als Schwerpunkt hatte ich vorgeschlagen und mit dem Team abgestimmt. Die Hebelkennzahlen kamen im Grunde vom Team selbst. Schließlich haben sie die meiste Erfahrung und sie wissen in der Regel ohnehin, was zu tun ist.«

Wer so über Kennzahlen führt, befindet sich meiner Meinung nach in der höchstmöglichen Kategorie dieser Könnerschaft.

Geben Sie Ihrem Team einen messbaren Fokus und führen Sie über Fakten und Hebelkennzahlen und weniger über Annahmen und übertrieben lange Diskussionen und persönliche Einschätzungen.

Ich kann gut entscheiden

Es war exakt 0:15 Uhr am 26. September 1983, als Stanislaw Petrow, ein sowjetischer Offizier, die Entscheidung traf: »Es ist ein Fehlalarm!« Diese Entscheidung hat wohl die Erde vor einem echten Nuklearschlag bewahrt. Was war passiert?

Um genau diese Uhrzeit zeigte das sowjetische Überwachungssystem von Nuklearraketen einen einzelnen Start einer amerikanischen Atomrakete Richtung Sowjetunion an. Stanislaw Petrow war der diensthabende Offizier und befahl nach einer kurzen Panik in seinem Kommandostand, Ruhe zu bewahren. Sein Job war klar – in einem solchen Fall musste er sofort Alarm schlagen, damit noch rechtzeitig vor dem Einschlag entsprechend geantwortet werden konnte. Petrow zögerte mit dem Anruf – gleichwohl jede Sekunde Zeitverlust gravierende Auswirkungen haben konnte. Schließlich nahm er den Hörer und vermeldete »Fehlalarm«.

Er wiederholte diese Aussage in einem zweiten Anruf an die Kommandoleitstelle, als das Überwachungssystem wenig später sogar mehrere weitere Raketenstarts in den USA meldete.

Monate später fanden die Russen heraus, dass eine seltene Sonne-Wolken-Konstellation über den USA durch Reflektionen die sowjetischen Satelliten in die Irre führte. Stanislaw Petrow traf eine folgenschwere Entscheidung – in diesem Fall zum Wohl des Planeten.

Fragt man aktuelle Manager, was denn zu den wichtigsten Aufgaben einer Führungskraft gehört, dann fällt natürlicherweise immer wieder die Antwort: »Man muss Entscheidungen treffen.« Bei genauerer Betrachtung ist das Treffen von Entscheidungen das absolut Wichtigste für den Fortbestand einer Organisation!

- Einstieg in die Elektromobilität – ja oder nein?
- Ausstieg aus der Kernkraft – ja oder nein?
- Vertrauen wir dem Kandidaten X wirklich den Posten an – oder doch lieber dem Kandidaten Y?
- Geben wir Geld für die Kampagne aus – ja oder nein?
- Bauen wir in der Rezension Leute ab – oder halten wir sie lieber?
- Fahre ich auf die Konferenz nach Dubai ins First-Class-Hotel oder mache wie geplant meine Teamklausur?
- Verkaufen wir die Firma – ja oder nein?

Die Liste ist endlos.

Jeden Tag stehen wir als Menschen vor Hunderten von Entscheidungen und jede Entscheidung bestimmt den weiteren Fortgang des Lebens. Man muss sich das nur in seiner wahren Dimension immer mal wieder vor Augen führen, ohne aber gleich Angst vor dieser so wichtigen Aufgabe zu entwickeln.

Natürlich besteht das Existenzrecht einer Führungskraft nicht ausschließlich darin, Entscheidungen zu treffen, sondern sich zum Beispiel bewusst außerhalb des operativen Tagesgeschäfts mit der Weiterentwicklung der Organisation beschäftigen zu können. Dennoch steht das Thema »Entscheidungen treffen« im Zentrum der Aufgaben jedes Managers und hier sollte es nur wahre Könner geben!

Die einleitende Antwort der Seminarteilnehmer, »Man *müsse* Entscheidungen treffen«, bedaure ich ein wenig ob ihrer Formulierung. Ich halte es vielmehr für ein enormes Privileg, Entscheidungen treffen zu dürfen und nicht zu müssen. In jedem Fall gibt es auch bei dieser so enorm wichtigen Führungsfähigkeit große Unterschiede in der Praxis.

- *Kategorie 1:* Stets zögerlich entscheiden
- *Kategorie 2:* Intuitiv entscheiden

- *Kategorie 3:* Effektiv entscheiden
- *Kategorie 4:* Entscheidungen delegieren

Ein Manager der Kategorie 1 scheut klare Entscheidungen. Diese werden gerne herausgeschoben und wenn überhaupt – nur zögerlich getroffen. Der gute alte Jack Welch – Managerikone von General Electric – hatte eine bekannte Abneigung gegen die sogenannten Maybe-Manager. Er liebte es, wenn seine Führungskräfte klar Ja oder Nein sagen konnten und nicht ankamen mit »Maybe«.

Ich bin überzeugt, dass Mitarbeiter diese Sorte von Maybe-Managern ablehnen und wenig wertschätzen. Immer wieder hört man das Klagen in den Organisationen, dass Entscheidungen viel zu langsam und zu spät getroffen werden. Deshalb würde es mich nicht wundern, dass viele Manager sich bei einer Selbsteinschätzung nicht in Kategorie 1 sehen – was aber möglicherweise diametral gegen das Urteil der Belegschaft steht.

Bei den Managern der Kategorie 2 ist das natürlich schon etwas besser, denn sie treffen die Entscheidungen gerne und schneller. Sind wir in der Kategorie 2 aber bitte ehrlich zu uns selbst. Häufig werden Entscheidungen aus Gefühlslagen heraus getroffen. Die Existenz von guten Entscheidungswerkzeugen ist der Mehrheit der Manager völlig unbekannt und häufig fühlen sich viele Manager als die alleinigen Entscheidungsträger, wobei es manchmal klüger wäre, gewisse Entscheidungen in das Team zu verlagern – nämlich da, wo auch die Informationen sitzen. Deshalb ist das rasche eigene intuitive Entscheiden noch keine echte Könnerschaft.

Wenden wir uns deshalb der wahren Könnerschaft in den Kategorien 3 und 4 zu. Unter »Effektiv entscheiden« verstehe ich als Abgrenzung zur Kategorie 2 folgende Aspekte:

1. Für Entscheidungen klare Fakten einbeziehen, ohne aber das berühmte Bauchgefühl völlig zu unterdrücken!
2. Bei komplexen Entscheidungen gute Entscheidungswerkzeuge heranziehen

Für die Kategorie 4 würde ich dann noch ergänzen:

3. Entscheidungen an dem Ort der Organisation treffen lassen, an dem es am meisten Sinn macht.

Die erste Qualität – nämlich Fakten für die Entscheidungsfindung heranzuziehen – habe ich im vorangegangenen Kapitel bereits erläutert. In puncto Hilfsmittel zur Entscheidungsfindung sind viele Manager wenig versiert. Natürlich hat jeder von uns für eine Kaufentscheidung schon einmal eine Liste von Entscheidungskriterien aufgestellt, um nach einem Punktesystem herauszufinden, welche Option wohl die Bessere ist. Aber sonst?

Dabei gibt es eine ganze Reihe von Werkzeugen, die insbesondere bei komplexeren Entscheidungen sehr hilfreich wären – würde man sie denn nur kennen und anwenden können. Zwei Bücher leisteten mir in der Vergangenheit bei wichtigen Entscheidungen gute Dienste: *Reframe It! 47 Werkzeuge und ein Modell, mit denen Sie Komplexität meistern* von Andre Hinnen[13] und *The Decision Checklist* von Sam Kyle[14].

Ich habe die Erfahrung gemacht, dass gute Werkzeuge bei der Entscheidungsfindung sehr hilfreich sind. Vor Jahren hatte ich die Gelegenheit, dem Inhaber und Geschäftsführer eines mittelständischen Unternehmens im Ruhrgebiet die Wirkungsweise der »4 Disziplinen der Umsetzung« von FranklinCovey vorzustellen. Aus einem geplanten 90-Minuten-Termin unter vier Augen wurde plötzlich ein 3-Stunden-Workshop mit dem Großteil seiner Führungsmannschaft, die kurzerhand hinzugerufen wurde. Auslöser dieser Dynamik war die Diskussion darüber, welches strategische Ziel aus der Vielzahl von Optionen für das Unternehmen wohl das wichtigste wäre.

Der Inhaber war großer Fan von Fokussierung und er wusste, dass es in seinem Führungsteam unterschiedliche Meinungen über die strategischen Prioritäten gab. Er griff zum Hörer und trommelte alle spontan verfügbaren Abteilungsleiter zusammen. Er überließ mir die weitere Moderation und als ersten Schritt gab ich allen Anwesenden die Aufgabe, allein für sich die ein bis drei aktuell wichtigsten strategischen Ziele des Unternehmens auf ein Blatt Papier zu schreiben. Ich sammelte die Antworten der sechs anwesenden

Personen ein und erstellte daraus eine anonymisierte Liste auf einem Flipchart.

Die Liste bestand aus tatsächlich neun (!) unterschiedlichen Zielen und allein dieses Resultat führte im Führungskreis schon zu Verwunderung. Fokus im Unternehmen? Fehlanzeige. Der Finanzchef meldete sich zu Wort und sagte: »Diese Liste ist ja schön und gut – aber unser größter Fokus muss auf der Kostensenkung liegen! Da lass ich nicht mit mir reden.«

Ich nahm nun ein Werkzeug zur Entscheidungsfindung zur Hand – den sogenannten Wichtigkeitsfilter. Der Wichtigkeitsfilter ist ein Spezialwerkzeug zur Identifizierung der wichtigsten Unternehmensziele und wurde von der Firma FranklinCovey im Zuge des Programms zur Strategieumsetzung entwickelt. Es geht von der These aus, dass es vier Faktoren gibt, die ein großartiges Unternehmen ausmachen:

- Kontinuierlicher wirtschaftlicher Erfolg
- Kundenloyalität
- Erstklassige Unternehmenskultur und Mitarbeiterengagement
- Beitrag zum Gemeinwohl und zur Marktentwicklung

Steht man nun vor einer Liste von möglichen Zielkandidaten, so stellt sich die einfache Frage: Welches Ziel schneidet in allen vier Faktoren in Summe am besten ab?

Ich öffnete ein Excel-Sheet am Beamer, schrieb die neun Zielkandidaten in eine Spalte und ließ nun einen Zielkandidaten nach dem anderen durch das Team punktemäßig bewerten – und zwar in jeder der vier Kategorien separat.

- *Frage 1:* Auf der Skala von –1 (kontraproduktiv) bis +4 (extrem großer positiver Beitrag) – Wie stark trägt dieser Zielkandidat zur mittelfristigen wirtschaftlichen Situation bei? Umsatz, Kosten, Cashflow?

- *Frage 2:* Auf der Skala von –1 (kontraproduktiv) bis +4 (extrem großer positiver Beitrag) – Wie stark trägt dieser Zielkandidat zur Entwicklung und zum Erhalt der Kundenloyalität bei?
- *Frage 3:* Auf derselben Skala – Wie stark trägt dieser Zielkandidat zur positiven Entwicklung der Unternehmenskultur und zur Stärkung des Mitarbeiterengagements bei?
- *Frage 4:* Auf derselben Skala – liefert dieser Zielkandidat einen wirkungsvollen Beitrag für die Marktentwicklung oder gar für die positive Entwicklung der Gesellschaft (von der wir als Unternehmen profitieren)?
- *Frage 5:* Wer in der Runde hat bei diesem Zielkandidaten ein positives Bauchgefühl?

Ich ließ die Teilnehmer bei jeder Frage mit einfachen Fingerzeichen abstimmen, zählte alle sichtbaren Finger zusammen und wir kamen am Ende zu einem sehr eindeutigen Ergebnis: die Steigerung der Kundenzufriedenheit!

Bei Betrachtung des Bewertungssystems war jedem im Raum klar, dass dies tatsächlich der wichtigste strategische Faktor war, auf den man sich konzentrieren sollte. Er sammelte in allen vier Kategorien eine hohe Punktzahl und lag zum Beispiel weit vor dem Kosteneinsparungsvorschlag des Finanzchefs, welcher zwar bei der Wirtschaftlichkeit gut abschnitt, aber in allen anderen drei Kategorien durchfiel. Zudem fiel die wichtige Ergänzungsfrage 5 in Bezug auf das positive Bauchgefühl ebenfalls mehrheitlich zugunsten dieses Kandidaten aus.

Der Einsatz eines einfachen Entscheidungswerkzeugs führte dazu, dass sich nach 90 Minuten Diskussion ein komplettes Führungsteam auf ein einzelnes strategisches Ziel einigen konnte!

Welche Werkzeuge haben Sie selbst situativ im Köcher, um gute Entscheidungen zu treffen?

Kommen wir zum dritten Aspekt der wahren Könnerschaft in Sachen Entscheidungsfindung: Wie viel Entscheidungskompetenz lässt sich ins Team verlagern? Wer Entscheidungen delegieren kann, steigt für mich in den Olymp der Kategorie 4 auf!

Entscheidungen zu delegieren, fällt vielen Managern schwer. Hier spielt zunächst das Ego häufig nicht mit. Das Gefühl der Macht und damit der Entscheidungskompetenz ist für viele Manager ein Lebenselixier. Das lässt man sich nicht gerne nehmen. Außerdem kann die Einbindung des Teams in den Entscheidungsprozess mehr Zeit für Abstimmungen in Anspruch nehmen und schließlich möchte man die Risiken von Fehlentscheidungen gerne selbst kontrollieren.

Wie kommt es aber, dass immer mehr Organisationen nach Wegen suchen, die Eigenverantwortung von Teams zu stärken und sogar darüber nachdenken, ohne Chefs auf der operativen Ebene auszukommen? Einer der Hauptgründe liegt in dem Modewort VUCA. VUCA ist ein Akronym aus den einzelnen Wörtern Volatility, Uncertainty, Complexity und Ambiguity. Ein entsprechendes deutsches Akronym müsste demnach lauten »FUKB – Flüchtigkeit, Unsicherheit, Komplexität und Beliebigkeit«

Man scheint sich im Wirtschaftsleben einig zu sein, dass wir in einer VUCA-Welt leben, in der man mit der klassischen Idee »Manager entscheidet – Mitarbeiter folgen« nicht mehr wettbewerbsfähig sein kann. Heute kommt es vor, dass ein CEO vor der Belegschaft offen zugibt, dass er sich außer Stande sieht, jede operative Fragestellung entscheiden zu können. Dieses Eingeständnis ist für viele Manager ein großer Schritt, denn der Nimbus der allwissenden und kompetenten Führungskraft ist ungebrochen. Jetzt steht man plötzlich vor der Einsicht, dass man die meisten Zusammenhänge im operativen Geschäft längst nicht mehr durchblickt, und Studien der Harvard Business School belegen zudem, dass die Qualität von operativen Entscheidungen durch die Leute vor Ort nachweislich besser ist als die Entscheidungsqualität ihrer jeweiligen Führungskräfte.

In diesem Zusammenhang gibt es eine sehr berühmte Geschichte eines amerikanischen Atom-U-Bootes, welches zunächst von vielen NAVY-Kommandeuren hinsichtlich der Einsatzfähigkeit und der Leistungsfähigkeit des Teams an Bord bereits abgeschrieben war und nur noch für unbedeutende Manöver und Aufträge zum Einsatz kam. Dann übernahm Captain David Marquet die Leitung der Besatzung und das Atom-U-Boot entwickelte sich in kürzester Zeit zu einem der Vorzeigeschiffe der Flotte. Die Art und Weise, wie David Marquet sein Team in die Entwicklung des Bootes miteinbezogen hat, ist mittlerweile legendär und lässt sich im Weltbestseller *Turn the ship around*[15] eindrucksvoll nachlesen oder auf YouTube anschauen.

Einer seiner markantesten Leitsätze seiner Führungsphilosophie lautet: »Entscheidungen werden da getroffen, wo die Information ist.« Für alle, die sich mit dem Szenario auf hochtechnisierten amerikanischen Kriegsgeräten weniger identifizieren können, hier noch ein weiteres praktisches Beispiel aus einem Geschäftsfeld, welches uns gefühlt noch näher liegt: der medizinischen Pflege. Das niederländische Unternehmen *Buurtzorg* macht seit Jahren mit seinem Konzept der selbstorganisierenden Organisation Furore. Da es keine ausgewiesenen Manager für die operativen Entscheidungen gibt, müssen diese nun von den Teams in Eigenregie getroffen werden.

Was für viele traditionelle Unternehmer und Manager als undenkbar gilt, ist in solchen modernen Organisationen Realität. Hier könnte ein einzelner Mitarbeiter zum Beispiel über die Anschaffung einer neuen Software oder gar eines neuen Fahrzeugs für das Team entscheiden. Allerdings – und das ist natürlich wichtig – muss es Regeln geben. Eine der Regeln könnte beispielsweise das »Beraterprinzip« sein: Jeder kann eine geschäftsrelevante Entscheidung treffen, wenn er zuvor mindestens zwei weitere Personen konsultiert hat. Eine davon muss sich thematisch auskennen, die andere muss von der Entscheidung betroffen sein. Der Mitarbeiter ist verpflichtet, dieser Mindestanzahl an Personen die Entscheidung transparent zu machen, samt aller durchdachten Risiken und Kosten, und ihren Rat und ihre Einschätzung einzuholen. Im Anschluss kann er eigenmächtig entscheiden – gleichgültig, ob die »Berater« zugeraten haben oder nicht.

Das erfordert Mut und viel Vertrauensvorschuss in die Belegschaft. Aber solche Beispiele gäbe es nicht, wenn sie nicht auch funktionieren würden.

Wenn Sie sich selbst ehrlicherweise zu den Kategorie-1- oder -2-Managern zählen, dann erscheint der Schritt auf Ebene 4 – wie bei *Buurtzorg* – sicherlich groß und ambitioniert. Aber Hand aufs Herz: Sind Sie wenigstens bereit für Kategorie 3? Welcher Glaubenssatz hält Sie noch davon ab?

Ich kann etwas gut vermitteln

Kommen wir zu einer echten Achillesferse der meisten Manager, die mir begegnen: die (Un-)Fähigkeit, durch gute Kommunikation die Organisation auf eine Reise in die Zukunft motivierend mitzunehmen. Viele kennen das leicht überstrapazierte Zitat des Autors Antoine de Saint-Exupéry: »Wenn du ein gutes Schiff bauen willst, [...] erwecke in den Herzen der Menschen die Sehnsucht nach dem großen und schönen Meer.«[16]

Bei unserer Führungsarbeit kommen wir immer mit Menschen in Kontakt – und Menschen lieben Geschichten. Wir lernen seit frühester Kindheit, das Leben aus den Geschichten, die wir erzählt bekommen, zu begreifen. Geschichten fördern unsere Fantasie und lassen uns Zusammenhänge verstehen. Das ist wesentlich effektiver, als zum Beispiel eine mathematische Formel oder ein Geschäftsbericht eines Unternehmens bewirken könnte.

Ich schaue mir regelmäßig die berühmten TED-Vorträge im Netz an. Natürlich sind die Inhalte sehr häufig äußerst inspirierend – aber den Hauptnutzen ziehe ich aus der Vorlage, wie man innerhalb von 15 Minuten eine überzeugende Präsentation hält. Was mittlerweile alle dort gelernt haben: Man fängt mit einer guten Geschichte an. Und komischerweise werden mir diese Vorträge nie langweilig, auch wenn ich schnell das Muster dahinter erkenne. Das wichtigste Kriterium für eine gute Geschichte ist eine gewisse Authentizität. Bei vielen deutschen Möchtegern-Comedians ist immer wieder zu beobachten, wie sie beginnen, Geschichten aus dem Leben zu erzählen, die schlicht gekünstelt und massiv übertrieben oder einfach erfunden sind.

Am meisten habe ich in Sachen Storytelling von Nancy Duarte gelernt, die in ihrem Buch *Resonate*[17] sehr anschaulich macht, mit welcher Dramaturgie beziehungsweise »Storyline« man eine Resonanz beim Zuhörer auslöst. Ich schließe jede Wette ab, dass sich keine 10 Prozent aller Führungskräfte jemals mit einer solchen Thematik konkret befasst haben.

Ich möchte diese wichtige Basisfähigkeit aber nicht nur auf die Könnerschaft in Bezug auf Geschichtenerzählen beschränken – vielmehr geht es mir um das Streben nach Umsetzung eines Prinzips, welches mir ein früherer Chef als das »Right 5-Prinzip« erklärt hat: die RICHTIGE Information an die RICHTIGEN Menschen, am RICHTIGEN Ort, zur RICHTIGEN Zeit im RICHTIGEN Format. Wer dieses Prinzip einigermaßen beherrscht, um den muss man sich hinsichtlich seiner Führungskarriere keine Sorgen machen.

Schauen wir uns einige der Schwachstellen der Kommunikation in der Praxis an und was ein echter Könner im Hinblick auf *Right5* hier tun würde:

Die Verkündung neuer Geschäftsziele

Der Laie lädt zum Meeting oder zur Betriebsversammlung ein und verkündet in überladenen PowerPoint-Folien die künftigen Ziele. Nach einer kurzen Diskussion wünscht man viel Erfolg bei der Umsetzung.

Der Könner erzählt (bevor er Zahlen zeigt) zu Beginn der Präsentation eine eindrucksvolle Geschichte, die die Herausforderungen bei den vergangenen strategischen Überlegungen emotional einleitet. Die Zuhörer können sich in die Entscheider hineinversetzen und die späteren Sachverhalte und Veränderungen wesentlich besser einordnen und nachvollziehen.

Die Präsentation

Der Laie hat eine viel zu lange Liste an PowerPoint-Slides mit viel zu vielen Informationen.

Der Könner beherrscht das Storyboard-Prinzip. Seine Slides bestehen meist nur aus einem Bild und aus maximal drei Bullet Points zur Erklärung des Bildes. Er konzentriert sich auf eine Botschaft, die den Zuhörern auch

20 Minuten nach der Präsentation noch im Gedächtnis bleibt. Selbst in kürzester Zeit kann er anhand einer einzigen Folie diese Botschaft vermitteln.

Der Projektstatus

Der Laie liefert Statusinformationen über Projekte nur auf Aufforderung oder zu selten, und wenn etwas geliefert wird, ist es entweder zu knapp oder zu umfangreich für die Adressaten.

Der Könner liefert regelmäßig an alle Key-Stakeholder einen einseitigen Statusbericht, entweder mit der Information »Das Projekt läuft nach Plan« oder »Das Projekt ist in Gefahr«. Wenn das Projekt in Gefahr ist, folgen im Bericht die drei Hauptgründe dafür sowie die drei Hauptmaßnahmen, was man dagegen tun wird, um das Projekt wieder in den »Läuft nach Plan«-Status zu bringen.

Die Entlassung

Der Laie gibt sich wenig Mühe, die Hintergründe einer Entlassung zum Beispiel einer Führungskraft zu erläutern. Häufig reicht eine Organisationsmitteilung am schwarzen Brett.

Der Könner macht sich die Mühe, zunächst seinen Führungskreis einzuladen und ihnen die Veränderung persönlich mitzuteilen. Darüber hinaus erläutert er eingehend und transparent die Hintergründe und bespricht mit dem Führungskreis die weitere Kommunikation in der Organisation. Damit baut er zudem eine Vertrauens- und keine Angstkultur im Unternehmen auf. Dies sind nur Fallbeispiele, die Sie inspirieren sollen, über das Right5-Prinzip in Ihrer täglichen Arbeit nachzudenken und praktisch etwas zu verbessern.

Die Fähigkeit, das Right5-Prinzip umzusetzen, ist aber nur die halbe Miete, denn bei dieser Könnerschaft unterscheide ich folgende Entwicklungsstufen:

- *Kategorie 1:* Schlechter Kommunikator
- *Kategorie 2:* Beherrscht das Right5-Prinzip
- *Kategorie 3:* Beherrscht den Weg 5 aus den 7 Wegen zur Effektivität

Wer sich mit den *7 Wegen zur Effektivität* von Stephen R. Covey auseinandergesetzt hat, der kommt an Weg 5 naturgemäß nicht vorbei. Dieser lautet: »Erst verstehen … um verstanden zu werden« und liefert jedem von uns die simple Formel für effektive Kommunikation.

Jeder möchte möglichst gut verstanden werden. Aber das klappt nur dann auf Dauer wirkungsvoll, wenn man vorher das Gegenüber in seinen Interessen und Vorstellungen selbst verstanden hat. Das bedeutet natürlich nicht, dass man mit jeder Aussage des Gegenübers einverstanden sein muss – wesentlich ist nur, dass das Gegenüber klar spürt, dass seine Position verstanden wurde.

Beim Zuhören unterscheidet man fünf Stufen:

- *Stufe 1:* Ignorieren
- *Stufe 2:* So tun als ob
- *Stufe 3:* Teilweise zuhören
- *Stufe 4:* Aufmerksames Zuhören
- *Stufe 5:* Einfühlsames Zuhören

Ein Könner auf diesem Gebiet beherrscht die Stufen 4 und 5 und vermeidet, wo immer möglich, die Stufen 1 bis 3. Die meisten von uns tappen im Alltag in die Falle von Stufe 3. Das Gegenüber erzählt etwas und sofort glauben wir zu wissen, worauf das hinauslaufen wird. Wir unterbrechen und wollen sofort etwas erwidern. Das weitere aufmerksame Zuhören empfinden wir situativ als Zeitverschwendung. Das Tor für Missverständnisse – und damit auf Dauer dysfunktionale Beziehungen – ist in diesem Moment meilenweit offen.

Lassen Sie mich das an einem autobiografischen Beispiel erläutern: Ich war 14 Jahre alt, als ich mir eine Langspielplatte kaufen wollte. Mein Taschengeld war bereits ausgegeben und ich beschloss, das Problem dadurch zu lösen, das Portemonnaie meines Vaters leihweise um einen 20-Mark-Schein zu erleichtern. Die Platte war gekauft und ich berichtete in meiner Naivität meinen beiden Kumpels in der Schule von meinem großen Coup. Einen Tag später eröffneten sie mir, ich solle ihnen täglich jedem 1 Mark zahlen, ansonsten würden sie mich bei meinem Vater verpfeifen.

Dieses »Spiel« machte ich fünf Tage mit und kapitulierte anschließend. Ich hatte nur noch Angst. Beim Frühstück konfrontierte ich meinen Vater mit folgender Aussage: »Du Paps, ich habe beschlossen. nicht mehr zur Schule zu gehen. Ist das okay für dich?« Er schmunzelte und fragte natürlich: »Was ist los? Warum willst du nicht mehr?« Ich antwortete ausweichend: »Das geht mir alles auf die Nerven und langweilig ist es auch. Ich will nicht mehr.« Er blieb erstaunlich ruhig, erhob sich, schnappte sich seine Aktentasche und verließ das Haus mit dem Satz »Ach, weißt du, mir ging das früher oft so. Das geht vorbei. Wirst sehen.«

Er ging in die Falle von Ebene 3 – dem teilweisen Zuhören. Er vernahm die Botschaft, kramte in seiner eigenen Autobiografie und unterbrach den Prozess des Verstehens mit einer aus seiner Sicht sinnvollen Antwort. Ich als sein »Untergebener« kam keinen Schritt weiter und verblieb noch tagelang in meiner Angst, bis ich es letztlich meinem Vater gebeichtet hatte. Ich verehre meinen Vater wirklich – aber in Bezug auf seine Kommunikationskönnerschaft war er häufig doch sehr limitiert.

Gerade hochintelligente und erfahrene Menschen – und dazu zähle ich natürlich viele Manager – brauchen nicht viel Information, um sofort zu glauben, dass sie wissen, worum es bei Sachverhalten wirklich geht. Aber das ist trügerisch – und das wissen die Könner auf diesem Gebiet.

Ein Könner spürt genau, wann es Zeit ist, die Kommunikation zu unterbrechen und autobiografisch zu antworten, und wann es Zeit ist, die Klappe zu halten und weiter aufmerksam zuzuhören, um den Gegenüber in seinen wahren Motiven zu verstehen. Erst dann kann man selbst weiter wirkungsvoll vermitteln.

Das, was mein Vater beim Hinausgehen aus der Tür sagte, war für unsere Beziehung kontraproduktiv. Es war einfach wirkungs- und sinnlos, einfach weil er sich nicht die kurze Zeit nahm, um in aller Ruhe und aufmerksam der Sache verständnisvoll auf den Grund zu gehen.

Wie viele Manager stehen oder sitzen auch heute wohl wieder vor Zuhörern, im guten Glauben, etwas gut zu vermitteln, ohne dass sie die wahren Motive und Erwartungen des Auditoriums vorab hinterfragt haben? Wie viele Manager verhalten sich auch heute wohl wieder so, wie die typischen Talkshow-Teilnehmer – nur zuhören, um die eigene Antwort vorzubereiten?

Wer etwas wirkungsvoll vermitteln will, sollte das Geschichtenerzählen wiederentdecken, das Right5-Prinzip beherzigen und den Weg 5 der *7 Wege zur Effektivität* so oft wie möglich anwenden.

Können Sie das (oft genug)?

Fazit zu Teil 1 – die Basics

Hiermit sind wir am Ende des Teil 1 des Buches angekommen. Wie Sie weiter sehen werden, gibt es noch eine Reihe anderer Aspekte, welche für die Entwicklung von Führungskräften spannend und relevant sind.

Ich erinnere mich gerne an eine Aussage des Trainers des SC Freiburg, Christian Streich, der einmal gesagt haben soll: »Wer die Basics beherrscht, spielt immer im oberen Drittel mit und hat mit Abstiegsangst nichts zu tun.« Wie recht er hat!

Dieser Teil 1 ist nicht nur für Neueinsteiger in Führungspositionen gedacht. Ich bin davon überzeugt, dass auch alte Hasen in Managerpositionen den ein oder anderen Kategoriesprung in den Basics vollziehen können.

Zu diesem Zweck gibt es die Selbsteinschätzung am Ende des Buches.

Damit leite ich über in den Teil 2 – den Bereich für Fortgeschrittene.

TEIL 2

Könner werden – für Fortgeschrittene

Die nun folgenden Fähigkeiten kommen in erster Linie für erfahrene Manager und Teamleiter in Betracht beziehungsweise für Manager in höheren Führungspositionen bis hin zur Geschäftsführung und zu CEO-Rollen.
Je höher man in der Hierarchie und damit in der Verantwortung aufsteigt, desto mehr entfernt man sich von den einzelnen Mitarbeitern an den Förderbändern, in den Großraumbüros und in den Lkws. Man entwickelt plötzlich nicht mehr einzelne Menschen in ihren Rollen, wie ein Teamleiter das tut, sondern man entwickelt Organisationen, die häufig wiederum aus statischen oder temporären Teams bestehen. Die Perspektive verändert sich und das Risiko in den getroffenen Entscheidungen steigt.
Um all dem gerecht zu werden, bedarf es einer Reihe von Fähigkeiten, die man üblicherweise, wenn überhaupt, erst viel später lernt. Viel Freude damit!

Ich kann Vertrauen auf mehreren Ebenen aufbauen

Ich kenne keinen Wert, den ich für das erfolgreiche Zusammenspiel zwischen Menschen – gleichgültig ob im privaten oder im beruflichen Bereich – höher gewichte als Vertrauen.

Stellen wir uns einmal kurz die Welt ohne Vertrauen vor.

- Wir würden in keinen Bus mehr steigen, weil man zum einen nicht wüsste, ob das Gefährt fahrtauglich ist, oder zum anderen, ob der Busfahrer munter und überhaupt die Befähigung zum Busfahren besitzt.
- Man würde sich in kein Haus trauen, denn wer weiß, ob das Dach nicht gleich zusammenbricht.
- Man würde im Restaurant jede Speise von einem Vorkoster probieren lassen – man kann ja nicht sicher sein, was in der Küche so alles vor sich geht.
- Man könnte als Eltern nicht mehr gemeinsam arbeiten gehen, weil man seine Kinder niemandem mehr anvertrauen könnte.

Die Liste ließe sich endlos fortsetzen und wir dürften uns hier einig sein, dass wir uns recht schnell nach einer Umgebung sehnen würden, welche von Vertrauen geprägt ist.

Vertrauen im Zusammenhang mit guter Führung ist eine zweischneidige Sache. Kein Manager würde bestreiten, dass Vertrauen unwichtig wäre für seinen Erfolg. Gleichzeitig haben Manager oft nur das Substantiv »Vertrauen« im Kopf und nicht die Aktivität »Vertrauen schaffen«. Die meisten Manager, die ich kennengelernt habe, sehen Vertrauen als ein Ergebnis von verschiedenen operativen Tätigkeiten; sie haben nicht die Aktivitäten im Blick, die unmittelbar oder bewusst zu Vertrauen führen. Außerdem hat bei vielen Managern das Thema Vertrauen in der Führungspraxis einen schlechten Stand, weil es gegenüber allen anderen Ergebnisfaktoren wie Umsatz, EBITDA, Marktposition oder Lieferquoten zu den weichen Faktoren gehört, die man nur schwer messen und einschätzen kann.

Das alles führt zu der eigenartigen Situation, dass zwar viele von Vertrauen sprechen, aber die wenigsten eine klare Idee davon haben, was sie als Führungskräfte beeinflussen können, damit Vertrauen überhaupt entsteht. Dieses Problem wurde aber mittlerweile wirkungsvoll gelöst – und zwar von Stephen M. R. Covey, der sich mit seinem Buch *The Speed of Trust*[18] eindrucksvoll aus dem Schatten seines Vaters lösen konnte, der mit den *Die 7 Wege zur Effektivität* einen Weltbestseller produzierte.

Ich habe mich mit vielen Büchern zum Thema Vertrauen und Führung auseinandergesetzt, aber kein Werk erklärt einer Führungskraft so schlüssig und praktikabel, wie man auf allen relevanten Ebenen Vertrauen generieren kann. Außerdem liefert es einen direkten Zusammenhang zwischen dem Wert Vertrauen und seinem ökonomischen »Impact«. Damit befreit Stephen M. R. Covey den Wert Vertrauen von seinem weichen Charakter und macht ihn für gestandene Manager und Unternehmenslenker relevanter.

Ich selbst habe Kurse über *Speed of Trust* gehalten und es wäre verführerisch, hier nun inhaltlich ausführlich auf das Programm beziehungsweise das Buch einzugehen. Das vermeide ich aus zwei Gründen: Erstens empfehle ich Ihnen dringend, das Originalbuch zu lesen – es beschreibt die Methodik besser, als ich es je selbst erzählen könnte –, und zweitens gibt es sehr gute Zusammenfassungen am Markt.

Ich möchte die Gelegenheit in diesem Buch lieber dafür nutzen, den praktischen Umgang mit dem Konzept »Speed of Trust« zu erläutern und Ihnen aus meiner Erfahrung näherzubringen, was es leisten kann und was nicht.

Führungskräften muss klar sein, dass es eine Verbindung zwischen Geschwindigkeit und Vertrauen gibt. Die Grundformel ist sehr einfach: Ist das Vertrauen in einem Unternehmen hoch, steigt die Geschwindigkeit in den Geschäftsprozessen und die Kosten sinken. Andersherum: Ist das Vertrauen innerhalb des Unternehmens niedrig, steigen die Kosten und die Geschwindigkeit sinkt.

Mein einfachstes Beispiel für diesen Zusammenhang ist ein Flughafen. Aus bekannten Gründen ist ein Flughafen kein Ort des Vertrauens. Jeder Fluggast muss aus Risikomanagementgründen als potenzieller Attentäter oder – bei Reisen außerhalb der EU – als potenzieller Krimineller behandelt werden. Selbst wenn die Wahrscheinlichkeit hierfür bei unter einem Promille liegt.

Als Konsequenz muss man als Fluggast sehr viel früher als notwendig erscheinen, muss sich in die Schlange zur Leibesvisitation einreihen und sich unter Umständen brav in die Schlange bei der Ausweiskontrolle stellen. Dieser Prozess kostet die Luftfahrtindustrie ein Vermögen und verlangsamt den Abfertigungsprozess auf ein schier unerträgliches Maß. Das ist die einfache Idee hinter »Speed of Trust« beziehungsweise »No-Speed of Distrust«.

Um Managern den ökonomischen Zusammenhang zwischen Vertrauen und der Produktivität des Unternehmens zu verdeutlichen, lasse ich sie in Seminaren die wichtigsten Gründe für erhöhte Kosten oder Produktivitätseinbußen beschreiben, die unmittelbar mit einem Fehlen von Vertrauen zu tun haben. Die Klassiker dieser Übung sind Reisekostenabrechnungen, der langsame Produktentwicklungsprozess, alle Formen der Bürokratie sowie schlechte Entscheidungsprozesse.

So hat bei dieser Übung das Führungsteam eines mittelständischen Produktionsunternehmens einmal ausgerechnet, dass allein die Langsamkeit des Entscheidungsprozesses bei größeren Investitionen für das Unternehmen im Jahr mehr als 2 Millionen Euro Fehlbetrag im möglichen Jahresergebnis ausmacht. Das sind versteckte Kosten, die ein Unternehmen mit einer schlechten Vertrauenskultur ständig mit sich herumschleppt, wie einen Rucksack – oder wie eine Steuer, die den eigentlichen Unternehmensertrag unnötigerweise schmälert.

Stephen M. R. Covey spricht deshalb auch von »Trust-Tax« beziehungsweise von dem positiven Kontrapunkt, der Vertrauens-Dividende, die all diejenigen Unternehmen einstreichen, die hingegen über eine großartige Vertrauenskultur verfügen. Deren interne Abläufe sind schneller als bei der Konkurrenz und die unnötigen Kosten aus Vertrauensthemen werden eingespart.

Gibt es also den direkten wirtschaftlichen Zusammenhang zwischen Vertrauen und Betriebsergebnis? Antwort: Ja.

Ist die Vertrauenskultur ein Produkt der Umstände? Antwort: Nein – man kann sie als Führungskraft aktiv beeinflussen und das sollte man auch.

Neben dem Begriff der »Trust-Tax« ist Coveys zweiter großer Wurf das Modell der 5 Wellen des Vertrauens. Mir gefällt sein Bild eines ruhigen Teichs, in den man einen Stein wirft. Ausgehend vom Einschlagpunkt breiten sich die Wellen konzentrisch von innen nach außen aus. Beim Vertrauen gilt das Gleiche. Vertrauen ist ein sehr komplexer Wert und Modelle sind immer gut dafür geeignet, dem Anwender eine leicht verständliche Struktur in der Komplexität zu geben, an der sie oder er sich in der Praxis orientieren kann. Die Grundidee des Modells ist in folgendem Bild dargestellt:

Bild 9: Die 5 Wellen des Vertrauens nach Stephen. M. R. Covey

Im Zentrum (Welle 1) steht die persönliche Vertrauenswürdigkeit (Self Trust). An ihr kann man permanent arbeiten. Man kann sie aktiv beeinflussen – sieben Tage die Woche – und man benötigt niemanden anderen dafür. Sie ist in Wahrheit unser größter persönlicher immaterieller Schatz. Ohne vertrauenswürdige Individuen ist eine Vertrauenskultur in einem Unternehmen ausgeschlossen.

Bei der Welle 2 geht es um die zwischenmenschlichen Beziehungen sämtlicher innerer und äußerer Stakeholder einer Organisation (Relationship Trust). Im Gegensatz zur Welle 1 ist sie besonders sicht- und spürbar – insbesondere bei Streitigkeiten zwischen Personen oder gar Abteilungen. Bei der Welle geht es primär darum, alle wesentlichen Beziehungskonten in Sachen Vertrauen im Plus zu halten.

Bei der Welle 3 dreht es sich um das sogenannte Organisationsvertrauen (Organizational Trust). Hier haben die Führungskräfte Einfluss auf die internen Prozesse. Wie verlässlich sind die internen Abläufe? Liefert die Organisation das, was sie nach außen verspricht?

Das liefert dann den direkten Übergang in die Welle 4 – dem Vertrauen am Markt (Market Trust). Wird unser Unternehmen als vertrauenswürdige Marke wahrgenommen? Würde man wieder bei uns kaufen? Ohne Frage ist der nachhaltige Erfolg am Markt das eigentliche zentrale Ziel eines Unternehmens. Aber das Vertrauen, das wir uns am Markt erarbeitet haben, hängt unmittelbar vom Organisationsvertrauen ab (Welle 3), welches wiederum stark von der Qualität der internen bilateralen Beziehungen abhängt (Welle 2). Und diese Beziehungen sind am Ende beeinflusst von der Vertrauenswürdigkeit jeder einzelnen Person in der Organisation (Welle 1).

Allein an dieser Kausalität erkennt man die Macht dieses Themas. Man kann abschätzen, wie wertvoll es ist, auf jeder der vier Ebenen vertrauensbildend zu agieren.

Am Ende steht die Welle 5 – das Gesellschaftsvertrauen (Societal Trust). Was tun wir als Unternehmen und als Führungskraft, um eine stabile, verlässliche Gesellschaft zu unterstützen, von deren Stabilität wir letztlich wieder selbst unternehmerisch abhängig sind?

Ich schätze dieses Modell der fünf Wellen sehr. Die Könnerschaft einer guten Führungskraft wird nun klarer: Was tut man aktiv auf jeder der fünf Ebenen/Wellen, um Vertrauen zu generieren?

Hier ein paar praktische Ansätze dazu:

Welle 1 – Persönliche Vertrauenswürdigkeit

Stellen Sie sich einmal vor, Sie bräuchten eine recht komplizierte Herzoperation und Sie hätten die Wahl zwischen zwei Herzchirurgen. Zu Chirurg A fassen Sie unmittelbar Vertrauen, denn er ist wirklich spürbar an Ihrer Heilung interessiert. Er kümmert sich rührend um Sie und Sie denken innerlich: »Was ein guter Typ.« Sie erfahren aber zufällig von einer Krankenschwester, dass es seine erste OP als leitender Operateur sein wird (irgendwann ist immer das erste Mal). Gott sei Dank haben Sie noch Chirurg B. Dieser hat hunderte erfolgreicher Herz-OPs hinter sich. Allerdings gibt es unbestätigte Gerüchte, dass er seine Finger im illegalen Organhandel haben soll.

Jetzt sind Sie gefragt: Welchen von beiden nehmen Sie? A oder B? Ich habe diese Frage vielen Menschen in meiner Laufbahn gestellt und über 70 Prozent der Befragten wählen den Chirurgen B – im Zweifel stellen wir offenbar Kompetenz über den Charakter! Tun Sie das auch?

Machen wir uns aber bewusst, dass persönliche Vertrauenswürdigkeit nur aus der Kombination und der Balance aus Charakter und Kompetenz und deren vier Bestandteilen zustande kommt!

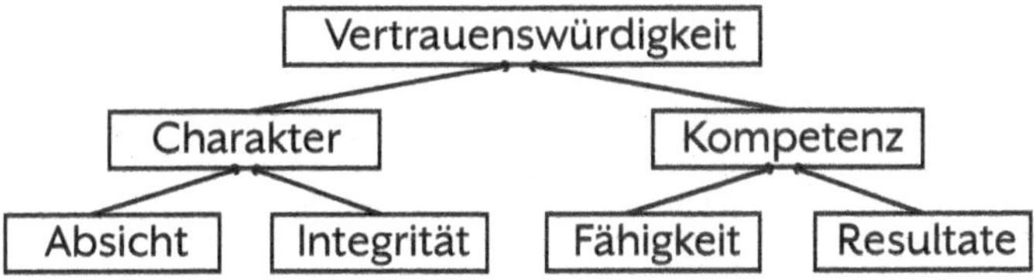

Bild 10 : Die Bestandteile persönlicher Vertrauenswürdigkeit (Franklin Covey)

Es reicht nie aus, nur nach großen Resultaten und Fähigkeiten zu streben, wenn man es nicht paart mit der Entwicklung eines guten Charakters. Hier helfen das Bewusstsein über seine eigenen Absichten (Faktor 1), der Aufbau eines persönlichen Wertesystems und das tägliche Handeln danach – was wir dann als Integrität verstehen (Faktor 2).

Eine Führungskraft mit einer spürbaren Win-win-Absicht (Faktor 1), einer hohen Integrität und Verlässlichkeit (Faktor 2), super fachlichen Fähigkeiten (Faktor 3) und einer großen Erfolgsbilanz (Faktor 4) ist das Leitbild, an dem man sich hier orientieren sollte. Fehlt eine dieser vier Faktoren ganz oder ist sie unterentwickelt, so sinkt die persönliche Vertrauenswürdigkeit sofort ab!

Ich benutze hierfür gern zwei Beispiele. Barack Obama war für mich zu Beginn seiner Präsidentschaftskarriere wie ein Heilsbringer. Er punktet bei mir bis heute in Sachen guter Absicht (Faktor 1) und Integrität (Faktor 2) – also bei seinem Charakter. Warum hat er aber weltweit an Einfluss (Vertrauenswürdigkeit) eingebüßt? Er hat zu wenig abgeliefert – sein »Track Record« gilt als schwach. Er wird aufgrund eingeschränkter Kompetenz nicht als großer Präsident gewertet (Faktoren 3 + 4).

Das Gegenbeispiel ist für mich Uli Hoeneß – der langjährige Manager und Präsident des deutschen Fußballclubs FC Bayern München. Seine Fähigkeiten und seine Resultate als Fußballmanager sind legendär. Allerdings hat er durch seine Steuerhinterziehung sehr viel an Integrität eingebüßt, was ihn in Summe sehr viel Vertrauenswürdigkeit in der Gesellschaft gekostet hat – bis heute.

Sie sehen: Wenn nur einer der vier Bausteine instabil ist oder gar ausfällt, droht Ihr Haus der Vertrauenswürdigkeit zusammenzubrechen. Dabei ist es unser größter persönlicher Schatz, auf den wir immer wieder aufbauen können – gleichgültig, was im Leben auch passiert.

Wie bewerten Sie die vier Bausteine für eine persönliche Vertrauenswürdigkeit auf der Skala von 0 bis 10 für sich selbst? Wo liegen Ihre Stärken? Bei der Win-win-Absicht oder der Integrität? Wo liegen Ihre Schwächen? Bei den Fähigkeiten oder gar ihrem »Track Record«?

Denken Sie daran: An diesen vier Einflussfaktoren kann jeder für sich allein arbeiten. Für Schwächen gibt es keinen anderen Verantwortlichen als uns selbst.

Welle 2 – Zwischenmenschliche Beziehungen

Der Erfolg in der nachfolgenden Welle 2 baut unmittelbar auf der persönlichen Vertrauenswürdigkeit jeder Person aus Welle 1 auf.

- Wie lange wollen Sie mit einem Fußballspieler zusammenarbeiten, der vielleicht tolle Fähigkeiten besitzt, aber im Spiel keine Tore schießt?
- Wie lange wollen Sie mit jemandem zusammenarbeiten, der nicht ausreichende Fähigkeiten für seinen Job besitzt?
- Wie lange wollen Sie mit jemandem zu tun haben, der viel verspricht und wenig hält?
- Wie lange wollen Sie mit jemandem zu tun haben, der sich als reiner Egoist entpuppt und Sie für seine Zwecke nur benutzen möchte?

Betrachten wir die Welle 2 etwas genauer. Kurz gesagt: Die praktische Arbeit, um auf der Beziehungsebene Vertrauen zu schaffen, geschieht durch die kluge Nutzung von bestimmten Vertrauensregeln. Stephen M. R. Covey kommt bei seinen Studien auf eine Liste von 13 Verhaltensweisen wie zum Besipiel »Respekt zeigen« oder »Erst zuhören«. Aber Achtung! Es geht weniger um die vollständige Liste!

Die echten Könner auf dem Gebiet des Vertrauensaufbaus auf der zwischenmenschlichen Ebene können in der richtigen Situation die richtigen Regeln in der richtigen Reihenfolge aufrufen und souverän praktizieren!

Hierzu ein Beispiel aus dem wahren Leben: Ein Vorstandsvorsitzender eines großen Unternehmens im deutschsprachigen Raum hatte die Entscheidung getroffen, einen langjährigen und in der Belegschaft sehr beliebten Geschäftsführer zu entlassen.

Er hatte einen Nachfolger bereits gefunden und wollte diesen Wechsel lediglich per Aushang auf den schwarzen Brettern im Unternehmen verkünden und sofort zum Tagesgeschäft übergehen. Aber er hatte eine sehr kluge HR-Chefin, die ihm von diesem Vorgehen abriet. Welche Auswirkung würde diese Organisationsmitteilung via schwarzem Brett wohl auf die Vertrauenskultur im Unternehmen haben? Der Vorstandsvorsitzende sah aber zunächst kein großes Problem. Schließlich hatte man das schon immer so praktiziert. Die Leute sollten mal alle nicht so empfindlich sein.

Die HR-Chefin blieb aber standhaft und machte ihm klar, dass dieses Vorgehen bei weiten Kreisen der Belegschaft zu Enttäuschung und Verwunderung führen würde. Außerdem versuchte sie sich mit ihm in die Rolle der anderen Geschäftsführer zu versetzen. Würde das nicht Angst erzeugen, dass es ihnen irgendwann einmal genauso schmucklos ergehen könnte – einfach so »abgesägt« zu werden?

Die HR-Chefin, der Vorstandsvorsitzende und ich setzten uns für 60 Minuten zusammen. Die Ausgangsfrage war: Was können wir tun, damit dieser schmerzliche Vorgang zu möglichst wenig Vertrauensverlust führt? Im Gegenteil – vielleicht können wir damit sogar das Vertrauen untereinander steigern?

Mit Hilfe der Liste von Vertrauensregeln entwarfen wir folgende Kommunikationsstrategie: Die Idee mit dem schwarzen Brett wurde verworfen. Stattdessen lud der Vorstandsvorsitzende alle Führungskräfte des Unternehmens zu einem einstündigen Meeting ein. Das Treffen lief im Großen und Ganzen wie folgt ab: Der CEO verkündete ohne Umschweife zu Beginn die Tatsache des Führungswechsels (sich der Realität stellen). Er zeigte die aktuellen Geschäftszahlen des Bereichs und begründete ausführlich, warum er nicht mehr an einen Wandel unter der aktuellen Führung glaubt (Transparenz erzeugen). Er drückte glaubhaft seine persönliche Betroffenheit über die Entscheidung aus (ehrlich sein) und zählte ausführlich die Erfolge des alten Geschäftsführers auf und beschrieb, welchen positiven Einfluss er auf das Unternehmen hatte (Respekt zeigen). Außerdem reflektierte er einige Versäumnisse bei sich und der Organisation (Verantwortung übernehmen) und zeigte drei Stichpunkte auf, die in Zukunft verbessert würden, um solche Vorgänge möglichst auszuschalten (sich verbessern). Er unterrichtete die Runde anschließend über den Nachfolger. Dann schwieg er und nutzte die nächsten Minuten für mögliche Reaktionen aus der Runde (gut zuhören). Nach aufmerksamem Aufnehmen aller teils emotionaler Reaktionen lenkte der CEO den Blick nach vorne. Er machte seine

Erwartungen an die interne Kommunikation und die Aufnahme des neuen Geschäftsführers durch seine Führungskräfte klar (Erwartungen klären) und schloss das Meeting.

Nach dieser Veranstaltung konnte der CEO sicher sein, eher an der Vertrauenskultur als an einer Angstkultur gearbeitet zu haben. Ich habe einige Teilnehmer anschließend über ihre Eindrücke befragt und sie äußerten sich durchgängig positiv über diese Aktion. Ihnen ist klar, dass sie jederzeit ein ähnliches Schicksal erleiden könnten. Aber es rang ihnen Respekt ab, wie klar und offen der CEO mit einer solchen Entscheidung umging. Der CEO hatte keinesfalls Vertrauen eingebüßt – im Gegenteil. Aber was wäre wohl passiert, hätte er wie geplant den Geschäftsführerwechsel einfach via schwarzes Brett verkündet?

Großartige Führungskräfte verstehen es, in meist jeder Interaktion mit Menschen eher Vertrauen aufzubauen als zu verlieren. Dabei wissen wir, wie schnell Vertrauen verloren gehen kann und wie lange es wieder dauert, dieses Vertrauen in einer Beziehung wieder aufzubauen.

Welle 3 – Organisationsvertrauen

Die Praxis des Vertrauensaufbaus in Welle 3 ist dagegen eine der natürlichen Domänen von Managern: die Welt der Prozesse und internen Abläufe und Strukturen. Liefert die Organisation das, was sie auf dem Papier verspricht? Stimmt die Geschwindigkeit? Stimmt die Qualität?

Hier müssen wir nicht tief in die Praxis eingehen – diese ist hinreichend bekannt. Ich stelle den Managern an dieser Stelle jedoch immer folgende Frage: Welche sind Ihre drei wichtigsten internen Abläufe und welchen Qualitätsstand haben diese aktuell auf einer Skala von 0 (schlecht) bis 10 (herausragend)? Wer das nicht sofort beantworten kann, zählt für mich nicht zu den wahren Könnern.

Welle 4 – Marktvertrauen

Um das besser zu verstehen, fragen Sie sich einfach selbst: Welcher Marke am Markt trauen Sie am meisten? Die Top-3-Standardantworten meiner Klienten sind Apple, Mercedes und Tempo.

Hier liefert offensichtlich die Organisation, was sie verspricht - und zwar dauerhaft. Diese Marken verfügen (noch) über eine hohe Vertrauenswürdigkeit und alle vier Bausteine wie Absicht, Integrität, Fähigkeiten und Track Record scheinen stabil zu sein.

Würde man Kunden Ihres Unternehmens eine gleichgeartete Frage stellen - würden diese, ohne mit der Wimper zu zucken, Ihr Unternehmen als vertrauenswürdige Marke nennen?

Um beim Marktvertrauen bestehen zu können, müssen sich Führungskräfte ständig fragen, ob sie die Bedürfnisse ihrer Kunden überhaupt gut genug kennen und auch bedienen können. Das gilt für externe wie interne Kunden.

Hier nehmen die wahren Könner auch all ihren Mut zusammen und stellen sich einer regelmäßigen Messung der Kundenloyalität. Das kann man zum Beispiel durch den Einsatz des bekannten Net Promoter Scores[19] erreichen. Der sogenannte NPS ist eine von Bain & Partner entwickelte Methode zur Messung der Kundenloyalität.

Einer der besten Führungskräfte, die ich kenne, hatte diesen Mut. Er leitete den operativen Einkauf eines Industrieunternehmens und wollte seine Abteilung anhand des NPS zu mehr Vertrauen bei seinen internen Kunden wie der Produktion oder der Logistik verhelfen. Er führte eine Befragung bei allen Führungskräften der relevanten Abteilungen durch und erntete einen Start-NPS-Wert von –15 auf der Skala von –100 bis +100.

Der Schock saß zunächst tief! Bei seinen Kunden gab es also 15 Prozent mehr interne Kritiker als Promotoren, die ihn und seine Einkaufsabteilung jederzeit weiterempfehlen würden. Zusammen mit seinem Team analysierten sie die Feedbacks, setzten sich ein konkretes messbares 12-Monatsziel und erarbeiteten einen Schlachtplan, wie der Wert von +20 in zwölf Monaten von heute erreichbar wäre.

Das verstehe ich hier unter Könnerschaft: die wichtigsten Aspekte für den Erfolg der Organisation erkennen (Vertrauen bei den Kunden), gut zuhören und zielgerichtet handeln. Nach einem Jahr lag er bereits bei +26 auf der NPS-Skala und die Organisation arbeitet weiter daran, in absehbarer Zeit einen Wert von über 60 zu erreichen und zu halten.

Die Ausrichtung auf den Kunden und die Erreichung von »Marktvertrauen« sind seine höchsten Ziele. Sind es Ihre auch?

Steckt diese Ausrichtung wirklich in allen Köpfen Ihrer Belegschaft? Handeln diese tagtäglich danach? Ist es Ihr und deren Bestreben, tagtäglich Vertrauen aufzubauen – untereinander wie zu den Kunden? Arbeiten alle daran, Vertrauenshürden abzubauen und die Prozesse zu beschleunigen?

Eigentlich könnte man an dieser Stelle nach Welle 4 einen Schnitt machen. Das reicht doch schon – oder nicht? Was will man mehr als dauerhaften Erfolg am Markt?

Aber echte Könner in der Unternehmensführung gehen noch einen Schritt weiter: Sie versuchen, einen Beitrag zum Aufbau von Vertrauen in der Gesellschaft zu leisten (Welle 5).

Welle 5 – Gesellschaftsvertrauen

Was gibt man dem Planeten oder der Gesellschaft zurück, dafür, dass man über sie die eigenen Profite erwirtschaftet? Was tut man für den Erhalt des Systems, welches man zum eigenen Überleben benötigt?

Könner auf diesem Gebiet starten zum Beispiel soziale Aktionen am Standort oder fangen an, konkret den ökologischen Fußabdruck der Organisation zu verkleinern.

Was haben Sie bislang getan, um auf Ebene 5 Vertrauen zu generieren?

Wie Sie merken, geht es bei der Könnerschaft nie um das Substantiv »Vertrauen«, sondern um die Aktion »Vertrauen schaffen«. Jeder Manager, den ich kenne und der sich mit dem Thema »Speed of Trust« aktiv auseinandergesetzt hat, bestätigt mir, welchen positiven Einfluss diese Grundidee auf den Unternehmenserfolg hat.

Machen Sie aus dem Gefühl eine handfeste Managementpraxis und freuen Sie sich anschließend über die Ergebnisse. Werden Sie einfach zum Könner beim Thema »Speed of Trust«!

Abschließend unterscheide ich folgende Praktiken:

- *Kategorie 1:* Findet Vertrauen prinzipiell gut – ist aber mit anderen Dingen beschäftigt.
- *Kategorie 2:* Arbeitet mit nachweisbarem Erfolg an Prozessverbesserungen.
- *Kategorie 3:* Arbeitet aktiv und strukturiert am Aufbau vom Marktvertrauen.
- *Kategorie 4:* Lebt und handelt aktiv in allen fünf Wellen.

Ich stelle die Könnerschaft in Sachen »Vertrauen aufbauen« ganz bewusst an den Anfang dieser Buchsektion.

Solange wir noch nicht KI-beherrscht sind und wir weiter Menschen in der Wertschöpfungskette haben, kann es guttun, den Wert, der das Miteinander entscheidend vereinfacht – eben Vertrauen – ins Zentrum des Denkens zu stellen.

Ich habe das früher als Manager nie getan. Weder habe ich intensiv darüber nachgedacht noch das Wort in das Zentrum meines Handelns gesetzt. Es lief beiläufig mit und ob ich Vertrauen generierte oder auch manchmal abbaute, war situationsbedingt. Ich nahm es als Auszeichnung an, wenn man mir vertraute und ich höhere Stellenangebote bekam. Natürlich tat es mir auch leid, wenn ich Menschen enttäuscht hatte (und damit Vertrauen im Beziehungskonto verloren hatte), aber so war eben das Leben.

Ich kann mich noch gut daran erinnern, als Reinhard K. Sprenger für Aufsehen mit seinem Buch *Vertrauen führt* sorgte. Ich muss aber auch zugeben, dass ich es damals nie zu Ende gelesen hatte, geschweige denn, dass das Thema Vertrauen zum Zentrum meines Handelns wurde.

Seit *Speed of Trust* ist das anders und ich weiß, dass es ganz vielen Managern ähnlich geht.

- Wenn ein Unternehmen das Zeitliche segnet, dann hat man offenbar zu wenig Kundennähe besessen und hat schlicht zu wenig Marktvertrauen generiert (Welle 4).

- Wenn ein Geschäftsführer seinen Job verliert, dann ist das Vertrauen, welches man in die Person einmal bei der Einstellung gesteckt hatte, aufgebraucht. (Welle 1)
- Wenn eine Co-Leitung zwischen zwei Managern nicht funktioniert, dann ist das Vertrauen im gemeinsamen Beziehungskonto versiegt und ins Minus gerutscht (Welle 2).
- Wenn die Profite einbrechen, weil hart erwirtschaftete Umsätze durch Reklamationskosten, langsame Entscheidungen und bürokratische Hürden unnötig geschmälert werden, dann hat man einfach zu wenig Organisationsvertrauen aufgebaut (Welle 3).

Ich kenne nach nunmehr bald 40 Jahren Praxis in der Wirtschaftswelt keinen wichtigeren Wert als Vertrauen. Wesentlich ist, dass viele Menschen daran gehen, aktiv Vertrauen in allen fünf Wellen des Vertrauens konsequent aufzubauen.

Das sind die Könner.

Ich kann eine gute Unternehmenskultur entwickeln

»Culture eats strategy for breakfast!« Ich wünschte, mir wäre dieser kluge Satz selbst eingefallen. Über den tatsächlichen Urheber streitet man sich in Fachkreisen. Aber egal ob es nun von Peter Drucker, Steve Jobs oder Jack Welch stammt, diesen Satz unterschreibe ich hundertprozentig.

Kennen Sie übrigens die Geschichte der Detroit Lions in den 2020er-Jahren? Ich bin großer Fan der NFL – der National Football League in den USA. Dies ist ein ständig wachsendes Riesenbusiness mit Milliardenumsätzen und ein interessantes Feld, um die Qualität der agierenden Führungskräfte zu studieren. Besonders spannend ist die Tatsache, dass es sich um einen geschlossenen »Markt« von 32 sogenannten »Franchises« handelt. Manchmal wechselt ein Eigentümer der Franchise die Stadt, aber ansonsten sind die 32 Teams stabil in zwei Conferences aufgeteilt (NFC, AFC), welche wiederum in vier Divisions – East, West, North und South – regional verteilt sind. Spätestens alle fünf Jahre hat man mindestens einmal gegen jedes der anderen 31 Teams gespielt. Interessant ist: Jede der 32 Franchises hat jedes Jahr das gleiche Ziel: den Super Bowl zu gewinnen! Interessant ist außerdem, dass jede der 32 Franchises eine individuelle Strategie hat, um dieses – für alle gleiche – Ziel zu erreichen.

Alle 32 Franchises unterliegen einheitlichen strengen Regeln, wie sie ihren Kader aufrüsten. Für alle 32 Franchises gibt es einen Gehaltsdeckel für den Kader, welcher nur gegen harte Strafen kurzfristig überschritten werden darf. Was für ein grandioses Versuchsfeld für gute Führung! Alle haben ein gemeinsames Ziel (all or nothing) und alle haben quasi die gleichen Rahmenbedingungen. Die NFL ist aus führungstechnischer Sicht auch deshalb interessant, weil es sich um eine Art Schach handelt, bei dem jedem einzelnen Spielzug eine taktische Überlegung zugrunde liegt: Laufen wir oder werfen wir? Welchen unserer Dutzende verschiedenster Spielzüge (Playbook) wenden wir jetzt an, um die nächsten 10 Yards zu überwinden? Ich kenne keine Teamsportart, bei der man so strategisch denken und handeln muss wie beim American Football.

Nun also zu den Detroit Lions – oder besser – zu den Detroit Lions und den Carolina Panthers, deren beider Entwicklung zur Ausgangsthese von Peter Drucker passt. Man muss sich das so vorstellen. Die Detroit Lions strengten sich Jahr für Jahr an und schafften es bislang nie, auch nur wenigstens einmal den Super Bowl zu gewinnen. Im Gegenteil – sie kamen nie über das Mittelmaß hinaus und insbesondere die Jahre zwischen 2018 und 2021 waren für die vielen Fans der Detroit Lions besonders bitter. Aber dann!

Die Carolina Panthers hingegen standen nach einer fulminanten Phase sogar 2015 im Super Bowl und verloren nur knapp gegen die New England Patriots. Doch ab 2018 kam ein sagenhafter Absturz.

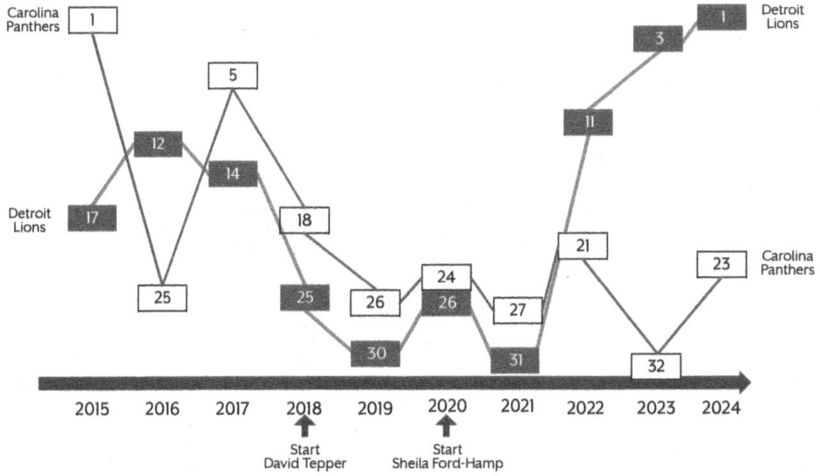

Bild 11: Entwicklung der Carolina Panthers und der Detroit Lions in der NFL

Bild 11 zeigt die Platzierung beider Teams unter den 32 Franchises jeweils zum Ende einer Saison. Man kann sich beim Blick auf die Entwicklung in diesem geschlossenen Markt fragen: Warum liegt ein Team am Boden und kommt nicht so richtig wieder auf die Füße und warum kann ein Team, welches am Boden lag, plötzlich zu einem wahren Höhenflug ansetzen?

Meine Antwort ist eindeutig: Es ist eine Frage der Führung. Konkreter: Es ist eine Frage, wie der Besitzer einer Franchise die Organisation ausrichtet und führt. Das Beispiel der Entwicklung der Lions und der Panthers zeigt hier gewaltige Unterschiede.

Die Panthers wurden 2018 von einem steinreichen Wall-Street-Hedgefonds-Manager namens David Tepper übernommen. Es gibt eine Reihe von Milliardären, die sich Sportclubs halten – sei es aus wirtschaftlicher Sicht, aber auch aus reinem Vergnügen. David Tepper gehört zu dieser Riege. Keine Frage, der Mann hat aus eigener Kraft viel Geld verdient. Aber ist das die ausreichende Qualifikation, um einen Football-Club erfolgreich zu führen? Es ist bekannt, dass der Mann alle operativen Entscheidungen selbst durchführen will und er einen gnadenlosen Kurs im Unternehmen fährt. Wer nichts bringt, wird gefeuert. Ohne großen Sachverstand werden von ihm Kader zusammengestellt, die gegen professionellere Gegner schlicht keine Chancen des Gewinnens haben. Alle Experten raufen sich die Haare, wenn sie auf die unternehmerischen Entscheidungen von David Tepper blicken. Gute Spieler machen, wenn möglich, einen großen Bogen um die Panthers. Keiner will bei einem Verliererteam anheuern und schon gar nicht will man einer solchen Bully-Kultur angehören.

Das Gegenmodell sind im Moment die Detroit Lions. Diese Franchise gehört Sheila Ford Hamp – einer Nachfahrin des Gründers der Firma Ford in Detroit. Sheila Ford Hamp übernahm die Detroit Lions im Jahr 2020 mit einer für viele überraschenden Ansage: Die Detroit Lions werden die Franchise mit der besten Kultur in der NFL werden!

Es dauerte einige Monate, bis der Verein, die Gegner, die Experten und die Medien merkten, was sie damit meint. Aber der Trend der Detroit Lions ist jedenfalls eindeutig: Sie haben sich in kürzester Zeit zu einem Super-Bowl-Aspiranten entwickelt und sie waren schon in der Saison 2023 nur ein

Spiel vom Super Bowl entfernt. Die Stadt steht Kopf. Die Stadt ist stolz. Alle Gegner schauen neidvoll auf die Entwicklung in der früher belächelten Stadt. Wie machen die das? Was machen die anders?

»Culture eats strategy for breakfast«. – Mag sein, dass Sheila diesen Satz vor Augen hat oder ganz andere Inspirationen für ihren Fokus auf die Kulturentwicklung in der Organisation besitzt, aber sehen Sie sich einige Interviews mit dieser Frau in Bezug auf die Kulturentwicklung der Franchise an und Sie werden verstehen, warum sie just ihren Schwerpunkt auf die bewusste Kulturentwicklung legt.

Für mich sind die Panthers und die Lions ein wunderbares Beispiel dafür, welchen Einfluss unterschiedliche Kulturen auf den Erfolg einer Unternehmung offensichtlich haben.

Aber für die kommenden Könner in dieser Disziplin stellen sich sofort zwei Fragen:

- Was ist eigentlich eine Unternehmenskultur?
- Kann man sie bewusst entwickeln oder entsteht sie unbewusst?

Eine Unternehmenskultur ist für mich die Summe des an den Tag gelegten Verhaltens der Menschen in einem Unternehmen. Eine andere Definition, die ich gefunden habe, lautet: Eine Unternehmenskultur ist eine Schnittmenge aus Werten und Verhaltensweisen eines Unternehmens[20].

Eine Kultur ist nicht vorgegeben, sondern ist konkret beeinflussbar – insbesondere von den Führungskräften! Eine Unternehmenskultur entscheidet über die Güte eines Unternehmens.

Es dürfte unbestreitbar sein, dass bei zwei Firmen mit denselben Produkten und den gleichen Rahmenbedingungen die Güte ihrer Unternehmenskultur über den Erfolg entscheiden wird. Die Firma FranklinCovey, Weltmarktführer bei der Kulturentwicklung international tätiger Unternehmen, spricht nicht ohne Grund vom »Ultimate Competitive Advantage« – dem ultimativen Wettbewerbsvorteil, wenn man im Besitz einer wirkungsvollen Unternehmenskultur ist. Die Menschen sehnen sich immer nach einer inspirierenden Umgebung, in der sie aufblühen können. Die besten Leute gehen automatisch zu den Unternehmen, bei denen sie am meisten gewinnen (erfahren) können und bei denen sie sich am wohlsten fühlen.

Was machen nun echte Könner auf diesem Gebiet der Führung? Für die bewusste Entwicklung einer Unternehmenskultur benötigt man einen Kompass – und der Kern dieses Navigationsgeräts für eine gesunde Kultur besteht primär aus drei Elementen:

- Mission
- Vision
- Werte und Verhaltensweisen für Erfolg

Damit aber willkommen in einem großen Minenfeld! Viele Menschen in Unternehmen – gleichgültig ob Führungskräfte oder Mitarbeiter – stöhnen, wenn sie einige dieser Begriffe nur hören. Noch ärger wird es, wenn das Wort Leitbild – also die Zusammenfassung dieser drei Elemente – aufgerufen wird. Man tut den Begriffen Kultur, Leitbild, Mission, Vision und Werte aber unrecht, wenn man bei ihrem Auftauchen die Augen verdreht und sich schnell lieber dem operativen Tagesgeschäft zuwendet, nach dem Motto: »Das ist wichtiger«.

Unter Managern gibt es wahre Glaubenskriege, welche der drei Elemente eines Unternehmenskompasses für eine erfolgreiche Entwicklung einer Organisation überhaupt benötigt werden und wie viel Energie man zur Erstellung und zum Leben dieser Aspekte investieren sollte.

Bei vielen Organisationen verhält es sich dann so wie bei der ISO-9000-Zertifizierung. Ohne das Zertifikat hat man Nachteile bei Auftragsvergaben. Also heuert man einen Berater an, der die Zertifizierung durchführt, und hängt sich das Zertifikat an die Wand. Ernsthaft danach leben tun dann leider die wenigsten. Hauptsache, man hat etwas vorzuweisen und der Pflicht wurde Genüge getan. Ähnlich verhält es sich bei Leitbildern. »Du willst wissen, wer und was wir sind? Schau dir unsere Homepage an, da steht alles …« Das ist der Standardsatz von vielen Standard-Managern.

Zuvor wurde wochenlang über Formulierungen debattiert und verschiedene Optionen von Werten hin- und hergewälzt. Häufig entstehen dann

Kompromissformeln, die möglichst niemandem wehtun und die so oberflächlich, abgehoben und beliebig austauschbar formuliert sind, dass kaum einer konkret etwas damit anfangen kann. Und genau das ist es, was die Mitarbeiter dann zu Recht kritisieren; sie fangen dann an, über »Leidbilder« zu klagen.

Man verbraucht nicht nur jede Menge Energie und Geld für den Erstellungsprozess, sondern setzt auch jede Menge Glaubwürdigkeit des Managements aufs Spiel, wenn man es so halbherzig betreibt, wie viele Unternehmen und Organisationen das leider tun. Ich erspare uns hier konkrete ausführliche Beispiele. Picken Sie sich einige Unternehmen heraus, öffnen Sie die Homepage und schauen Sie, wie viele Leitbilder Dinge enthalten wie

- … wir wollen zu den angesehensten Unternehmen unserer Branche gehören.
- … bei uns steht der Mensch im Mittelpunkt.
- … der Kunde ist für uns das höchste Gut.
- … zu unseren wichtigsten Werten gehört Vertrauen …

Ich denke, man kann das besser machen, und möchte vor dem WAS (man besser machen kann) das WARUM kurz beleuchten.

Zur Erinnerung: Wir brauchen kein Leitbild, wir benötigen eine gesunde Unternehmenskultur. Ein Leitbild ist nur ein Mittel zum Zweck, um diese gewünschte Kultur auch umsetzen zu können.

Bevor wir uns damit konkret befassen, sollten wir uns zunächst mit den beiden Begriffen »Mission« und »Vision« beschäftigen. Worin besteht der Unterschied zwischen einer Mission und einer Vision und ist das nicht das Gleiche oder gar dasselbe? Nach meiner Erfahrung ein klares NEIN – und ich erkläre es gern an folgenden Beispielen:

- *Frage:* Was ist die Mission der Lufthansa? Antwort: Menschen über lange Distanzen hinweg sicher von A nach B zu befördern.
- *Frage:* Was ist die Mission von Merck? Antwort: Menschen gesund halten.

- *Frage:* Was ist die Mission eines Hammers? Antwort: Einen Nagel in ein Stück Holz befördern.
- *Frage:* Was wäre eine Vision der Lufthansa? Antwort: Sich in den Top-3-Airlines der Welt dauerhaft zu platzieren.
- *Frage:* Was wäre eine Vision von Merck? Antwort: Die No.1 in bestimmten Marktsegmenten zu werden oder zum Beispiel den Krebs endgültig zu besiegen.
- *Frage:* Was ist die Vision eines Hammers? Antwort: Er hat keine!

Ich hoffe, diese Beispiele machen den Unterschied zwischen beiden Begriffen etwas deutlicher.

Die Mission ist an ein (Kunden-)Bedürfnis gekoppelt, welches die Organisation befriedigen möchte. Die Organisation hat es sich zur Aufgabe gemacht, dieses Bedürfnis professionell zu bedienen und dafür Geld zu bekommen. Die Mission liefert eine Begründung der Existenz der Organisation. Über die Mission definiert sich der eigentliche Unternehmenszweck. Die Mission liefert der Organisation eine Identität.

Gibt es das Bedürfnis am Markt nicht mehr, gibt es auch keinen Auftrag mehr und damit verschwindet das Existenzrecht der Organisation. Entweder die Organisation schließt oder sie sucht sich eine neue Aufgabe – eine neue Mission –, um positiv zu wirtschaften. In einem Unternehmensleitbild liefert die Mission die Ratio.

Eine Vision ist etwas völlig anderes, aber sie ergänzt die Mission sinnvoll. Das Wort Vision stammt aus dem Lateinischen und bedeutet »Anblick, Erscheinung«. Die Vision ist ein optisches Bild eines Zustandes, den es so in der Realität (noch) nicht gibt.

Eine der bekanntesten Visionen stammt von Martin Luther King mit seiner Rede »I have a dream«. Hierin beschrieb er mit plastischen Bildern, wie er sich die Welt ohne Rassentrennung vorstellte. Seine Mission bestand darin, die Rassentrennung aufzuheben (ein Bedürfnis zu beheben), aber seine Vision war der Einsatz der Vorstellungskraft, wie das mal in Zukunft aussehen wird.

Kurz gesagt: Was erreichen wir konkret in der Zukunft (Vision), wenn wir unsere Mission super erfüllen?

Als gute Führungskraft benötigen Sie nicht zwangsläufig einen Berater, der Ihnen hilft, eine Mission zu erstellen. Sie müssen mit einem ausgewählten Team einige Fragen beantworten und die Antworten in griffige Aussagen überleiten. Typische Fragen zur Ermittlung einer Mission:

- Wer sind unsere Hauptkunden/Zielgruppen und welches sind deren Ziele beziehungsweise welches Bedürfnis haben die Hauptkunden, das befriedigt werden will?
- Welches Bedürfnis besteht am Markt, welches wir bedienen wollen?
- Welchen Nutzen werden wir durch unsere Existenz generieren und für wen?

Ich bin ein Freund von möglichst einfachen Aussagen ohne viel Ausschmückung. Gute Beispiele hierfür sind:

- *Tesla:* Our mission is to accelerate the world's transition to sustainable energy.
- *BBC:* Our mission is to enrich people's lives with programs and services that inform, educate and entertain.
- *Google:* Our mission is to organize the world's information and make it universally accessible and useful.
- *LinkedIn:* Our mission is to connect the world's professionals to make them more productive and useful.

Fällt Ihnen auf, dass in solchen »Mission Statements« das WIE nicht vorkommt? Konzentrieren wir uns bei der Mission nur auf das *Warum* und das *Was*! Denn eine gute Unternehmenskultur lebt von *Klarheit*. Je klarer und eindeutiger, desto besser (nicht zu verwechseln mit »einfach«).

Eine Mission ist für alle Beteiligten sinnstiftend. Sie gibt ihnen das Gefühl von Bedeutung. Das wiederum stärkt das Selbstbewusstsein einer Organisation und damit prägen Sie die Güte Ihrer Unternehmenskultur! Wie schaut die Mission Ihrer Organisation aus? Wie entwickeln Könner eine Vision?

In der Praxis gibt es drei Formen einer Vision:

- Der Slogan
- Die Vision als Liste von Hochleistungszielen
- Die Vision als Story

Welche Form am besten zu Ihnen passt, entscheiden Sie selbst. Die Mehrheit der Führungskräfte, mit denen ich zu tun hatte, dachte am liebsten auf der Ebene des Slogans. Dieses eine kurze Statement, an das man sich immer erinnert und das alles mitreißt! Das sollte es stets sein!

Bevor Sie eine Wahl treffen, sollten Sie sich über den Sinn und Zweck einer Vision klar werden. Wie gesagt: Die Mission liefert den Sinn für die Existenz Ihrer Organisation. Aber wofür taugt eine gute Vision? Antwort: Die Vision weckt Leidenschaft. Sie weckt eine positive Gier und sie weckt Kreativität. Und damit ergänzt sie sich komplementär zur Mission. Mission und Vision sind wie Yin und Yang. Ratio (Sinn) + Antrieb (Sehnsucht).

Sie müssen sich also fragen, welche der genannten drei Formen am besten das Ziel einer guten Vision unterstützt. Reicht Ihnen ein Slogan? Ich erinnere mich an eine kurze, knackige Vision von Audi vor vielen Jahren: »Wir überholen BMW!« Dahinter steckte das Ansinnen, den größten Konkurrenten BMW in wesentlichen Kenngrößen einer Fahrzeugentwicklung hinter sich zu lassen. Ich sprach damals mit einigen Mitarbeitern von Audi und in der Tat löste dieser eine Satz so etwas wie Motivation und Kreativität aus. Aber reicht das auf Dauer?

Bild 12: Der Weg zur Vision

Bild 12 zeigt einen praktischen Weg zu der endgültigen Version einer guten Vision. Wenn Sie diesen Prozess mit Ihrem Team selbst vornehmen möchten, haben Sie hier zwei Startpunkte zur Wahl: die Übung »Glänzende Augen« und die Übung »Die Laudatio«.

Übung »Glänzende Augen«

Sie geben Ihren Teammitgliedern 30 bis 45 Minuten Zeit, entweder jeder für sich oder als kleine Teams von 3 bis 4 Personen, folgenden Satz bestmöglich zu ergänzen:

»Ich bekäme glänzende Augen, wenn wir als Organisation in drei bis spätestens fünf Jahren Folgendes a) haben oder b) tun oder c) sind ...«

Sie sollen alles auflisten, was ihnen dazu einfällt. Wird die Liste zu lang, kann man sie auf die Top 5 oder Top 10 »Träume« reduzieren. Die Ergebnisse werden gesammelt und von Redundanzen befreit. Das erste Zwischenergebnis ist eine Liste von Aspekten, welche in Summe eine glorreiche Zukunft der Organisation beschreiben.

Alternativ gelangen Sie zu einer Liste motivierender Zukunftsaspekte mithilfe der Übung »Die Laudatio«.

Übung »Die Laudatio«

Bei dieser Übung gehen Sie und Ihr Team mental davon aus, dass in naher Zukunft (zum Beispiel in drei oder fünf Jahren) eine große Feier zu Ehren Ihrer Organisation veranstaltet wird. Wie auf jeder Feier üblich, werden Reden gehalten. Im ersten Schritt überlegen Sie sich im Team, von welchen Rednern Sie als Team gerne eine Laudatio hören würden. Übliche Nennungen sind hier: der Aufsichtsratsvorsitzende, der CEO, ein Vertreter unserer Hauptkunden, ein Vertreter der Belegschaft, ein Wirtschaftsjournalist, ein Vertreter Ihres größten Mitbewerbers et cetera.

Sie einigen sich auf maximal fünf Redner, teilen Ihr Team auf diese Redner auf und lassen sie eine konkrete Laudatio schreiben. In dieser Laudatio kommt konkret zum Ausdruck, was Ihre Organisation in den letzten fünf

Jahren an Erfolgen zu verzeichnen hat, wie diese realisiert wurden und wie dies alles positiv zur Entwicklung der Firma oder der Kunden oder gar des Marktes/der Welt beigetragen hat. Diese Reden führen Sie im Plenum live vor. Anschließend übernimmt eine kleine Gruppe die Aufgabe, die Reden zu analysieren und alle wichtigen greifbaren Zukunftsaspekte herauszufiltern. Daraus entsteht das gleiche Zwischenergebnis wie bei der Übung »Die glänzenden Augen«.

Mithilfe der Liste motivierender Aspekte der Zukunft können Sie im nächsten Schritt eine überschaubare Liste konkreter Zukunftsziele ermitteln. Man nennt sie gerne Durchbruchziele oder Hochleistungsziele oder visionäre Ziele.

- »Bis Ende des Jahrzehnts ist das autonome Fahren Realität.«
- »Bis September 2026 arbeiten wir im Büro papierlos.«
- »Bis August 2025 hat sich unsere Lieferqualität auf über 90 Prozent stabilisiert.«
- »Bis Ende 2028 sind wir beim Produkt X Weltmarktführer.«

Diese Liste von visionären Zielen eignet sich zudem trefflich als Input für die Unternehmensstrategie. Außerdem ist sie die Basis, um einen zentralen Slogan herauszufiltern. Der gewünschte Slogan steckt meistens in der Liste der Hochleistungsziele und ist das Ziel aus der Liste, das von der Emotion und der Wirkung alle anderen Ziele überragt.

Führungskräfte, die darüber hinaus gerne Geschichten hören und erzählen, können mit Hilfe eines guten Schreibers aus der Liste motivierender Aspekte sowie der Liste von Hochleistungszielen eine wunderbare Geschichte erstellen lassen – welche bei der nächsten Mitarbeiterversammlung oder im Kreis von potenziellen Investoren gute Dienste leisten wird.

Sie sehen also, eine Mission und eine Vision zu entwickeln, ist kein Hexenwerk. Mission und Vision liefern die Basis für die Strategie und deren Umsetzung, wie wir im nächsten Kapitel betrachten werden. Bevor wir aber diese beiden Elemente betrachten, widmen sich großartige Führungskräfte zunächst stets den Werten der Organisation. Leider ist auch das ein Thema voller Ärgernisse und Stolperfallen, wie folgendes Beispiel illustriert:

Ich arbeitete mit meiner Firma jahrelang erfolgreich mit einem Unternehmen der Ölbranche zusammen. Gerade lief ein Projekt zum Aufbau einer besseren Serviceorganisation im IT-Umfeld aus. Der Hauptauftrag war erfolgreich abgeschlossen und mein Kunde bat uns um die Erledigung einiger nachfolgender Aufgaben. Wir bearbeiteten diese Aufgaben auf Vertrauensbasis – ohne formelle Beauftragung – über drei Monate hinweg ab. Die offizielle Beauftragung war stets ein längerer Prozess im Unternehmen.

Bevor ich erzähle, was dann geschah, möchte ich kurz auf das Unternehmen und seine Unternehmenswerte eingehen: Die Firma war sehr stolz darauf, ihre Werte an allen Ecken und Enden zu präsentieren. Es gab dazu Hochglanzfolien und riesige Banner im Foyer des Headquarters. Kaum ein Schritt im Unternehmen war möglich, ohne den drei Grundwerten zu begegnen. Das Unternehmen meinte es offensichtlich ernst mit seiner Werteoffensive. Einer der drei Grundwerte hieß übrigens »Partnership«.

Damit nun zurück zu meinem Erlebnis: Eines Tages bekam ich den Anruf der Sekretärin des damaligen Einkaufschefs besagter Firma. Es ging wohl um die noch ausstehende formale Beauftragung der ausstehenden Arbeiten am Projekt, dachte ich. So saß ich zum vereinbarten Termin pünktlich in einem Besprechungsraum und wartete auf den Einkaufschef, der sich um 10 Minuten verspätete. Er begrüßte mich kühl ohne eine Entschuldigung und eröffnete den Dialog mit: »Herr Maron, kommen wir schnell zur Sache. Sie arbeiten im Moment an einem Auftrag der Abteilung X, noch ohne Beauftragung. Machen wir die Sache kurz: Entweder Sie reduzieren Ihre Tagessätze ab sofort um 50 Prozent oder Sie können die Bezahlung der offiziell unbeauftragten Arbeiten vergessen.«
Ich war zunächst sprachlos. Mein Versuch, eine kreative, synergetische Lösung zu finden, misslang. Mein Gegenüber war hierfür nicht zugänglich. Er hatte sein klares Ziel, drängte auf eine sofortige Antwort und wir einigten uns schließlich auf einen lausigen Kompromiss. Die Partnerschaft war danach zerbrochen.

Sie können sich vielleicht vorstellen, wie es mir ging, als ich das Unternehmen an dem Tag verließ. Ich stand also in diesem großen Foyer. Ich schaute mich nach all den Jahren der Zusammenarbeit noch einmal um. Ich fühlte mich tief getroffen und verletzt und über mir hingen die drei großen Fahnen: Auf einer stand »Partnership«. Ich konnte es einfach nicht glauben!

Es gibt wohl kein Feld der Unternehmensführung, wo Anspruch und Realität so weit auseinanderliegen, wie beim Umgang mit Unternehmenswerten. Sich Werten zu verpflichten und diesen zu folgen, ist übrigens die Definition von Integrität. Und Integrität ist einer der vier Bausteine der Vertrauenswürdigkeit, wie wir schon an anderer Stelle besprochen haben. Vertrauenswürdigkeit ist zentraler Baustein einer Vertrauenskultur – und damit elementarer Baustein einer Unternehmenskultur.

Betrachte ich das Verhalten von Hunderten von Führungskräften in Bezug auf die Entwicklung von Kulturen in den letzten 35 Jahren im Wirtschaftsleben, so leite ich folgende Kategorien davon ab:

- *Kategorie 1:* Kein wirkliches Interesse an Kultur oder Werten – es zählen primär nur die Zahlen
- *Kategorie 2:* Definiert zumindest Werte und lässt es dabei
- *Kategorie 3:* Entwickelt ein vollständiges Leitbild und belässt es dann dabei
- *Kategorie 4:* Definiert ein Leitbild und beschreibt konkret die Bedeutung in der Praxis
- *Kategorie 5:* Adressiert Kategorie 4 im Alltag, wann immer er die Gelegenheit dazu hat, um die gewünschte Kultur zu verankern

Was macht nun ein Könner, um speziell die Werte im Alltag vertrauenswürdig zu verankern? Zunächst stellt sich die Frage, ob man sich nur auf *einen* Kernwert oder eine kleine Liste von Werten fokussiert. Wenn schon eine Liste, wie lang sollte diese sein? Oder gibt es noch Alternativen dazu?

Hier meine Praxistipps:

- Erarbeiten Sie aus einer Liste von potenziellen Unternehmenswerten eine Shortlist von Werten.

- Einigen Sie sich auf die drei Relevantesten, welche auch eine Verbindung zur Mission haben sollten.
- Laden Sie alle Ihre Führungskräfte dazu ein, mit ihren Mitarbeitern praktisch auszuführen, wie sie diese Werte in der Praxis in ihrem Verantwortungsumfeld auszugestalten gedenken.
- Veröffentlichen Sie diese Ergebnisse intern und machen das Befolgen dieser Aussagen zur Grundlage oder zum Bestandteil regelmäßiger Mitarbeitergespräche.

Jack Welch – über 20 Jahre lang legendärer CEO bei General Electric – war auf dem Gebiet der Werte in gewisser Weise ein Könner. Vielleicht kann man sich etwas bei ihm abschauen. Zunächst ersetzte er die Substantive klassischer Unternehmenswerte durch konkrete Handlungen:

- »Wir fördern Frauen.«
- »Wir hassen Bürokratie.«
- »Grenzenloses Verhalten – Ideen von überall akzeptieren.«
- »Wir operieren global.«

Damit ersparte er sich den Aufwand, die Substantive ausführlich erklären zu müssen. Seine Werteformulierungen waren konkret genug, um sich in der Praxis danach zu orientieren. Weiters baute er das Leben der Werte in die regelmäßigen Mitarbeiterbewertungen ein. Mindestens viermal im Jahr wurde besprochen, inwiefern in der Organisation nach den Werten gelebt wurde, und folgendermaßen illustriert: Es gab ein DIN-A4-Blatt mit fünf Kreisen. Jeder Kreis stand für einen der Unternehmenswerte. Im Zuge des Dialogs wurde eine Bewertung vorgenommen, in welchem Maß der Wert seitens seines Teammitglieds gelebt wurde. Die Kreise wurden entsprechend komplett oder nur teilweise befüllt.

Für Jack Welch war das Leben der Werte sogar so wichtig, dass er ein Beförderungs- und Entlassungssystem dazu entwickelte. Jeder Manager wurde wie folgt behandelt:

- Ziele erreicht – Werte gelebt: befördert und gefeiert
- Ziele erreicht – Werte nicht gelebt: zunächst gelbe Karte – bei Wiederholung Entlassung
- Ziele nicht erreicht – Werte gelebt: Coachen und Fördern
- Ziele nicht erreicht – Werte nicht gelebt: gefeuert

Jack Welch lieferte ein eindrucksvolles Beispiel dafür, welche Bedeutung es für den Unternehmenserfolg haben kann, wenn man das Leben der Werte wirklich ernst nimmt. Liegt er heute noch dafür im Trend? Da bin ich mir nicht wirklich sicher. Aber es kommt weniger darauf an, was andere machen, sondern vielmehr darauf, was Sie für sich als Führungskraft daraus entwickeln wollen.

Wie stark glauben Sie, ist der Einfluss gelebter sinnvoller Werte auf Ihre Unternehmenskultur? Wie viel tun Sie wirklich, um die Unternehmenswerte in der Praxis zu verankern?

Ich werde oft in den Seminaren gefragt, was ich denn in Bezug auf die Werte tun würde, wenn ich einer Organisation vorstehen würde. Nach all den Jahren muss ich nicht lange nachdenken. Es würde folgendermaßen aussehen:

1. Unsere Aufgabe besteht darin … (Ich entwickle mit meinem Führungsteam die klare Aussage zur Mission.)
2. In absehbarer Zeit werden wir dadurch … (Ich entwickle mit meinem Führungsteam eine klare Aussage zur Vision. Ich persönlich verwende einen Slogan, strategische Ziele und eine Story.)
3. Unser zentraler Unternehmenswert ist *Vertrauen.*
4. *Vertrauen* generieren wir immer aus der Kombination aus *Charakter* und *Kompetenz.* Unsere Vertrauenswürdigkeit basiert damit auf vier Säulen: Win-Win-Absicht, Integrität, Fähigkeiten und Resultate.
5. Wir handeln täglich nach folgenden Maximen:

a. Wir fallen nicht in die Opferrolle, sondern erkennen bei jeder Herausforderung unseren Einflusskreis und handeln konstruktiv.
b. Wir stürzen uns nicht einfach ins Geschehen, sondern denken Vorhaben zunächst in Ruhe durch, bevor wir etwas starten.
c. Wir fokussieren uns nicht auf das Dringliche, sondern auf das Wichtige.
d. Wir nehmen uns Zeit für den Aufbau erstklassiger Beziehungen – innerhalb und außerhalb der Organisation.
e. Streit oder Kompromisse sind uns ein Gräuel – wir suchen stets nach kreativen dritten Alternativen.
f. Wir arbeiten gemeinsam daran, dass jeder seine »Säge« in allen vier Dimensionen (physisch, mental, sozial, spirituell) scharf halten kann.

6. Die vorgenannten Aussagen bilden eine Art Verfassung unserer Organisation. Wer sie aktiv lebt, hat eine große Zukunft im Unternehmen. Wer sie missachtet, passt nicht zu uns.

Mehr würde ich nicht tun. Aber viel wichtiger ist: Was haben Sie bezüglich Ihrer Unternehmenskultur bereits aktiv getan und was gedenken Sie zu ändern?

Ich kann eine Strategie mit vollem Engagement der Leute umsetzen

Sollten Sie gerade in das Berufsleben eingestiegen sein und annehmen, dass jedes Unternehmen und jede größere Organisation eine Strategie besäßen, dann irren Sie sich gewaltig! Ich treffe immer wieder Organisationen, die praktisch nichts von dem haben, was ich als Bestandteil einer guten Strategie verstehe.

Ich hatte eines Tages die Aufgabe, ein Führungsteam eines klaglos erfolgreichen Unternehmens zu coachen. Es galt damals, den Zusammenhalt und das Vertrauen untereinander wiederherzustellen. Im Laufe der beiden Klausurtage sprach ich die Strategie des Unternehmens an. Ich tue das bei Coachings deshalb, weil das Erstellen und das Nachverfolgen einer schlüssigen Strategie für ein Führungsteam enorm wirksam für dessen Zusammenhalt sind. Ein Teilnehmer der Führungsrunde sagte: »Ja, wir haben vor anderthalb Jahren einmal auf Wunsch unseres Holding-CEOs ein Strategiepapier entwickelt. Weiß jemand noch, wo wir das abgelegt haben?« Ich war nicht verwundert, aber ich war enttäuscht. Nach ein paar Minuten fand man das Dokument auf irgendeinem Server, druckte es für alle aus und ich gab dem Team die Aufgabe, es für 30 Minuten zu studieren und ihre Anmerkungen kundzutun. Im Durchschnitt waren die Reaktionen überraschend positiv und eine Managerin meinte wörtlich: »Also, ich find das gut, was wir damals geschrieben haben. Das sollten wir uns in Zukunft einmal öfter anschauen – da habe ich so viel schon wieder vergessen.«

Wie würden Sie den Umstand erklären, dass praktisch jede Organisation ein reges Tagesgeschäft unterhält, aber nicht alle Organisationen eine Strategie für die Absicherung ihres Tagesgeschäfts in der Zukunft besitzen?

Ich bin leider kein Psychologe, um dies schlüssig erklären zu können. Ich orientiere mich aber an Grundgesetzen, welche universell sind und immer gelten. Und ein Grundgesetz dieser Welt besagt, dass, wenn einem Schiff auf hoher See das Ruder oder der Motor abhandenkommt, es deshalb nicht unmittelbar sinkt. Es kommt voran, aber es wird dorthin fahren, wo Wind und Meeresströmung es hintreiben. Wer also keine eigene Strategie besitzt, macht sich ausschließlich abhängig vom Tagesgeschehen und den Einflüssen von außen. Das kann auf Dauer auch gutgehen, aber kein kluger Unternehmer würde sich freiwillig das Heft aus der Hand nehmen lassen, wenigstens zu versuchen, den Kurs für eine erfolgreiche Zukunft selbst in der Hand zu halten.

Fangen wir also mit etwas Grundsätzlichem an: Wie unterscheiden sich die Begriffe Vision, Strategie und Ziele voneinander? Bild 13 hilft bei der Begriffsabgrenzung:

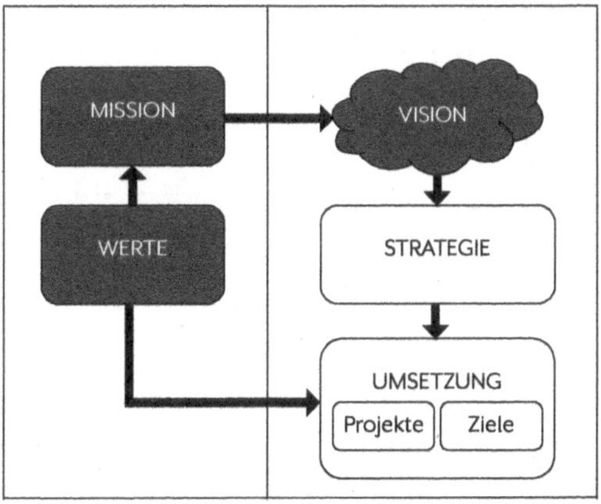

Bild 13: Unternehmenskompass

Der Unterschied zwischen Vision und Strategie sollte klar sein: Eine Strategie dient zur Umsetzung visionärer strategischer Durchbruchziele. Wenn es Ihr großes Ziel beziehungsweise Ihre Vision ist, in drei bis fünf Jahren Weltmarktführer in Ihrem Marktsegment zu werden, dann benötigen Sie eine

Strategie, wie Sie dort hinkommen. Es ist primär ein Umsetzungsplan, der aus zwei großen Schubladen besteht:

- *Schublade 1:* strategische Beschlüsse
- *Schublade 2:* angepasste Ergebniskennzahlen

In Schublade 1 landen sämtliche Beschlussfassungen, die stets auf einer Grundannahme/These beruhen und eine Art Projektcharakter zur Umsetzung besitzen. Man benötigt »lediglich« eine Unterschrift und ein Projektbudget. Hier einige Beispiele:

- *Strategische These:* Mit Verbrennerfahrzeugen sind wir in spätestens 10 Jahren vom Markt verschwunden! – *Beschluss*: Wir steigen mit voller Kraft in die Elektromobilität ein.
- *Strategische These:* Ohne Zugang zum asiatischen Markt verfehlen wir unsere Wachstumsziele! – *Beschluss*: Wir eröffnen einen Standort in Singapur bis Datum X.
- *Strategische These:* Wir erwarten eine nachhaltige Marktverkleinerung in Deutschland! – *Beschluss*: Wir schließen das Werk in Dortmund bis Datum X.
- *Strategische These:* Unsere Marktprognosen sind hervorragend! – *Beschluss*: Wir stellen nächstes Geschäftsjahr 150 neue Mitarbeiter am Standort Y ein.
- *Strategische These:* Laut einer Analyse nimmt die Akzeptanz von Messen wieder zu! – *Beschluss*: Wir gehen dieses Jahr wieder mit einem eigenen Stand auf die Hannovermesse.
- *Strategische These:* Mit KI können wir Kosten sparen! – *Beschluss*: Wir ersetzen 50 Mitarbeiter im Admin-Bereich durch neue KI-Lösungen.
- *Strategische These:* Mit unserem Overheadanteil sind wir nicht mehr weiter wettbewerbsfähig! – *Beschluss*: Wir reduzieren die Overhead-Kosten in der Zentrale um 10 Millionen Euro.

Strategien sind zunächst also eine Sammlung von Annahmen beziehungsweise Thesen, deren Eintreten niemand garantieren kann. Sie brauchen den Mut, hierfür konkrete Beschlüsse zu fassen, diese zu kommunizieren und in die Umsetzung zu bringen. Die Kunst guter Führungskräfte liegt darin, in der Mehrheit ihrer Annahmen häufiger richtig als falsch zu liegen. In Schublade 1 liegen also alle Beschlüsse, welche durch Ihre Unterschrift, ein Budget und ein gutes Projektmanagement umgesetzt werden können.

In Schublade 2 landen sämtliche für die Entwicklung der Organisation relevanten Kennzahlen mit entsprechend neuen *Zielgrößen*.

- *Ziel 1:* Wir erhöhen den Gesamtumsatz um 20 Prozent von A nach B bis Ende des nächsten Geschäftsjahres.
- *Ziel 2:* Wir erhöhen den Umsatz mit dem Produkt X von aktuell A nach B bis Datum X.
- *Ziel 3:* Wir verbessern die Marge von derzeit A auf B bis Datum X.
- *Ziel 4:* Wir erhöhen den Marktanteil im Segment A von 20 auf 22 Prozent bis Datum X.
- *Ziel 5:* Wir verbessern den Kunden-NPS in der Sparte X von +10 auf über +40 bis Datum X.
- *Ziel 6:* Wir reduzieren die Krankheitsquote auf unter 10 Prozent bis spätestens Datum X.
- *Ziel 7:* Wir steigern die Produktivität in der Produktion von heute A auf B bis Datum X.

Zu jeder dieser Zielvorgaben gibt es ein klares Datum, welches in der Strategie nicht zwingend das Ende des nächsten Geschäftsjahres sein muss. All diese Ziele landen für die spätere Umsetzung – häufig auf den Horizont von 12 Monaten heruntergebrochen – in den Jahreszielvorgaben der Führungskräfte. Damit werden sie Teil des späteren Tagesgeschäfts.

Ein gesunder Strategieprozess sorgt anschließend dafür, den gesamten strategischen Plan in einen Umsetzungscheck in Form einer Wirtschafts- beziehungsweise Budgetplanung zu überführen. Das ist die Vorstufe der

Strategieumsetzung. Wie wir diesen Plan nun auch in die Realität bringen, darum kümmern wir uns jetzt.

Strategieumsetzung

Mir ist ein Interview der *Süddeutschen Zeitung* mit Klaus Rosenfeld, dem CEO von Schaeffler, vom 8.10.2017 in Erinnerung. Primär ging es nach der berühmten Schaeffler-Rettung im Zuge der Lehman-Wirtschaftskrise 2008 um die strategische Neuausrichtung. Befragt nach den wichtigsten strategischen Veränderungen erläuterte Rosenfeld, dass man unter anderem zunächst einen neuen Vorstandsbereich für das »Aftermarket«-Geschäft gründen würde und zusätzlich die Kultur verändern wolle. Darunter verstand er Folgendes: »Wir wollen mehr Kundennähe. Wir müssen beweglicher, schneller und mutiger werden. Und das gemeinsam als eine Schaeffler-Gruppe. Wir nennen das »One Schaeffler«.[21]

Bevor wir uns mit diesem Praxisbeispiel konkret befassen, lassen Sie mich zunächst grundsätzlich fragen: Wie hoch ist Ihrer Meinung nach der Prozentsatz der strategischen Initiativen, die ihre geplanten Ziele nicht erreichen beziehungsweise sang- und klanglos von der Bildfläche verschwunden sind? Verschiedene Studien kommen hier zu einem recht klaren Ergebnis: 70 bis 80 Prozent! Über alle Unternehmen betrachtet sind das jährlich Milliardensummen, die hier vernichtet werden. Dabei sind die Gegenmittel eigentlich alle vorhanden – man muss sie nur kennen und in der Praxis beherrschen.

Ich beschäftige mich nun seit über 15 Jahren fast ausschließlich mit dem Phänomen der Strategieumsetzung und würde die Riege der Manager, denen ich in der Praxis begegne, in drei Kategorien einteilen:

- *Kategorie 1:* Erstellt keine explizite Strategie, sondern konzentriert sich in der Regel auf seine vorgegebenen Jahresziele.
- *Kategorie 2:* Erstellt eine eigene Strategie, aber tut sich schwer mit der konsequenten Umsetzung.
- *Kategorie 3:* Kann wiederholt eine Strategie erfolgreich mit hohem Engagement der Leute umsetzen.

Schauen wir uns zunächst die Ursachen für die schlechte Umsetzungsquote von strategischen Vorhaben an. Die Gründe für das Scheitern sind vielfältig und ähneln naturgemäß der Liste, die wir schon beim Thema Projektmanagement betrachtet haben: zu viele Ziele gleichzeitig, unklare Zieldefinitionen, schlechte Vorbereitung, Sinnhaftigkeit schlecht kommuniziert, Ressourcenmangel, unklarer Beitrag seitens der Belegschaft, fehlendes Commitment der Führung während der Umsetzung, häufiger Wechsel der Ziele, Nutzen für die Mitarbeiter unklar et cetera.

Es gibt jedoch einen Hauptgrund des Scheiterns, der alle vorgenannten Gründe überschattet: die Ablenkung durch das Tagesgeschäft! Das möchte ich zunächst durch folgende Überlegung untermauern:

Ich musste tatsächlich 40 Jahre alt werden, um den Unterschied zwischen Wichtigkeit und Dringlichkeit endgültig zu begreifen. Für manche mag das kognitiv keine spannende Aussage sein – aber schaut man sich nachfolgendes Szenario an, dann bekommt es sehr wohl Relevanz. Nimmt man den Unterschied zwischen Wichtigkeit und Dringlichkeit ernst, so kann man folgende Matrix aufstellen – die sogenannte Covey-Zeitmatrix:

- Es gibt dringende Aufgaben und es gibt nicht dringende Aufgaben.
- Es gibt wichtige Aufgaben und es gibt unwichtige Aufgaben.

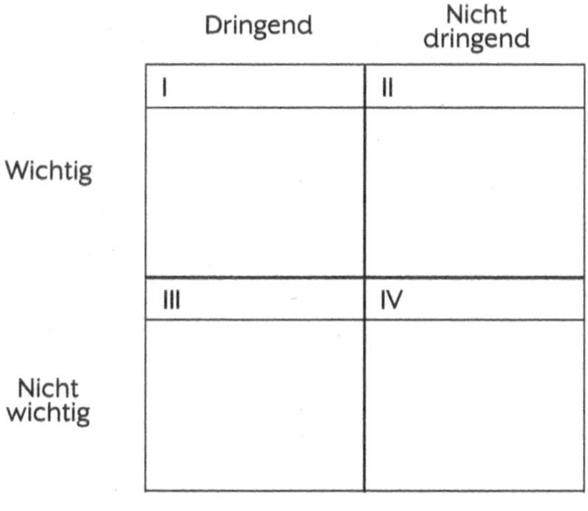

Bild 14: Die Covey Zeitmatrix

Die Matrix ist nicht zu verwechseln mit der berühmten Eisenhower-Matrix. Die beiden sind sich sehr ähnlich, aber Eisenhower benutzte das Schema zur Organisation seiner Morgenpost. Bei der Covey-Zeitmatrix dagegen geht es speziell im Quadranten II um etwas ganz anderes, als bestimmte Tätigkeiten auf später zu verschieben.

Unsere Aktivitäten am Tag sind irgendwo in diesen vier Quadranten verteilt. Die klassischen Aktivitäten für eine heutige Führungskraft sind wie folgt:

- *Quadrant 1* – der Quadrant der Notwendigkeit: Krisen und Störfälle, Kundenbelange, Belange vom Chef, Projekte et cetera. Sich hieraus zu lösen und situativ *Nein* zu sagen, ist fast unmöglich. Außerdem kann es sehr befriedigend sein, wichtige und gleichzeitig dringende Dinge erledigt zu bekommen. Es darf in der Summe nur nicht mehr 40 Prozent der Wochenzeit in Anspruch nehmen. Der ständige Zeitdruck macht jeden bei dieser Art von Aufgaben andernfalls irgendwann krank.
- *Quadrant 2* – der Quadrant der Effektivität und des langfristigen Erfolgs: Planung, Strategie, Vorbeugung, Verbesserung, Beziehungspflege et cetera.
- *Quadrant 3* – der Quadrant der Selbsttäuschung beziehungsweise Ablenkung: 80 Prozent aller E-Mails, viele unwichtige Meetings, Telefonate, Reporting und alle anderen Arten von spontanen Ablenkungen. Ich mag den Namen »Selbsttäuschung«, weil wir immer wieder in diese Fallen geraten und glauben, tatsächlich wichtige Dinge zu tun, um meist hinterher herauszufinden, dass es einfach nur dringlich und meist ohne Belang war. Leider nimmt die Quantität der Zeit, die wir im Quadrant III verbringen, stetig zu, was auch unserer technologisch verursachten 24/7-Verfügbarkeit geschuldet ist.
- *Quadrant 4* – der Quadrant der Verschwendung: Alle Tätigkeiten, die trivialen Charakter haben, wie zum Beispiel auf Social Media surfen, Spiele zur Ablenkung spielen et cetera.

Ich bekomme in *jedem* Führungsseminar bestätigt, dass heutzutage mehr als 80 Prozent der Arbeitszeit in den Quadranten I und III verbracht werden –

Tendenz steigend! Wenn man dann abends nach Hause kommt, reicht die Kraft noch aus, sich »ein Bier zu schnappen, sich auf die Couch zu legen und Netflix zu starten« (Zitat eines Managers) (Quadrant IV). Die Energie reicht dann weder für ein Workout (Quadrant II) noch für ein qualitatives Gespräch über den Tag mit seinem Lebenspartner (Quadrant II). Man versucht händeringend, mit Trivialitäten die eigene Batterie aufzuladen, um am nächsten Tag entweder mit Quadrant I oder Quadrant III wieder zu starten.

Dieses Wechselspiel zwischen den drei Quadranten I, III und IV kann man auch als Bermudadreieck bezeichnen (siehe Bild 15) – und wir wissen alle, wie das endet, wenn man dort hineingerät.

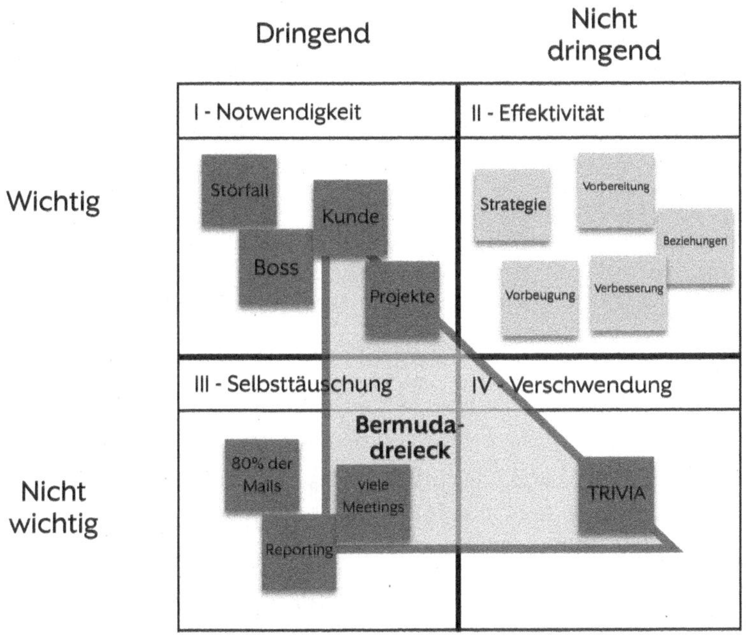

Bild 15: Das berüchtigte »Bermuda Dreieck«

Neben dem Eingeständnis, dass sich die meisten von uns in diesem Bermudadreieck Tag für Tag tummeln, stellt sich die Frage, warum man nicht mehr Zeit im Quadranten II verbringt, gleichwohl jedem klar ist, dass sich der »Aufenthalt« in diesem Quadranten beruhigend auf das Bermudadreieck auswirkt und zu mehr persönlicher Souveränität führt.

Das hat aus meiner Sicht zwei Gründe: Quadrant II hat in der Regel ein Imageproblem. Denn wer sich hier länger aufhält, erweckt nicht den Anschein, als würde er im Schweiße seines Angesichts ein Feuer nach dem anderen löschen. Diese seltsame Ruhe und Gelassenheit sind vielen suspekt. Zudem ist der Quadrant II der Einzige der vier Quadranten, für den man sich die Zeit nehmen *muss*. Bei allen anderen drei Quadranten brauchen wir meist nur zu reagieren. Eine weitere Eigenart von Quadrant II ist, dass alles, was wir hier aufschieben oder nicht durchführen, sich früher oder später in die Dringlichkeit verschiebt und das Bermudadreieck weiter antreibt. Denken Sie nur an Ihren nächsten Termin für die Zahnreinigung.

Die Tätigkeiten des Tagesgeschäfts dienen dem Erhalt der Organisation und sie sind von *Dringlichkeit* geprägt. Die Tätigkeiten zur Umsetzung einer Strategie dienen der Weiterentwicklung der Organisation und sind in der Regel von *Wichtigkeit* geprägt. Aber wenn Dringlichkeit gegen Wichtigkeit antritt, wissen wir immer, wer von beiden gewinnt! Die Dringlichkeit. Und damit sind wir wieder beim Punkt der Kultur einer Organisation. Und das ist der alles entscheidende Grund, warum die Umsetzung von Strategien so schwerfällt.

Was machen nun aber die Könner auf dem Gebiet der Strategieumsetzung? Wie lösen Sie dieses Problem?

Hier nun ein paar praktische Gedanken und Ansätze dafür.

Die Könner investieren zunächst in das alles entscheidende Fundament einer guten Umsetzungskultur: Sie konfrontieren in Trainings alle Mitarbeiter zumindest mit dem Prinzip der Covey-Zeitmatrix. Ich habe bis heute niemanden getroffen, der mit den Prinzipien hinter der Zeitmatrix nichts anzufangen wüsste. Wirklich niemand!

Wenn ich als CEO gezwungen wäre, nur ein oder zwei Kulturtrainings für die Organisation durchzuführen, um die Umsetzung der Unternehmensstrategie zu fördern, dann müsste ich keine zwei Sekunden nachdenken, um den Weg 3 »Das Wichtigste zuerst tun« und den Weg 7 »Die Säge schärfen« aus den *7 Wegen zur Effektivität* zu wählen.

Ich spreche in diesem Zusammenhang immer von einer »Quadrant-II-Kultur«. Wenn eine Organisation die Aktivitäten aus Quadrant II nicht als quälendes und unbequemes »Add-on« begreift, sondern als den Garanten für den langfristigen Erfolg, dann tun Sie sich bei der Umsetzung Ihrer Strategie einfach viel leichter.

Wenn sie die kulturelle Grundlage in den Köpfen der Menschen gelegt haben, fahren Könner bei der strategischen Umsetzung folgendermaßen fort. Wie beschrieben unterscheidet man zunächst strikt zwischen zwei »Schubladen« für die Inhalte der Strategie:

- *Schublade 1:* alle Beschlüsse mit Einmal-Aktivitäten
- *Schublade 2:* alle strategischen Veränderungen, die Verhaltensänderungen nach sich ziehen oder die sich mit der Veränderung von Kennzahlen ausdrücken lassen

Nun zurück zum eingangs geschilderten Praxisbeispiel. Klaus Rosenfeld nannte in dem Interview zum Beispiel die Gründung eines neuen Vorstandsbereichs. Das gehört bei dieser Idee eindeutig in Schublade 1. Das ist ein strategischer Beschluss, der für die Umsetzung »schlicht« die Unterschrift der Bosse, ein Budget und ein gutes Projektmanagement benötigt.

Die Umsetzung all der Dinge in Schublade 1 scheitert meist an drei Dingen: Man nimmt sich zu viel gleichzeitig vor, die Ressourcen reichen nicht und die Qualität des internen Projektmanagements ist zu schwach (siehe Kapitel »Ich kann gut Projekte managen«).

Die strategischen Beschlüsse in Schublade 2 haben alle eines gemein: Man kann sie gut mit Kennzahlenveränderungen ausdrücken und sie sind in der Regel mit Verhaltensveränderungen verbunden.

So hatte sich einst die deutsche Niederlassung eines großen IT-Unternehmens vorgenommen, den Umsatz im Cloud-Business innerhalb eines Jahres von einem einstelligen in einen dreistelligen Millionenbetrag zu steigern! Man verdiente damals sein Geld hauptsächlich mit Software und Hardware und man befürchtete zurecht, den Anschluss im Cloud-Business ein für alle Mal zu verschlafen, wenn man jetzt nicht endlich initiativ werden würde. In welche Schublade würden Sie diesen Beschluss stecken? Ich stecke ihn eindeutig in Schublade 2.

Natürlich könnte man den Umsatzanstieg im Cloud-Business auch mit dem Kauf eines Konkurrenten erreichen – was dann wieder eine Schublade-1-Maßnahme wäre –, aber dem Unternehmen war klar, dass auch eine solche Integration erhebliche kulturelle Veränderungen nach sich ziehen würde. Der Vorstand war davon überzeugt, dies ohne Akquisition zu erreichen, und damit sind wir sofort in Schublade 2. Allen war klar, dass viele Menschen im Unternehmen sich nun mit neuen Dingen auseinandersetzen und sich anders verhalten mussten. Plötzlich hatte man es am Markt mit neuen, völlig unbekannten Wettbewerbern wie zum Beispiel Amazon zu tun. Die Vertriebsmannschaft musste sich neue Verkaufsstrategien überlegen und die Mehrheit der Belegschaft musste sich völlig neue Gewohnheiten aneignen.

Können Sie sich an die zweite Aussage von Klaus Rosenfeld erinnern? »Wir wollen die Kultur verändern. Wir müssen beweglicher, schneller und mutiger werden und das als ganze Gruppe!« Wer würde hier widersprechen? Wer wäre von so einem Ansinnen nicht angetan – zumal man diese Aussagen wohl auf so ziemlich jedes Unternehmen ummünzen kann.

Mich beeindrucken solche Aussagen schon lange nicht mehr. Sie sind Allgemeinplätze und sollen von Initiative und Weiterentwicklung zeugen. Doch wäre es viel spannender zu erfahren, wie man bitte schön – im Angesicht des tosenden Alltagsgeschäfts – einen solchen Kulturwandel denn umsetzen möchte, außer mit Slogans wie »ONE Schaeffler«. Aber eines ist sicher: Rosenfeld und alle seine Mitarbeiter wissen heute, sechs Jahre nach dieser strategischen Initiative, ob sich an der Kultur tatsächlich etwas Positives verändert hat oder nicht.

Was passiert üblicherweise mit den Inhalten von Schublade 2? In der Regel werden sie in mehr oder weniger messbare Jahresziele sämtlicher Führungskräfte transferiert und landen damit im operativen Tagesgeschäft. Der Vertrieb versucht, den Umsatz zu steigern. Die Produktion versucht, die Stückkosten zu reduzieren. Die R&D-Abteilung versucht, Produkte schneller auf den Markt zu bringen und so weiter.

Über die Erfolgsrate dieser Jahresziele können wir zwar nur spekulieren, aber bei Treffen mit Managern in meinen Seminaren bin ich bei diesem Thema immer sehr neugierig.

Exemplarisch hier ein realer Dialog:

- »Darf ich Sie fragen, wie viele Ziele Sie in diesem Jahr verfolgen?«
- »Neun.«
- »Darf ich auch fragen, wie viele Sie davon auch tatsächlich erfolgreich erreichen werden?«
- »Wenn es gut läuft, sechs. Das hängt jetzt noch davon ab, ob ich eine Stelle besetzt bekomme.«
- »Warum diese sechs und nicht die anderen?«
- »Das ergibt sich meistens aus der Situation, wer am lautesten danach schreit oder ob wir zeitliche Kapazitäten haben. Wir tun einfach, so gut wir können. Ich habe schon lange aufgegeben, alle meine Ziele mit Exzellenz erreichen zu wollen.«

Überlegen Sie sich doch einmal die Konsequenz, wenn die Majorität der Managerkollegen im gleichen Unternehmen ähnlich antwortete? Wie könnten wir hier jemals von einer stringenten Umsetzung einer Strategie sprechen? Wo ist der Fokus auf das Wesentliche?

Erprobte Tipps für echte Könner auf dem Gebiet der Strategieumsetzung sind:

- *Tipp 1*: Überfordern Sie die Organisation nicht mit zu vielen Projekten aus Schublade 1 und bilden Sie sämtliche internen Manager zu hervorragenden Projektmanagern aus.
- *Tipp 2*: Achten Sie bei der Verteilung von strategischen Zielen aus Schublade 2 darauf, dass Sie konkret messbare Ziele daraus machen und es nicht bei diffusen Absichten belassen (siehe Kapitel »Ich kann gut über Kennzahlen führen«).

- *Tipp 3*: Implementieren Sie ein System zur systematischen Umsetzung Ihrer wichtigsten strategischen Durchbruchziele, welche Sie *nicht* über Schublade 1 erledigt bekommen!

Dieser Tipp 3 stellt eine interessante Herausforderung dar. Ich habe mittlerweile alle drei der weltweit dominanten Systeme zur systematischen Erreichung strategischer Unternehmensziele praktisch eingeführt. Bevor ich mit Ihnen meine Erfahrungen mit diesen drei Systemen zur Strategieumsetzung teile, gibt es aus meiner Sicht ein wesentliches »Learning«, welches ich unbedingt voranstellen möchte.

Wenn man es mit einer Strategie und speziell mit der Umsetzung der Inhalte von Schublade 2 ernst nimmt, muss man als gute Führungskraft *vier Grundgesetze* beachten, um gegen den übermächtigen Gegner des Tagesgeschäfts bestehen zu wollen. Diese vier Prinzipien sind einzeln betrachtet nicht neu – aber in ihrer Kombination schlagend! Die Umsetzung Ihrer Schublade-2-Ziele wird nur zuverlässig gelingen, wenn Sie alle vier Grundgesetze befolgen und nicht nur einen Teil davon – wie es so häufig in der Praxis zu sehen ist.

Bei den Grundgesetzen handelt sich um

- Fokus,
- Hebel,
- Engagement und
- Verbindlichkeit.

Alle drei Umsetzungssysteme versuchen mehr oder weniger gut, diese vier Grundprinzipien zu berücksichtigen.

Fokus wird zwar von allen Mitarbeitern gefordert und ist allen Managern logisch einleuchtend, aber er ist ambitionierten Führungskräften nur schwer vermittelbar. Sie werden doch für ihre vielen Veränderungen und Initiativen bezahlt und nicht für das Wenigertun! Allerdings ist das ein riesiges Missverständnis! Bei Fokus geht es nicht darum, weniger zu tun, sondern lediglich darum, den Scheinwerfer auf ganz wenige entscheidende Dinge zu legen.

Fokus heißt nicht »ausschließlich«! Beim *Fokus* geht es stets um das *Was* und weniger um das *Wie*.

Womit wir gleich zum zweiten Grundprinzip überleiten können: Das *Was* wird immer über Ergebniskennzahlen abgebildet. Umsatz, EBIT, Kundenzufriedenheit, Qualitätskennzahlen et cetera sind ausschließlich Ergebniskennzahlen. Wie an anderer Stelle schon beschrieben, liegt der Nachteil bei der Umsetzungskultur darin, dass man die Ergebnisse immer »hinterher« bekommt. Hat man nur die Ergebniskennzahlen im Blick, lenkt man die Organisation mit ständigem Blick in den Rückspiegel. Deshalb ist die Konzentration auf die richtigen Hebel und damit auf die richtigen Hebelkennzahlen so elementar. Mit deren Hilfe können wir die zu erwartenden Ergebnisse besser steuern und vorhersagen. Mit ihnen lassen sich zudem auch die notwendigen Verhaltensveränderungen abbilden.

Beispiel

Zunächst wird das Grundgesetz 1 (*Fokus*) auf ein einziges Durchbruchziel in einem guten Format angewendet, wie zum Beispiel: »Wir steigern den Umsatz mit Cloud-Business-Lösungen von A nach B bis Datum X«.

Anschließend erfolgt die Anwendung von Grundgesetz 2 (*Hebel beziehungsweise Hebelkennzahl)*: »In über 80 Prozent der Kundenbesuche werden unsere Angebote im Cloud-Business dem Kunden vorgestellt und besprochen.«

Sie können sich jetzt schon vorstellen, dass bei Kenntnis der Hebelkennzahl und ihrer konsequenten Befolgung (eines neuen Verhaltens) die Wahrscheinlichkeit der Erreichung des strategischen Zieles wesentlich höher liegt, als wenn man wie üblich nur vorgäbe: »Wir steigern den Umsatz mit Cloud-Lösungen um 20 Prozent«.

Die guten Umsetzungssysteme achten darauf, dass man sich auf ganz wenige Ergebnisziele fokussiert und zu jedem Ergebnisziel die geringste Zahl an notwendigen Hebelkennzahlen zum Einsatz kommt. Außerdem sorgen alle guten Umsetzungssysteme dafür, dass alle Ebenen im Unternehmen mit diesem Prinzip in Berührung kommen.

Hat man ein solches Konstrukt aus Ergebnis- und Hebelkennzahlen gemeinsam im Führungsteam über alle Ebenen aufgebaut, so steht zwar ein sinnvoller »Plan«, aber für die erfolgreiche Umsetzung bedarf es nun des dritten Prinzips (*Engagement*) – andernfalls wird Ihre Strategie sofort vom Tagesgeschäft wieder in den Hintergrund gerückt: Jedes gute System muss danach trachten, der gesamten Organisation auf möglichst einfache, transparente Art und auf allen Ebenen die Botschaft zu vermitteln: »Gewinnen wir oder verlieren wir?«, um sich nicht durch das omnipräsente Tagesgeschäft in den Hintergrund drängen zu lassen. Hier sind wir in der Welt der Scoreboards – die grafische Darstellung des Istzustandes im Vergleich zum Sollzustand. »Müssen wir Gas geben – oder haben wir einen beruhigenden Vorsprung gegenüber dem aktuellen Zielwert?« Ohne effektive Scoreboards haben unsere Veränderungsinitiativen wenig Chancen auf Erfolg.

So schön effektive Scoreboards die wenigen Ergebnisziele samt ihrer Hebelkennzahlen oder Umsetzungsaktivitäten auch abbilden mögen – ohne das finale Grundgesetz der gegenseitigen *Verbindlichkeit* sind sie nutzlos. *Verbindlichkeit* ist die simple Fähigkeit, sich im Team regelmäßig und in kurzer Zeit den Spielstand im Scoreboard abzulesen und im Team regelmäßig notwendige selbstgewählte(!) Aktivitäten zu definieren, um das Scoreboard stets im grünen Bereich zu halten.

Vermutlich werden Ihnen die beschriebenen vier Grundprinzipien der Umsetzung sehr bekannt vorkommen. Leider habe ich in über 20 Jahren kein einziges Unternehmen getroffen, welches alle vier Grundprinzipien effektiv in Summe und als System einsetzt. Ja – es gibt *Fokus* auf wichtige Themen, aber die sind dann häufig so lausig unkonkret beschrieben, dass der Interpretation wieder Tür und Tor geöffnet sind. Ja – es gibt Tonnen von Kennzahlen, die aber selten in einen logischen Zusammenhang gebracht werden. Ja – es gibt Umsetzungspläne – aber die haben nichts mit Hebelkennzahlen zu tun, sondern sind träge Aktionspläne, die weder vollständig sind noch mit vertretbarem Aufwand aktuell gehalten werden können. Ja – es gibt Kennzahlendiagramme – aber die sind meist für Manager gedacht und ermöglichen der Belegschaft nicht, in zwei Sekunden sofort zu erkennen, »Gewinnen wir unser Teamspiel gerade oder nicht?« Ja – es gibt regelmäßige Statusmeetings für alles Mögliche. Dort wird aber meist über Tagesprobleme oder Projektfortschritte gesprochen und nicht konkret über den Stand des strategischen Zieles (meist fehlt ein effektives Scoreboard und die Hebelkennzahlen sind nicht verfügbar).

Kommen wir also zu drei praktischen Systemen, die Ihnen helfen können, eine Umsetzungskultur in Ihrer Organisation zu etablieren:

- Hoshin Kanri (HK)
- OKR
- 4DX (4 Disciplines of Execution)

Hoshin Kanri (HK)

Hoshin Kanri ist in Japan entwickelt worden und ist ein Werkzeug zur strategischen Planung, mit dem Firmen die unternehmensweiten strategischen »Durchbruch«-Ziele an die tägliche Arbeit einzelner Beteiligter knüpfen. Das japanische Wort »hoshin« bedeutet übersetzt »Richtlinie« oder »Richtung«. Das Wort »kanri« bedeutet »Management«. Für viele ist »hoshin« der Kompass (Wo wollen wir hin?) und »kanri« der Weg beziehungsweise die Umsetzung. Beide Begriffe kann man so übersetzen: »Wie realisieren wir unsere strategische Ausrichtung?«

OKR

»Objectives and Key Results (OKRs)« ist eine Methode zur agilen Strategieumsetzung, eine Zielmanagementmethode und ein Managementsystem zur zielgerichteten Mitarbeiterführung. Es wurde von einem amerikanischen Unternehmensberater entwickelt und zum ersten Mal bei INTEL eingesetzt. Es ist ein Framework zur Zielsetzung (Objectives) und Messung von Ergebniskennzahlen (Key Results).«[22]

4DX (4 Disciplines of Execution)

4DX ist ein von der Firma FranklinCovey entwickeltes Führungswerkzeug zur Umsetzung der wichtigsten strategischen Durchbruchziele mit Verhaltensveränderungen sowie der Entwicklung einer effektiven Führungs- und Umsetzungskultur.

HK und 4DX widmen sich eins zu eins den oben erwähnten vier Umsetzungsprinzipien – OKR macht das nur teilweise.

Hier nun meine praktische Bewertung: Ich bewerte die Systeme gemäß nachfolgenden Kriterien auf der Skala von 0 (nicht vorhanden) bis 10 (extrem effektiv):

	Hoshin Kanri	OKR	4DX
Fokus/Ergebniskennzahlen	8	5	9
Mir gefällt bei HK die Ausrichtung auf 3-Jahres-Durchbruchziele. 4DX betrachtet standardmäßig 1-Jahres-Durchbruchziele. OKR macht hier gar keine Vorgaben. 4DX fokussiert sich auf ein Durchbruchziel, während HK und OKR mehrere Top-Ziele gleichzeitig zulassen, was die fokussierte Umsetzung nicht fördert. 4DX setzt einen extrem hohen Wert auf die eindeutige Spezifizierung der Ergebniskennzahlen – die beiden anderen lassen das offen, was die Umsetzungsgüte in der Praxis sehr einschränkt. Die verbindliche Zielkaskadierung und die Zielzusammenhänge zu den übergeordneten Unternehmenszielen sind bei OKR erheblich schwächer als bei HK und 4DX. HK punktet hier sogar gegenüber 4DX aufgrund des »Catchball«-Prinzips. Das heißt, man legt viel Wert auf die wechselseitige Abstimmung der Ziele untereinander.			
Hebel(-Kennzahlen) und Verhaltensveränderungen	7	1	9
HK und 4DX setzen nicht nur auf Ergebnisse, sondern sie ermöglichen das Management via Hebel und Hebelkennzahlen. OKR kennt nur ein prosaisches »Objective« und eine kleine Anzahl von Arbeitsergebnissen (Key Results), die jedoch messbar beschrieben werden müssen. HK und 4DX ermöglichen über die Hebelkennzahlen das Eintrainieren von neuen Verhaltensweisen. Diese Idee gibt es bei OKR überhaupt nicht! HK erleidet etwas Punktabzug, weil die Hebelkennzahlen spezifisch einzelnen Personen fix zugeordnet werden, während es bei 4DX Teamhebel sind und die Verantwortung der Gewohnheitsveränderungen im ganzen Team liegt. Das ist in der Praxis effektiver.			

<table>
<tr><td>Engagement/effektive Scoreboards</td><td>6</td><td>8</td><td>8</td></tr>
<tr><td colspan="4">HK setzt ein X-Diagramm und sogenannte Bowling-Charts für die Visualisierung der Umsetzungsfortschritte ein. 4DX und OKR lassen die Scoreboard-Gestaltung grundsätzlich frei. Für OKR gibt es eine Reihe von Drittanbietern für OKR-Softwarelösungen. 4DX läuft IT-unterstützt über das 4DXOS-System von FranklinCovey. Bei HK wird die Verbindung der X-Diagramme über mehrere Ebenen hinweg zur echten Herausforderung. HK-Implementierungen scheitern häufig an dieser Komplexität. OKRs messen in ihren einfachen Tabellen-Scoreboards meist nur den Ergebnisfortschritt der Key Results und OKR gibt sich mit einer Umsetzungsgüte von 60 Prozent bereits zufrieden. Das 4DXOS-System ist explizit auf die 4DX-Methodik zugeschnitten und liefert der gesamten Organisation ein Echtzeitsystem zur Kontrolle der Zielumsetzung über alle Ebenen hinweg. Punktabzug gibt es lediglich für die gewöhnungsbedürftige Benutzeroberfläche.</td></tr>
<tr><td>Verbindlichkeit/Umsetzungsrhythmus</td><td>3</td><td>5</td><td>10</td></tr>
<tr><td colspan="4">4DX erfordert von jedem Mitarbeiter bis hoch zur obersten Führungskraft eine zumindest wöchentliche aktive Mitarbeit. Das 4DXOS-System misst nicht nur den Stand der Ergebnisse, sondern auch die aktive Beteiligung aller. Damit ist 4DX das mit Abstand strengste, aber eben auch diszipliniertseste System. HK lässt die Umsetzungs- und Kontrolldisziplin relativ frei. OKR arbeitet im Quartalsrhythmus, was sich nicht positiv auf die Umsetzungsquote der Key Results auswirkt. HK und OKR geht es immer nur um Ergebniserreichung. Bei 4DX geht es zudem um die Steigerung des Engagements aller Mitarbeiter und um die Entwicklung guter Führungsfähigkeiten!</td></tr>
<tr><td>Implementierung/Kosten</td><td>3</td><td>9</td><td>7</td></tr>
<tr><td colspan="4">OKR ist lizenzfrei und es gibt OKR-Berater wie Sand am Meer. Außerdem sind OKRs schnell erklärt und wirklich für jeden in der Organisation verständlich. OKR kommt schnell und günstig zum Laufen. Allerdings kann man durch die Vielzahl der Berater qualitativ leicht danebenliegen. HK ist ebenfalls lizenzfrei. Die Zahl der Berater ist begrenzter. HK wird schnell unübersichtlich und die Projekte, die ich kenne, kommen spät ins Rollen, wenn überhaupt. 4DX hat mittlerweile einen erprobten Implementierungsprozess. Man ist aber von einem Anbieter abhängig – jedoch stimmt dadurch die Implementierungsqualität.</td></tr>
<tr><td>Erfolgsprognose</td><td>4</td><td>4</td><td>6</td></tr>
<tr><td colspan="4">Die Implementierung solcher Systeme ist extrem davon abhängig, welche Unterstützung sie vom Top-Management erfährt. Es reicht nicht, die Implementierung flächendeckend anzuordnen, sich dann wieder anderen und neuen Themen zu widmen und sich aus der Umsetzung und Anwendung herauszuhalten. Zudem erfordern alle Systeme interne Coaching-Kapazitäten, die auch nicht immer zur Verfügung gestellt werden können. Alle Systeme werden zunächst von der Belegschaft als »Add-on« oder Mehrbelastung verstanden. Es erfordert viel Überzeugung und Kommunikation – hier geben sich die Systeme nichts.
Die Herausforderung von HK liegt in der entstehenden Komplexität. Ich habe selbst eine Reihe von OKR- beziehungsweise 4DX-Projekten erlebt, die aus HK-Aufgaben heraus entstanden, um vermeintlich einfachere Systeme einzusetzen.</td></tr>
</table>

Die Herausforderung von OKR liegt im trägen Quartalsrhythmus und den meist zu uneffektiven Inhalten der OKRs. Die Zielzusammenhänge untereinander sind häufig beliebig und die Definition der Key Results ist häufig banal. Das Management ist schnell enttäuscht durch ausbleibende Ergebnisse auf höchster Ebene und die Mitarbeiter lassen schnell die Flügel hängen, weil sie den direkten Einfluss ihrer OKRs aufs Gesamte nicht wahrnehmen.
Während OKR sehr »frei« und »unverbindlich« daherkommt, liegt die Herausforderung von 4DX in der strengen Disziplin. Das verträgt auch nicht jede Organisation und es kann passieren, dass die Mitarbeiter Widerstände gegen das System aufbauen, noch bevor die Ergebnisse eingefahren werden können, um allen zu beweisen, dass sich Disziplin am Ende einfach lohnt. Menschen sind nun einmal bequem. Die leichten Vorteile von 4DX gegenüber den anderen Systemen liegen noch darin, dass es einen konsistenten Implementierungsprozess aus der Erfahrung von über 20 Jahren Praxis gibt.

Wählen Sie OKR, wenn …

- … Sie Ihre Mitarbeiter in die aktive Weiterentwicklung des Unternehmens abseits des Tagesgeschäfts einbinden wollen.
- … Sie ein verbessertes kontinuierliches Verbesserungssystem etablieren wollen.

Ich halte OKR für weniger geeignet, um konkrete Unternehmensziele auf höchster Ebene stringent zu erreichen.

Wählen Sie Hoshin Kanri, wenn …

- … Ihnen OKR zu schwach hinsichtlich der stringenten Zielerreichung ist und Sie aus welchen Gründen auch immer die Abhängigkeit von einem Anbieter wie FranklinCovey bei 4DX scheuen.

Wählen Sie 4DX, wenn …

- … Sie ein strategisches Durchbruchsziel mit vollem Engagement Ihrer gesamten Belegschaft, welches mit Verhaltensveränderungen daherkommt, unbedingt erfolgreich umsetzen wollen.
- … Sie zudem Ihre Manager zu guten Führungskräften entwickeln wollen.

Wenn Sie mit dem Gedanken spielen, eines der am Markt befindlichen Strategie-Umsetzungssysteme einzusetzen, dann machen Sie – unabhängig von der gewählten Methodik – Folgendes:

a. Sie küren einen einflussreichen »Champion« auf allerhöchster Führungsebene, der das System aktiv vorlebt und zu jeder Sekunde der Belegschaft vorlebt, wie wichtig dieses System für den Unternehmenserfolg ist.
b. Sie definieren einen fähigen, einflussreichen Projektleiter, der gleichzeitig der Hauptcoach und Methodik-Champion des Systems ist. Stellen Sie ihm 50 Prozent der Kapazität während der einjährigen Implementierungsphase zur Verfügung. Diese Person gehört später mit Sicherheit zu Ihren Kandidaten für Spitzenpositionen in Ihrem Unternehmen.
c. Sie koppeln das Erreichen der Durchbruchziele mit den Bonussystemen Ihrer Organisation. Das erzeugt volle Aufmerksamkeit Ihrer Führungskräfte auf das System.
d. Sie leisten sich zumindest für das erste Jahr einen externen Implementierungspartner.
e. Sie leisten sich ein fertiges, am Markt verfügbares, zuverlässig funktionierendes IT-System für das Management aller zusammenhängenden Ziele und für effektive Scoreboards. Vermeiden Sie tunlichst hierfür Eigenprogrammierungen!

Die Strategieumsetzung ist eine der Achillesfersen der meisten Unternehmen. Für mich trennt sich hier die Spreu vom Weizen bei der Beurteilung echter Könner zum Thema Leadership. Hochtrabende Absichten formulieren können alle! Aber eine Strategie mit voller Motivation des Großteils der Belegschaft umzusetzen, ist leider noch einer Minderheit vorbehalten.

Deshalb bleibt bei mir immerhin das Prinzip Hoffnung, dass bei Schaeffler neben der Etablierung eines neuen Vorstandsbereichs das Unternehmen in den letzten Jahren nachweislich die Kultur verändert werden konnte und sie – in der ganzen Gruppe! – beweglicher, schneller und mutiger geworden sind.

Ich kann gut coachen

Jeder glaubt zu wissen, was es mit Coaching auf sich hat. Das Wort ist allgegenwärtig und auch die hartgesottensten Autokraten in den Managerriegen kommen immer öfter ins Grübeln, ob diese Führungsfähigkeit für sie nutzenbringend sein könnte oder nicht.

Um die Grundidee vom Coaching zu verstehen, grenzt man es am besten von zwei weiteren bekannten Tätigkeiten ab: dem Beraten und dem Trainieren:

- Ein *Berater* besitzt ein Know-how, welches man selbst nicht besitzt, welches man aber benötigt. Also konsultiert man einen Wissenden, der einem sagt, was man machen sollte. Man holt sich einen Ratschlag für die eigene Entscheidung von außen.
- Ein *Trainer* besitzt die Fähigkeit, neues Wissen oder neue Fähigkeiten zu transportieren und in die Praxis umzusetzen. Er oder sie leitet jemanden aktiv an, etwas auszuprobieren und es in sein Leben zu integrieren.
- Ein *Coach* stellt einem wirkungsvolle Fragen, damit man auf eigene Antworten kommt. Die Lösung kommt nicht von außen als Ratschlag (Berater), sondern von einem selbst. Ein Coach ist Hilfe zur Selbsthilfe.

Auch wenn es jede Rolle in Reinkultur gibt, so wird man als hervorragende Führungskraft nicht umhinkommen, in alle drei Rollen situativ zu schlüpfen.

Ratschläge erteilen ist mit Sicherheit die einfachste Disziplin. Da sind wir wohl alle im Leben stark. Insbesondere als Manager glauben wir, wir sind deshalb in der Position, weil wir mehr wissen und mehr Erfahrungen haben als andere. Das legitimiert für viele ihre Rolle als Ratgeber – selbst wenn ihr Rat gar nicht eingefordert wird.

Die Trainerrolle ist anspruchsvoller. Hier reicht kein einmaliger Ratschlag. Hier muss man entweder Vorbild sein, ständig mit gutem Beispiel vorangehen oder befähigt sein, kontinuierliche Verbesserungssysteme in der Organisation zu installieren oder zu betreiben. Die Menge an »guten Trainern« unter Managern würde ich als eindeutig kleiner bewerten als die Gruppe der Berater.

Ist die Gruppe der guten Trainer kleiner als die Gruppe der Berater, so ist die Gruppe der guten Coaches unter Führungskräften vergleichsweise am kleinsten von allen drei Führungsdisziplinen. Das liegt zunächst eindeutig am Image, welches so gar nicht dem starken Führer – welcher voranschreitet, alles weiß und alles entscheidet – entspricht. Es ist praktisch genau das Gegenteil: In der Coach-Rolle weiß ich im Prinzip gar nichts und Anweisungen gebe ich zunächst auch nicht. In der Coach-Rolle zählt nicht das Wissen, sondern die Neugier. Ich bin in dieser Rolle wie ein Journalist, der etwas entdecken möchte. Als Coach geht es nicht um mein Wissen, sondern um die Antworten, die im Gegenüber schlummern und die er noch nicht entdeckt hat. Ein Coach ist wie ein Goldsucher – immer auf der Suche nach Antworten im Gegenüber, die zu glänzenden Augen und tiefen Erkenntnissen führen.

Können Sie das? Brauchen wir das überhaupt? – Keine Frage, Coaching liegt im Trend. Immer mehr Manager lassen sich zum Coach ausbilden. Aber ist es nur ein Trend oder eine wirklich lebensnotwendige Fähigkeit für den künftigen Erfolg? Ich bin klar der Überzeugung, dass man für einen künftigen Erfolg als Führungskraft alle drei Rollen im Einzelnen beherrschen und im Alltag situativ einsetzen können sollte.

Die für mich wichtigsten Gründe, warum Coaching als Führungsfähigkeit immer wichtiger wird:

1. Die Menschen werden immer anspruchsvoller hinsichtlich Wertschätzung der eigenen Person – dieses Bedürfnis bedient Coaching glänzend.
2. Ratschläge gibt es viele, aber innere Einsichten sind für Verhaltensveränderungen wirkungsvoller und unsere Zeit erfordert immer mehr Verhaltensveränderungen als früher. Auch dies bedient Coaching herausragend.
3. Jeder Teilnehmer meiner Führungsseminare bestätigt, dass in der Organisation viel mehr Talente und Potenziale vorhanden sind, als derzeit von der Organisation genutzt werden. Dieses Potenzial auszuschöpfen, wird für künftige Ergebnisse entscheidend sein – und auch hierfür eignet sich Coaching hervorragend.

Hier meine Faustregeln:

- Beraten Sie nur dann, wenn Sie explizit um Rat gebeten werden oder Ihr Gegenüber durch Coaching zu keiner befriedigenden eigenen Antwort kommt.
- Trainieren Sie dann, wenn notwendige veränderte Verhaltensweisen auf sich warten lassen.
- Coachen Sie dann, wenn Emotionen im Spiel sind oder es bewusst um (mentale) langfristige Weiterentwicklung geht.

Schauen wir uns für die Praxis nun einmal die Grundprinzipien guten Coachings an:

Michael K. Simpson, ein großartiger Coach, hat hierüber das Buch *Potenziale entfesseln* geschrieben und ich hatte die Ehre, die deutsche Ausgabe zu entwickeln.[23] Simpson zufolge sollte man als Führungskraft zwei Dinge auseinanderhalten können: erstens die Grundpfeiler des Coachings und zweitens die wesentlichen Coaching-Fähigkeiten. Die Coaching-Fähigkeiten werden nur dann Wirkung haben, wenn man die vier Grundpfeiler des Coachings auch gut versteht.

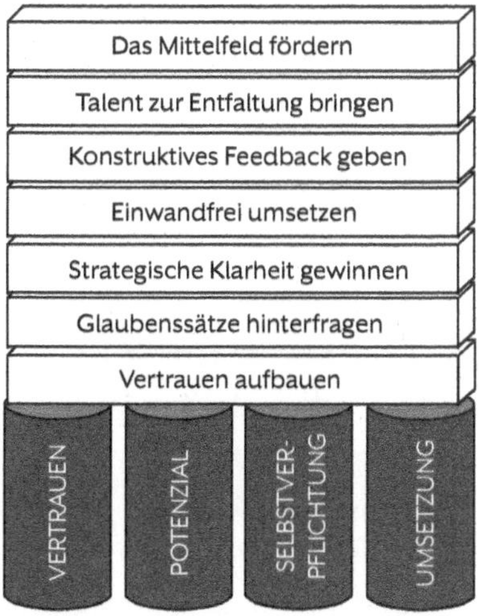

Bild 16: Michael K. Simpson, Andreas Maron – Potenziale entfesseln

Grundpfeiler eins ist das *Vertrauen*. Eigentlich stellt sich schon hier die Weiche, ob ein Coaching überhaupt gelingen kann. In einem Führungsseminar habe ich einmal einen interessanten Glaubenssatz gehört. Es ist ein Gedanke eines Mitarbeiters gegenüber seinem Vorgesetzten: »Um mich entwickeln zu können, muss ich dir, mein lieber Chef, die Erlaubnis erteilen. Und die gewähre ich dir nur, wenn du mich verstanden hast und ich dir vertrauen kann.« Mit anderen Worten: Man kann Coaching niemandem gegen seinen Willen aufdrücken und ohne ein Vertrauensverhältnis geht beim Coaching gar nichts. Und schon stehen die meisten Manager vor einem großen Problem. Möglicherweise haben sie sich bislang auf ihre eigenen Resultate konzentriert, die Mitarbeiter immer nur als Erfüllungsgehilfen betrachtet und sie als vollständigen Menschen kaum oder gar nicht wahrgenommen. In diesem Fall brauchen Sie sich gar nicht mit den Coaching-Fähigkeiten beschäftigen, denn ohne eine Vertrauensbasis geht hier gar nichts.

Ich werde immer wieder gefragt, was die einfachste Aktion ist, um Vertrauen bei Leuten aufzubauen – und meine Antwort hierauf lautet stets: Fragen Sie die Menschen zwischendurch immer mal – mit aufrichtigem Interesse –, wie es ihnen gerade geht! Natürlich machen das viele, aber sie benutzen den Satz als Floskel und man spürt drei Meilen gegen den Wind, dass der Chef mit seinen Gedanken längst beim nächsten Meeting ist. Der Mitarbeiter muss bei dieser Frage spüren, dass das Interesse wirklich vorhanden ist und man die Frage wie die Antwort ernst nimmt. Alle anderen Möglichkeiten, Vertrauen in einer Mitarbeiterbeziehung aufzubauen, haben wir weiter oben im Buch ausführlich erläutert.

Der zweite Grundpfeiler ist das *Potenzial*. Wenn wir einmal ehrlich sind, dann betrachten wir bei einem Mitarbeiter immer zwei Dinge: die Erwartungen an ihn und die Schwächen, die ihn davon abhalten, außergewöhnliche Ergebnisse zu erzielen. Man sieht entweder, dass der Job klappt und dass er nicht so klappt, wie man das erwartet; dann identifiziert man die Schwächen der Person.

So ist das nun mal. Wir sind als Manager ergebnisorientiert und fokussieren uns auf das Ausmerzen von Schwächen, wenn etwas nicht gelingt. Es gibt allerdings eine verdeckte Größe, die im Tagesgeschäft eines Managers ganz schnell untergeht: *Potenzial* und *Talent* der Menschen.

Wenn Sie einmal erlebt haben, was es für das Unternehmen, für die Kunden und für den Mitarbeiter selbst bedeutet, wenn ein Talent und ein Potenzial erkannt wurden und sich ihren Weg bahnen durften, dann wollen Sie das immer und immer wieder erleben. Das gehört mit zu den schönsten Momenten einer Führungskraft.

Ich verwende die Begriffe Potenzial und Talent meist in einem Atemzug, weil sie beide das Attribut »versteckt« mit sich tragen. Sie sind da, aber man sieht sie nicht. Das ist wie beim Fliegenfischen. Du stehst mit deinen Gummistiefeln im herrlichen Flusslauf, wirfst deine Angel aus und hoffst, dass etwas anbeißt. Du schaust auf die glitzernde Wasseroberfläche und siehst in der Regel nichts vom eigentlichen Fischreichtum. Erst wenn man eine Polaroid-Brille aufsetzt, erkennt man unter der Wasseroberfläche all das, was noch vorhanden ist. Das gilt für die Potenziale in den Menschen in gleichem Maße.

Ein gutes Beispiel hierfür ist meine älteste Tochter. Eines Tages zeigte sie mir beiläufig einmal eine Arbeit aus ihrem Kunstkurs während ihrer Abiturzeit. Ich fragte sie völlig naiv, wer das denn erstellt hätte – ich fand es großartig. Sie meinte ohne Regung: »Ich natürlich – wer sonst?« Selbst ihr Kunstlehrer war erstaunt über die Qualität der Airbrushzeichnung – aber meine Tochter zuckte immer nur mit den Achseln und sagte: »Ist doch nix Besonderes«. Gleiches gilt für die Schnelligkeit, wie sie sich Musikinstrumente beibringen kann. Ich bin zutiefst beeindruckt von diesem Talent. Aber für meine Tochter ist dies Normalität und hier liegt eben das Problem mit Talenten.

Wenn man einen Unterschied zwischen Potenzial und Talent ziehen kann, dann dahingehend, dass ich eher die Aufgabe von Führungskräften darin sehe, die Potenziale in Mitarbeitern zu erkennen, während man selbst seine eigenen Talente wahrnehmen und sie sinnvoll für seinen Lebensweg einsetzen sollte. Aber wie auch immer man es hier dreht – es bleibt ein Grundpfeiler von gutem Coaching, die Potenziale und die Talente von Menschen zu ergründen.

Der dritte Grundpfeiler hingegen ist die *Selbstverpflichtung*. Das klingt beschwerlich und klingt gerade in unserer Zeit nicht sehr attraktiv. Dennoch gibt es keinen Erfolg beim Coaching ohne die Selbstverpflichtung des Coachees, also des Mitarbeiters.

Beim Coaching dreht es sich inhaltlich meist um gewünschte Verhaltensänderungen und diese können nur aus der Einhaltung eigener Versprechen heraus stattfinden. Die Änderungen kann einem niemand abnehmen. Das muss schon vom Mitarbeiter kommen, und wenn diese Selbstverpflichtung nicht stattfindet, dann ist jedes Coaching und jede noch so tolle Coaching-Intervention zwecklos.

Die Grundaufgabe in der Praxis besteht hier darin, den Klienten für seine Veränderungen »am Ball zu halten«. Wie bleibt sie oder er kontinuierlich am Ball? Das gelingt über drei verschiedene Gruppen von Fragestellungen:

- Fragen rund um ein motivierendes Ziel
- Fragen, um die Umsetzungsbereitschaft zu schaffen
- Fragen, um die Umsetzungsbereitschaft zu untermauern

Typische Fragestellungen hierfür wären:

- Welche konkreten Wünsche, Themen oder Chancen sind für Sie Anlass, sich coachen zu lassen?
- Was tun Sie gegenwärtig, das Sie der Verwirklichung Ihres Ziels näherbringt?
- Fällt Ihnen irgendetwas ein, das Sie davon abhalten könnte, Ihre Absicht wahrzumachen? Wie wollen Sie diese Hindernisse überwinden?

Der vierte Grundpfeiler dreht sich schließlich um die Umsetzung all dessen, was an Ideen und Antworten bislang aufgetaucht ist. Auch hier ist wieder klar: Ohne diesen vierten Grundpfeiler bricht das Gebäude zusammen.

Bei der Umsetzung gibt es zwei Grundideen:

Erste Grundidee: Wir geben dem Mitarbeiter den Weg nicht vor. Sie oder er finden ihn selbst – mit unserer Hilfe. Man könnte hier einwenden, dass die Führungskraft aus ihrer eigenen Erfahrung heraus einen guten Weg für die Lösung kennt und man könnte doch viel Zeit sparen … Das klingt logisch und ich will einem Coach bei der Ideenfindung auch nichts verbieten. Aber die Schlussfolgerungen und Entscheidungen müssen vom Mitarbeiter kommen.

Wenn man den Ratschlägen von außen folgt, ist die Tür für die nächstbeste Begründung, warum man es nicht durchgehalten hat, in zu greifbarer Nähe. Man darf sich nicht rausreden dürfen! Es sind die eigenen Entscheidungen zur Veränderung, oder der Coaching-Prozess wird nicht effektiv genug enden.

Die *zweite Grundidee* bei der Umsetzung ist es, den Mitarbeiter bei seiner Veränderung im berühmten »Flowkanal« zu halten. Die Idee des »Flowkanals« geht zurück auf den sehr bekannten ungarischen Glücksforscher Mihály Csikszentimihály. Er definiert den Flow als ein Gefühl großer innerer Klarheit und Energie, das entsteht, wenn wir ganz in eine Aufgabe eintauchen. Wir sind weder in der Unterforderung noch in der Überforderung. Es ist ein feiner, aber sehr wirksamer Grad, den der Coach mit seinem Klienten beziehungsweise Mitarbeiter auslotet.

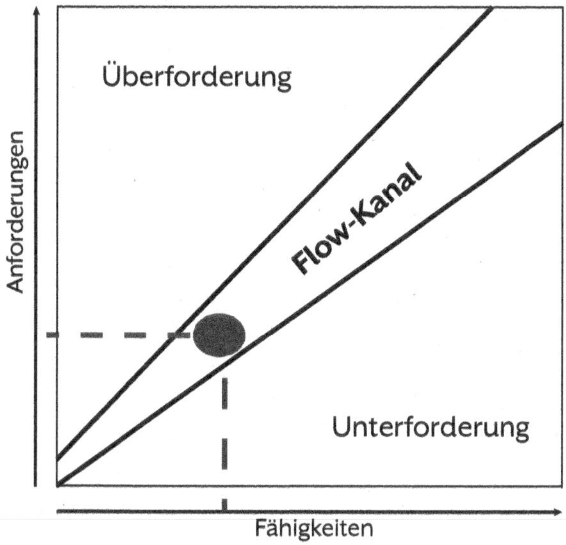

Bild 17: Mihály Csikszentimihály – der Flowkanal

Das erfordert viel Einfühlungsvermögen, denn Umsetzungsschritte, die zu sehr in der Komfortzone liegen, bringen zu wenig Veränderung. Und Umsetzungsschritte, die zu sehr in der Überforderung liegen, finden gar nicht erst statt.

Wenn man diese vier Grundpfeiler vor Augen hat, macht man schon intuitiv vieles richtig. Dennoch würde ich immer empfehlen, sich weiterhin mit den wichtigsten praktischen Fähigkeiten zu befassen, die jeden zu einem guten Coach machen:

Vertrauen aufbauen

Wie im Kapitel »Ich kann Vertrauen aufbauen« erläutert, sind in der Coaching-Beziehung die dort beschriebenen Vertrauensregeln die praktische Basis für ein erfolgreiches Coaching. Weiters geht es hier konkret um Zutrauen und Selbstvertrauen. Dies geschieht durch konkrete Fortschritte. Ein Coach achtet immer darauf, dass der Coachee Erfolgserlebnisse hat und damit selbst immer mehr Selbstvertrauen für seinen Weg aufbaut.

Paradigmen beziehungsweise Glaubenssätze hinterfragen

Wir haben die Bedeutung der Glaubenssätze und Paradigmen schon beim Thema Selbstführung erläutert. Wer in frühester Kindheit gesagt bekommt, dass er ein Versager sei, der wird weniger selbstbewusst im Leben auftreten und durch sein übervorsichtiges Vorgehen weniger erreichen als andere und sich wieder bestätigt fühlen, dass sie oder er ein Versager sei. Wer seine Mitarbeiter zu Verhaltensveränderungen bringen möchte, muss deren Glaubenssätze erforschen und gegebenenfalls versuchen, diese zu verändern.

Hier ein paar klassische Glaubenssätze, die man bei Mitarbeitern immer wieder findet: »Zu wenig Zeit« – »Ich muss perfekt sein« – »Ich möchte es jedem recht machen« – »Erst die Arbeit, dann das Vergnügen« – »Ich muss immer über alles informiert sein« – »Ich kann 's selbst am besten« – »Ich kann nicht Nein sagen« – »Ich möchte gemocht werden« – »Es gibt so viel Bessere als mich« et cetera.

Als Coach verändern wir Verhaltensweisen von Menschen oder lassen Mitarbeiter besondere persönliche Ziele erreichen, die sie von sich aus kaum hinbekämen. Aber gerade die Verhaltensveränderungen sind extrem von Glaubenssätzen beeinflusst. Stellen Sie sich immer die Frage, warum ein Mitarbeiter sich so verhält, wie er sich verhält. Welcher innere Antreiber steckt wohl dahinter? Welche innere Stimme redet hier in ihm?

Wenn einer der hier genannten Glaubenssätze auftaucht – fragen Sie, welcher Glaubenssatz gesünder wäre zum Beispiel »80 Prozent reicht in den meisten Aufgaben völlig, denn Perfektion ist eine Illusion, die mich nur irrsinnig viel Energie kostet« et cetera. Lassen Sie die Mitarbeiter ihre neuen Glaubenssätze aufschreiben und reden Sie in ihren Mitarbeitergesprächen immer mal wieder über die Fortschritte bei der Verinnerlichung.

Strategische Klarheit gewinnen

Veränderungen und deren Bereitschaft dazu gehen allzu gern im Tagesgeschäft unter. Dem Mitarbeiter zu helfen, hier für sich strategische Klarheit bezüglich der eigenen Prioritäten zu finden, ist eine essenzielle Fähigkeit guter Coaches. Räumt der Mitarbeiter seinem Ziel genug Bedeutung ein?

Sind die positiven Nutzen bei Erfolg transparent und überzeugend genug? Sind die negativen Konsequenzen beim Scheitern klar genug?

Einwandfreie Umsetzung

Das Substantiv »Umsetzung« ist bereits ein Grundpfeiler. Bei der Fähigkeit im Coaching geht es an dieser Stelle um Methoden, die disziplinierte Umsetzung sicherzustellen. Das geht am besten über klare, messbare Coaching-Ziele, die Wahl der richtigen Hebel, das Scoreboard für das Tracking und das regelmäßige Coaching-Gespräch zum Check der einwandfreien Umsetzung.

In Bild 18 sehen Sie ein reales Scoreboard eines Coaching-Prozesses. Der Coachee hatte in diesem halbjährigen Prozess vier Ziele stets sichtbar vor Augen.

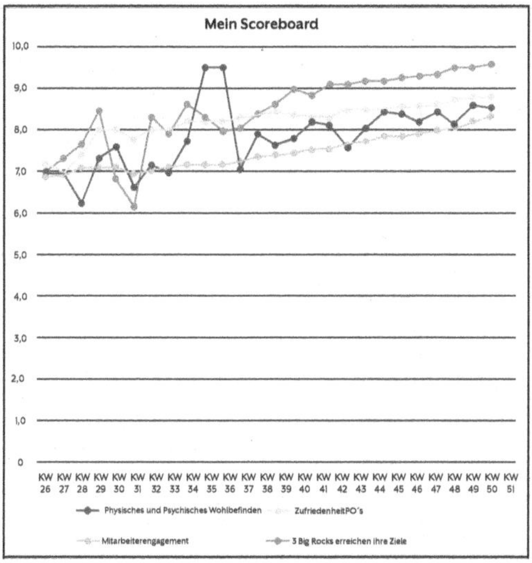

Bild 18: Beispiel eines Scoreboards aus der Coaching-Praxis

Konstruktives Feedback geben

Wir wissen bereits, dass dies die Achillesferse der meisten Manager ist, was sie auch von der Könnerschaft als gute Coaches abhält. Wie gibt man ermutigendes und korrigierendes Feedback, ohne dass das Gegenüber »zumacht«? Studieren Sie hierzu nochmal die Grundregeln in den Basics im Kapitel »Ich kann eine gute Feedbackkultur entwickeln«.

Talent zur Entfaltung bringen

Hier dreht es sich bei den Fähigkeiten um die richtige Gesprächsführung in drei wesentlichen Anwendungen: Dialog 1: Den eigenen Beitrag herausfinden, Dialog 2: Das regelmäßige Entwicklungsgespräch, Dialog 3: Das Leistungsgespräch – wo stehe ich bei der Zielerreichung? Auch diese Fähigkeit haben wir bereits konkret bei den regelmäßigen Mitarbeitergesprächen behandelt.

Das Mittelfeld fördern

Wir verbringen als Führungskräfte tendenziell zu viel Energie damit, diejenigen wieder zurück ins Engagement zu holen, die es einmal verloren haben oder noch nie hatten. Es lohnt sich tatsächlich viel mehr, sich primär um diejenigen zu kümmern, die eine Grundbereitschaft zur Entwicklung mitbringen, aber noch nicht da sind, wo sie sein könnten. Und das ist in der Regel die Mehrheit.

Ich weiß aus der Praxis, dass es viele Manager gibt, die fast völlig selbstverständlich und ohne große Ausbildung als wirklich gute Coaches fungieren. Die Eigenschaft, die diese Menschen eint, ist eine gewisse Liebe zum Menschen und ihre Neugier.

Manager, die vordergründig eine größere Liebe zu Zahlen und Geld haben als zu Menschen, müssen diese Tugend zunächst für sich entdecken. Das geht tatsächlich am besten über eine Coaching-Ausbildung. Meine eigene Coaching-Ausbildung damals in Graz hat mir einen anderen Blick ins Leben und auf mich selbst beschert. Davor fühlte ich mich wie eine Karrieremaschine. Danach fühlte ich mich wertvoll und hatte einen anderen Kompass für das, was im Leben wesentlich ist.

Keiner zwingt Sie, ein guter Coach zu werden. Ich weiß, es ist ein weites Feld und kostet Zeit. Aber andere Menschen durch eigenes Zutun wachsen zu sehen, ist eine unbeschreibliche Erfahrung.

Nun. Hand aufs Herz: In welcher Kategorie verorten Sie sich im Moment und wie hoch wollen Sie in dieser Disziplin wirklich steigen?

- *Kategorie 1:* Ich kann beraten.
- *Kategorie 2:* Ich kann beraten, aber auch trainieren.
- *Kategorie 3:* Ich kann beraten, trainieren, aber auch gut coachen.

Ich kann immer ein Top-Team auf den Platz schicken

Neben der Informationstechnologie sind Fehlentscheidungen bei der Stellenbesetzung oder Teamzusammensetzung wohl die teuersten Irrtümer, die sich Unternehmen immer wieder unfreiwillig leisten und die sich die Führungskräfte ankreiden lassen müssen.

Im Jahr 2023 befindet sich der große deutsche Fußballclub FC Bayern München in einer ernsthaften Krise. Fragt man Vorstand, Fans und Journalisten mit Fachverstand, so war zumindest in der Saison 2022/2023 die einhellige Meinung, dass die Bayern den womöglich besten Kader Europas (und damit der Welt) besitzen würden.

Nur die Ergebnisse am Ende der Saison und zu Beginn der neuen Saison sprechen eine andere Sprache. Hektisch werden die Führungskräfte ausgetauscht und ein Vermögen für vermeintlich neue Heilsbringer ausgegeben. Bei näherer Betrachtung waren die Positionen im Kader längst nicht von erstklassigen Kickern besetzt und die einzelnen Charaktere formen kein synergetisches Gebilde, das jeden Gegner vor Ehrfurcht erstarren lässt, schon bevor man den Platz betritt.

Im Gegensatz dazu fällt mir ein Interview[24] mit dem früheren NASA-Entwicklungschef Thomas Zurbuchen ein. Hier erfuhr ich die interessante Tatsache, dass er seiner Personalchefin den Auftrag gab, für eine bestimmte Fachrichtung die besten Fachkräfte der Welt zu identifizieren und sie, wenn möglich, zur NASA zu holen. Thomas Zurbuchen hat mir als Führungskraft in diesem Interview sehr imponiert und er lässt keinen Zweifel daran, dass die Qualität seines Teams die absolut höchste Priorität für seinen Erfolg darstellt.

Als Thomas Zurbuchen die Liste der Top-10-Fachkräfte in die Hand bekam, staunte er nicht schlecht: sechs von den identifizierten zehn waren bereits in Diensten von Space X, dem Konkurrenzunternehmen der NASA, dem dritten großen Unternehmen von Elon Musk neben Tesla und X.

Nach allem, was man weiß, macht auch Elon Musk bei der Auswahl und Qualität zumindest seiner entscheidenden Leute keine oder nur wenig Kompromisse. Jede gute Führungskraft weiß, dass sein oder ihr Erfolg primär von der Qualität der entscheidenden Leute in der Organisation abhängt – gleichgültig wie gut die Prozesse sind und wie viel Geld Sie in die Organisation pumpen.

Viele Manager handeln leider anders und ich würde diese Führungsfähigkeiten in folgende Kategorien aufteilen:

- *Kategorie 1:* Hauptsache alle Stellen besetzt
- *Kategorie 2:* Fachkompetenz den Vorzug geben
- *Kategorie 3:* Mittelmaß akzeptieren
- *Kategorie 4:* Streben nach dem bestmöglichen Team

In vielen Branchen gibt es gegenwärtig erheblichen Fachkräftemangel und viele Manager sind geneigt – aus Not oder aus Bequemlichkeit –, in Kategorie 1 zu agieren. Man würde gerne anders, aber man muss nehmen, was man kriegen kann.

Ist das so? – Bei dieser Führungsfähigkeit geht es aber weniger um die aktuellen Zustände der Welt als vielmehr um die mentale Einstellung. Auch in Zeiten des Mangels muss man sich nicht zum Opfer der Umstände machen und kann im Rahmen seines Einflusskreises immer versuchen, das bestmögliche Team aufs Feld zu schicken.

Der schon einmal erwähnte frühere CEO von General Electric – Jack Welch – war glühender Verfechter der Idee, die bestmöglichen Teams an den Start zu bringen. Legendär war seine Idee der Einteilung eines Teams in drei Leistungsklassen – A, B und C. Jeder seiner Führungskräfte bekam die Aufgabe, sämtliche Mitarbeiter im Team folgendermaßen fix zuzuordnen: die 20 Prozent A's (die Top-Performer), die 70 Prozent B's (die durchschnittlichen Performer) und die 10 Prozent C's (die Schwächsten im Team). Die Prozentsätze waren fix vorgegeben. Die A-Kandidaten bekamen überproportionale Boni und Entwicklungsmöglichkeiten und die C-Kandidaten mussten sich eine neue Abteilung suchen.

Diese Methodik folgte folgenden Grundüberlegungen:

- Jedes Team hat ein Leistungsgefälle – jedes!
- Die A-Gruppe muss erstrebenswert sein.
- Jeder kann jedes Jahr in einer anderen Gruppe landen.
- Warum wollte jemand ständig C sein wollen? Zumal das jeder im Team ohnehin weiß. Gib einem Menschen die Chance, woanders B oder gar A zu werden.
- Die regelmäßige 10-prozentige »Auffrischung« durch neue Leute soll die Gesamtleistung des Teams beflügeln.

Das Modell kam meines Wissens ernsthaft nur bei GE zum Einsatz und es wurde weltweit heftig kritisiert aufgrund des »unmenschlichen« Umgangs mit C-Performern.

Man muss nicht das System von Welch kopieren. Es gibt andere Möglichkeiten, ein Top-Team aufs Feld zu schicken – aber denken Sie zumindest ernsthaft über seine Grundüberlegungen nach! Dabei kommt einem gerne ein blinder Fleck in die Quere: Wir geben den fachlichen Fähigkeiten beziehungsweise der Kompetenz bei der Stellenbesetzung Vorrang vor dem Charakter. Wer kennt das nicht? Man stellt einen Menschen mit einem herausragenden Lebenslauf ein und stellt nach einem Jahr fest, dass dieser Mensch die Unzuverlässigkeit in Person ist und sich ständig mit allen in der Organisation anlegt (eigentlich hat man es schon nach wenigen Wochen gewusst – nur nichts getan …).

Wie gerne würde man die Entscheidung rückgängig machen, aber den Fehlgriff will man sich ungern offen eingestehen. Vielleicht geschieht ja noch ein Wunder. Meine Erfahrung in der Organisationsentwicklung zeigt mir jedoch, dass Wunder bei der Veränderung von Menschen meist ausbleiben!

Es gibt einen bemerkenswerten Satz von Jürgen Klopp, dem bekannten deutschen Fußballtrainer, der dieses Thema besonders klar auf den Punkt bringt: »Bei mir steht kein Arschloch auf dem Platz, und wenn er noch so gut kicken kann.«

Jack Welch stellt das Befolgen von Werten über die erbrachten Ergebnisse. Jürgen Klopp stellt den guten Charakter über die fachliche Fähigkeit. Elon Musk und Thomas Zurbuchen suchen kompromisslos nach den besten Leuten auf den entscheidenden Positionen.

Welchen Rat würde ich einer Führungskraft bei diesem Thema nun praktisch geben?

Ratschlag 1: Analyse des bestehenden Teams

- Identifizieren Sie entscheidende Top-10-Personen in Ihrem Verantwortungsbereich.
- Würden Sie die aktuellen Personen auf diesen Positionen jederzeit wieder einstellen? Was sind die Gründe für Ihre Bewertung?
- Lässt sich die Differenz zwischen Ihrer Erwartung und Ihrer Wahrnehmung realistisch eliminieren, ohne dass Sie die Erwartungen herunterschrauben müssen?
- Wie groß ist Ihre Überzeugung auf der Skala von 1 bis 10, dass Sie auf einer Position eigentlich auswechseln müssten?
- Wenn Sie eine Position für Veränderung sehen, was hat Sie bislang vom Wechsel abgehalten?
- Treffen Sie eine Entscheidung und tragen Sie alle damit einhergehenden Konsequenzen!

Ratschlag 2: Nutzen Sie Entscheidungshilfen bei der Einstellung einer Person auf eine neue Position

- Bildet der Lebenslauf wenigstens 70 Prozent der erforderlichen Fähigkeiten für die neue Stelle ab?
- Gibt es ausreichend Beweise für *echte Arbeitsergebnisse* in der Vergangenheit?
- Welche persönlichen Erfahrungen haben mindestens drei Personen aus früheren Zeiten in der Zusammenarbeit bezüglich Integration, Kommunikation und Verlässlichkeit mit dem Kandidaten gemacht? Auf einer Skala von 0 bis 10: Wie stark ist deren Wunsch, mit dem Kandidaten jemals wieder arbeiten zu wollen?
- Können wenigstens vier meiner Top-5-Leute in meiner Organisation am Ende der Probezeit die Einstellung der Person uneingeschränkt weiter unterstützen?

Ihrer Könnerschaft sind hier keine Grenzen gesetzt! Ziehen Sie alle Register, um gerade in den heutigen Zeiten mangelnder Top-Leute trotzdem ein Top-Team aufzustellen. Hier noch zwei praktische Methoden, welche ich in meiner Zeit als Manager tatsächlich mit Erfolg eingesetzt habe:

Methode 1: Persönlichkeitsprofile einsetzen

Die Idee: Jeder Mensch tickt anders. Wenn ich die Ticks und Charaktereigenschaften meiner Leute kenne, kann ich sie sicher optimal so einsetzen, dass sie sich gegenseitig beflügeln, statt zu behindern oder gar zu blockieren.

Jeder hat sicher schon etwas vom DISG-Profil, dem Reiss-Profile oder Insights gehört. Diese Methoden zur systematischen Identifizierung von Persönlichkeitsprofilen gibt es fast wie Sand am Meer und man hat hier die Qual der Wahl. Warum ich diese hier genannten Methoden nie ernsthaft eingesetzt habe, liegt daran, dass sie mir alle zu wenig pragmatisch sind. So kann ich mir bis heute nicht merken, welche Farbe beim DISG-Profil was bedeutet und was man letztlich damit anfängt.

Was ich jedoch ernsthaft eingesetzt habe, ist das Prinzip »die vier Energien der Führung« von Fritz Hendrich[25]. Das Grundprinzip ist simpel; ich mag einfache Dinge: Jeder trägt die vier Naturelemente Erde, Wasser, Feuer, Luft in sich (das kann ich mir merken ...). Man hat nur eine individuelle Ausprägung, welches Element dominiert und welches schwächer ausgeprägt ist.

- Ich bin Erde – auf mir wächst alles. Ich gebe Halt und Struktur – das Element der *Struktur.*
- Ich bin Luft – ich bin mal hier, mal da. Ich kann frischen Wind bringen. Ich kann träumen – das Element der *Vision.*
- Ich bin Feuer – ich kann Wärme geben, aber ich bin unberechenbar und kann zerstören. Aber ich kann auch den Weg für Neues bahnen – das Element der *Durchsetzung.*
- Ich bin Wasser – ich erreiche meine Ziele auf meinem eigenen Weg, ich bin transparent und tiefgründig. Ich berühre jeden – das Element der *Einfühlung.*

Die These: Die Quintessenz von Hochleistungsteams entsteht – auf Dauer – aus dem ausgeglichenen Zusammenwirken aller vier Elemente. Phasenweise kann es klare Dominanten ausweisen. Das macht für mich Sinn! Ein Hochleistungsteam muss in allen vier Elementen möglichst ausgeglichen sein, sonst floriert es auf Dauer nicht. Stellen Sie sich ein Team mit lauter »Erde«-Typen vor. Sie können sicher sein, dass diese im Tagesgeschäft super funktionieren und alle Prozesse penibel einhalten – aber erwarten Sie von diesem Team bitte keine kreativen Vorschläge oder machen Sie das Team nicht für irgendwelche größeren Change-Projekte verantwortlich. Sie werden scheitern!

In meiner Zeit als aktive Führungskraft sah meine Praxis wie folgt aus:

Jeder Mitarbeiter (und später jeder Kandidat) machte freiwillig einen Selbsteinschätzungstest. So habe ich persönlich eine Wasser-Luft-Dominante mit mäßig Erde und ganz wenig Feuer.

Wir waren damals zuständig für die Organisationsentwicklung des Unternehmens und die Summe aller Auswertungen zeigte deutlich, dass wir als

Team zu wasser- und luftlastig waren (offenbar neigt man als Führungskraft dazu, ähnliche Menschen wie sich selbst anzuziehen).

Wir waren gut im Zuhören und Konzepte schreiben, aber uns fehlte tatsächlich viel Struktur und vor allem Durchsetzungsvermögen in den Fachbereichen. Das wurde uns auch immer wieder von einigen Geschäftsführern widergespiegelt.

Ich hatte die komfortable Position, das Team personell aufstocken zu können, und suchte unter den fachlich kompetentesten Bewerbern daraufhin gezielt nach Erde- und vor allem Feuer-Dominanten. Jeder Bewerber machte den Selbsttest mit Freude freiwillig mit und ich erklärte auch jedem die ehrlichen Beweggründe hierfür.

Als ich mein Team »energetisch« gut austariert hatte, achtete ich nur auf zwei entscheidende Regeln:

- Setze die »Luftis« (die Luft-Dominanten) räumlich immer zusammen und nicht auseinander. Zusammen schwingen sie sich zu ungeahnten Höhen auf. Separiert konkurrieren sie mit ihren Ideen.
- Vermeide Zweier-Projektteams, bestehend aus Feuer und Wasser. Das funktioniert nicht. Der Feuer-Typ ist zu schnell für den tiefgründigen Wasser-Typen.

Die »vier Energien der Führung« haben tatsächlich zum Erfolg unserer Arbeit als Team beigetragen.

Organisatorische Aufstellung

Die ganz Mutigen unter Ihnen können sich jetzt zum Abschluss dieses Kapitels von folgender eigener Erfahrung noch weiter inspirieren lassen, ein Top-Team auf das Feld zu schicken:

Haben Sie schon einmal von einer organisatorischen Aufstellung gehört? Aufstellungen sind vielen auch bekannt unter dem Begriff der »Familienaufstellung«, weil diese häufig bei der Bewältigung von innerfamiliären Konflikten in therapeutischen Prozessen eingesetzt wird. Man muss das selbst einmal als Zuschauer oder einfacher Protagonist erlebt haben – sonst glaubt man nicht, was dabei stattfinden kann.

Die Idee einer »Aufstellung« ist kurz erklärt: Man geht im ersten Schritt davon aus, dass das tatsächlich existierende emotionale soziale Gefüge einer Gruppe Menschen mit Hilfe von Stellvertretern realistisch in einem Raum nachgestellt werden kann. Gehen die Stellvertreter – die von den realen Personen, um die es geht, nie etwas wissen – sich im Raum instinktiv gegenseitig aus dem Weg, wenden sich ab oder kommen sich näher, so bildet das das tatsächliche Gefüge in der Realität ab. Im zweiten Schritt kann ein guter Moderator versuchen, die realen dysfunktionalen Strukturen mithilfe der Stellvertreter für die Zukunft in der Realität der echten Personen zu »reparieren«. Klingt erst einmal absurd – oder? Jedenfalls dachte ich das auch, bis ich es selbst ausprobiert habe.

Die Ausgangslage war wie folgt: Ich hatte zwei fachlich kompetente Bewerber auf eine Stelle. Einer war »Erde-dominant« und einer war »Feuer-dominant«. Also auch »energetisch« das, was ich für das Team gesucht hatte. Aber wer würde besser ins Team passen?

Ich bat einen in dieser Methodik versierten Freund, eine Aufstellung für diese Entscheidung durchzuführen. Sie fand in dessen Büro statt und er rief fünf Mitarbeiterinnen seines Teams im Seminarraum zu sich. Alle fünf kannten mich nicht und schon gar nicht mein Team, geschweige denn die beiden Bewerber, welche ich in diesem Prozess namentlich nie nannte. Auch die Namen meiner Teammitglieder blieben ungenannt.

Der Moderator forderte mich auf, eine seiner Mitarbeiterinnen frei auszuwählen und sie als Stellvertreterin meines Teams zu ernennen. Als ich meine Wahl getroffen hatte, sollte ich sie irgendwo im Raum positionieren.

Weiters bekam ich die Aufgabe, einen Stellvertreter für mich zu ernennen. Ich sollte diesen Stellvertreter für mich so im Raum platzieren, wie es meiner Meinung in Bezug zur Qualität der Beziehung zu meinem Team (Stellvertreter 1) entsprach. Ohne Zögern stellte ich die Dame Schulter an Schulter zur ersten Stellvertreterin mit gleicher Blickrichtung.

Der Moderator fragte nun die beiden Stellvertreterinnen, wie sie sich in dieser Konstellation fühlten. Beide Damen strahlten. Es ging ihnen emotional hervorragend. Das war also das Bild unserer tatsächlichen Beziehung – dachte ich bei mir –, was auch in der Realität stimmte.

Jetzt wurde es spannend. Ich sollte eine Stellvertreterin für Bewerber 1 auswählen und versuchen, einen Platz im Raum zu finden, der für alle genehm sei. Was dann passierte, war schier unglaublich! Ich führte den »Bewerber 1« in Richtung der beiden ersten Stellvertreterinnen, die immer noch vertraut nebeneinander im Raum standen. Plötzlich veränderten sich die Gesichtszüge der Stellvertreterin meines Teams. Sie rief plötzlich »Stopp! Keinen Schritt näher!«

Ich selbst stand am Rand und war völlig verdutzt. Was passierte hier? Um es abzukürzen: Der Moderator und ich versuchten über zehn Minuten verschiedenste Konstellationen im Raum, um einen Frieden mit der Team-Stellvertreterin zu erreichen. Es war aussichtslos. Schließlich forderte er die Stellvertreterin von Bewerber 1 auf, den Raum kurz zu verlassen. Kaum schloss sich hinter ihr die Tür, atmete die Stellvertreterin meines Teams auf und das Strahlen kam in ihr Gesicht zurück.

Es sei kurz erzählt, dass ich den Prozess mit dem Bewerber 2 wiederholte. Dieser Prozess verlief völlig problemlos. Am Ende stand die Stellvertreterin für Bewerber 2 ganz nah am »Team« und an »mir« und alle drei Stellvertreterinnen fühlten sich auf Nachfrage vom Moderator sehr wohl. Die Abschlussworte des Moderators waren schlicht: »Jetzt weißt du Bescheid!« und die Veranstaltung war zu Ende.

Ich fuhr nach Hause und war tief bewegt von dem, was da stattfand. War das tatsächlich die Antwort auf die Frage, wen ich einstellen sollte? Ich war jedoch noch unschlüssig.

Was dann passierte, klingt unglaublich, aber es hat sich so zugetragen. Ich hatte am Tag danach ein geplantes Meeting mit dem realen Bewerber 1 zu einem zweiten Kennenlerngespräch. Es verlief gut und ich war von seiner Eloquenz beeindruckt, bis er die Frage stellte: »Herr Maron, darf ich offen fragen, wie lange Sie in der Position noch bleiben werden?«

Diese Frage traf mich wie ein Hammer. Das war es also, was die Stellvertreterin des Teams schon zwei Tage zuvor spürte! Er war scharf auf meinen Posten und nicht nur auf die Teamrolle. Und dagegen hatte das »Team« sofort in der Aufstellung rebelliert.

Ich beendete das Gespräch höflich und entschied mich für Bewerber 2, was ich niemals bereut habe.

Gehen Sie Ihre eigenen Schritte auf dem Weg zu Ihrem Top-Team – egal in welcher Liga Sie spielen oder auf welcher organisatorischen Ebene Sie sich bewegen. Nichts sichert Ihren eigenen Erfolg besser ab als ein wirkliches Top-Team.

Ich kann eine Krise managen

Was ist die erste Unternehmenskrise, die Ihnen in den Sinn kommt? Als Deutschem fallen mir sofort zwei Namen ein: Volkswagen und Siemens.

Hans Leyendecker von der *Süddeutschen Zeitung* leitete am 14.11.2011 seinen Leitartikel über die Siemens-Korruptionsaffäre[26] wie folgt ein: »330 dubiose Projekte, 4300 illegale Zahlungen und Kosten von insgesamt 2,5 Milliarden Euro: Die Ausmaße der Korruptionsaffäre bei Siemens sind immens.«

Bei Volkswagen nennt sich das Drama »Dieselskandal« und ich erspare uns die Details hierzu. Sicher ist nur, dass das Unternehmen einen unersetzlichen Vertrauensverlust erlitten und Milliarden an wertvollem Kapital verloren hat.

Wie werden all die beteiligten »Stakeholder« – insbesondere die Vorstände und Aufsichtsräte – ihr Verhalten in diesen Dramen rückblickend bewerten? Würden sie sich heute anders verhalten? Die viel wichtigere Frage ist jedoch, wie wir uns selbst verhalten würden oder sollten – würde ein Vorfall eintreten, der sich rasch zu einem Flächenbrand ausbreitet?

Krisen sind eine Sonderform von Veränderungen. Letztlich durchlaufen sie die gleichen vier Phasen, wie wir sie im Kapitel »Ich kann ein Team durch jede Art von Veränderung erfolgreich navigieren« betrachtet haben. Der Unterschied zu geplanten Veränderungsinitiativen ist nur, dass wesentlich mehr Emotionen und damit irrationales Verhalten ins Spiel kommen. Krisen lösen Ängste und häufig auch Panik aus und wir alle wissen, welche Qualität die Entscheidungen in solchen Gemütszuständen häufig haben.

Ich selbst habe in meiner eigenen Praxis am meisten profitiert von den Aussagen des bereits mehrfach zitierten Jack Welch. Ich kann jedem die Lektüre seines Buches *Winning*[27] empfehlen, welches er zusammen mit seiner zweiten Frau Suzy herausgebracht hat. Auch wenn vieles von uns als zu drastisch gewertet wird, so finden sich in seinen Erfahrungen doch jede Menge brauchbarer Methoden, die die Ergebnisse von guter Führung eindeutig begünstigen. Ich denke da sofort an seine berühmte *»4E1P-Formel«* bei der Einstellung neuer Führungskräfte oder natürlich an seine Erkenntnisse hinsichtlich der Bewältigung von Krisen.

Volkswagen und den anderen deutschen Autobauern ist die Bewältigung von Krisen beim Dieselskandal aus meiner Beobachtung nicht sonderlich gut gelungen und hier lassen sich die fünf von Jack Welch zusammengetragenen Erkenntnisse im Umgang mit Krisen besonders gut bestätigen. Ich darf ihn gern zitieren:

1. »Gehen Sie grundsätzlich davon aus, dass es schlimmer ist, als es zunächst wirkt.«
2. »Gehen Sie davon aus, dass nichts lange ein Geheimnis bleibt und letztlich alles herauskommt.«
3. »Gehen Sie davon aus, dass die Art, wie Ihr Unternehmen die Krise angeht, im denkbar schlechtesten Licht (von Mitarbeitern und der Öffentlichkeit) dargestellt wird.«
4. »Gehen Sie davon aus, dass Veränderungen bei den Abläufen und beim Personal unvermeidlich sein werden. Kaum eine Krise endet ohne Blutvergießen.«
5. »Gehen Sie davon aus, dass Ihr Unternehmen überleben und letztlich gestärkt aus dem Geschehen hervorgehen wird.«

Ich bin sicher, dass die heutigen Verantwortlichen beim Volkswagen-Konzern zumindest die ersten vier Punkte bestätigen würden. Auch wenn ihre Vorgänger im Amt in der Vergangenheit alles getan haben, um die aufkommende Krise kleinzuhalten oder gar wegzudiskutieren, hat man in der Regel aber keine Chance gegen die tatsächlichen Wirkmechanismen. Deshalb sollte man lieber der Realität ins Auge blicken und sich mit den fünf Erkenntnissen von Herrn Welch immer auseinandersetzen, wenn es anfängt, heiß zu werden. Wenn es dann glimpflich abläuft – fein. Aber meist laufen Krisen ernster ab und die Führungskräfte, die Jack Welchs Tipps befolgt haben, sind sicher länger noch im Amt als diejenigen, die Krisen zu leicht abtun.

Besonders interessant ist meines Erachtens der fünfte Punkt – also die Annahme, dass man nach einer bewältigten Krise besser dasteht als davor. Nach allem, was ich selbst erfahren habe und darüber hinaus von anderen Unternehmen gelesen und gehört habe, stimmt die Erkenntnis zumindest häufig – aber sicher nicht immer.

Viele Unternehmen sind in Krisen geschlittert, von denen sie sich nicht mehr erholt haben. Sie sind einfach von der Bildfläche verschwunden. Denken Sie an Marken wie Neckermann, Grundig und DEC. Früher waren sie großartige, bedeutende Vertreter ihrer Märkte und sie würden die These fünf klar widerlegen. Bei ihnen ist die Krise offenbar auf ein schlechtes internes Immunsystem getroffen.

Prävention und schnelle Niederschlagung der Krise sind die Ausprägung eines guten Immunsystems einer Organisation. Ein effektives Immunsystem erreicht man zunächst durch professionelles Überwachen vor allem der finanztechnischen Abläufe von Controlling und Buchhaltung. Der Aufbau zuverlässiger, vertrauenswürdiger Kennzahlensysteme und das konsequente Führen darüber sind hier ein ganz wesentlicher Baustein.

Der zweite Baustein ist die Existenz von klaren Verhaltensregeln, die immer und immer wieder verdeutlicht und trainiert werden müssen. Der dritte und für mich wesentlichste Baustein ist die Vertrauenskultur. Wir haben bereits an anderer Stelle über die Bestandteile einer Vertrauenskultur im Unternehmen gesprochen. Je höher das Vertrauensniveau im Unternehmen, desto immuner reagiert das Unternehmen gegen Krisen. Man geht offener und ehrlicher damit um. Man vertuscht nichts. Man sucht und findet kompetent eine Lösung. Man kommuniziert klar und offen und die richtigen Menschen übernehmen die richtigen Verantwortungen und schieben diese nicht anderen in die Schuhe.

Auch hier decken sich meine Erfahrungen mit denen von Jack Welch, der jedoch den Punkt mit der Verantwortungsübernahme viel zu drastisch auslegt und meint, jeder, der Mist gebaut hat, müsse an den Pranger gestellt werden zur weiteren Prävention für die Zukunft. Ein höchst zweifelhafter Ansatz, wie ich meine. Dennoch zeigen viele Beispiele, dass nach einer überstandenen Krise das Unternehmen besser dasteht als zuvor, wie zum Beispiel bei Siemens nach ihrer Korruptionsaffäre.

Wichtig ist aber letztlich, dass man sich nichts vormacht, einen kühlen Kopf bewahrt, die Phasen der Veränderung akzeptiert, die Erkenntnisse von Jack Welch im Auge behält und die Chance auf eine anschließende Verbesserung ergreift. Vielleicht erhält sich dann die Chance, weiter an einem guten organisatorischen Immunsystem zu arbeiten.

Deshalb auch hier die Abschlussfrage: Wie hoch schätzen Sie Ihre Könnerschaft in Sachen Krisenmanagement ein? Zu welcher Kategorie zählen Sie sich?

- *Kategorie 1:* Welche Krise?
- *Kategorie 2:* Alles kleinhalten
- *Kategorie 3:* Akzeptieren und offen damit umgehen
- *Kategorie 4:* Kategorie 3 + konsequent am Immunsystem arbeiten

Ich kann mich politisch klug verhalten

Zum Ende des Teils über Führungsfähigkeiten für Fortgeschrittene beschäftige ich mich mit einer Fähigkeit, deren Fehlen mir eine der größten Niederlagen meines Lebens eingehandelt hat: sich klug in der Firmenpolitik bewegen zu können.

Im Umgang mit der Firmenpolitik erkenne ich drei unterschiedliche Typen von Managern:

- *Kategorie 1:* Politik interessiert mich nicht – Ergebnisse reichen in der Regel.
- *Kategorie 2:* Ich setze grundsätzlich gute Absichten bei anderen voraus.
- *Kategorie 3:* Politikprofi sein

In meiner aktiven Zeit als Manager war mein natürliches Verhalten irgendwo zwischen den Kategorien 1 und 2 angesiedelt. Ich sah mich immer als Pragmatiker und glaubte immer an die alleinige Kraft von Ergebnissen. Schließlich war ich Maschinenbauer. Ich war an Fakten und Naturgesetzen interessiert und weniger am sozialen Gefüge einer Organisation. Mein Glaubenssatz war immer: Wenn ich gute Ergebnisse abliefere, kann mir nichts passieren. Außerdem bin ich ein netter, kompetenter und vertrauenswürdiger Zeitgenosse – mit mir will man immer arbeiten …

Außerdem hatte ich ein naives Grundvertrauen in meine Vorstandskollegen, dass etwaige Fehlentwicklungen in meinem Bereich frühzeitig transparent gemacht werden würden und sie sich – zumindest mir gegenüber – stets fair verhalten würden.

Diese Glaubenssätze hielten bis zu einem Gespräch mit meinem Unternehmensvorsitzenden, der mir mit wässrigen Augen mitteilte, man hätte sich entschieden, mit mir nicht mehr weiterarbeiten zu wollen. Ich wurde also tatsächlich gefeuert! Aus heiterem Himmel!
Die unmittelbaren Aussagen zur Begründung fielen äußerst dürftig aus und erst später hatte mir der damalige CFO die wirklichen Beweggründe mitgeteilt: Ich hätte mich auf dem politischen Parkett des Unternehmens nicht klug bewegt! Ich hätte mit den »falschen« Geschäftsführern koaliert. Ich hätte mit einem eigensinnigen Projekt den Personalchef gegen mich aufgebracht (eine schlechte Idee!). Ich hätte manche IT-Entscheidungen gegen die Interessen einflussreicher Führungskräfte getroffen.

Die Entscheidung tat mir deshalb nur bedingt weh, weil mein Entschluss der Selbstständigkeit schon längst zuvor getroffen war. Dennoch hätte ich auf diese Erfahrung rückblickend gerne verzichtet.

Was tut nur ein Könner auf diesem glatten Parkett, um dies zu vermeiden? Die Grundregel: »Ich muss unter allen Umständen meinen Einfluss auf die entscheidenden Personen in der Firma groß halten oder gar vergrößern – ohne mich selbst zu verleugnen!«

Um dies praktisch umzusetzen, empfehle ich drei recht einfache Dinge:

- Mein Spielfeld
- Die Initialisierung
- Das Beziehungskonto im Blick haben

Das Spielfeld

Zunächst zu dem, was ich als mein Spielfeld bezeichne: Analysieren Sie Ihr direktes und erweitertes Umfeld in Ihrer Organisation.

Rolle	Gewicht	Mein Einfluss
CEO	10	3
Aufsichtsrat	10	1
Personalchef	9	4
Sekretärin CEO	9	8
Geschäftsführer 1	8	4
Betriebsrat	8	9
CFO	7	5
Geschäftsführer 2	6	8
Geschäftsführer 3	4	9

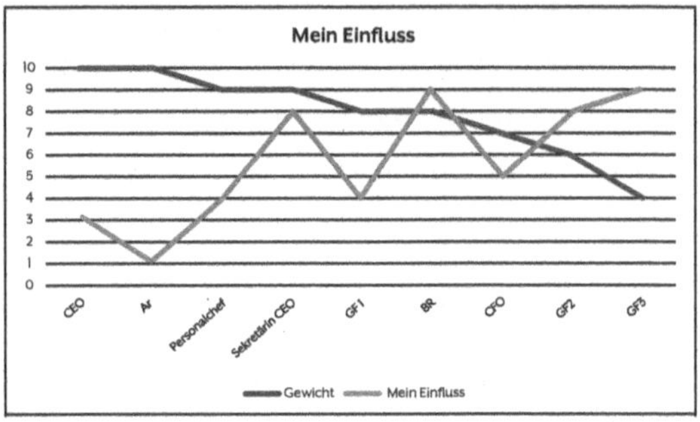

Bild 19: Mein Spielfeld

Wenn Ihr aktuelles Spielfeld so oder so ähnlich wie in Bild 19 aussieht, dann haben Sie politisch eine Herausforderung. Es ist begrüßenswert, dass man bei diesem Beispiel ein offenbar gutes Verhältnis zu den Geschäftsführern 2 und 3 hat. Deren Relevanz in der Organisation ist aber nicht allzu bedeutend. Dagegen hat man bei den Top-3-Personen einen unzureichenden persönlichen Einfluss. Die Aufgabe ist also einfach: Wie gleicht man die Einflusslinie an das Gewicht der Personen zumindest an?

Hätte ich mir diese Analyse einmal bewusst vorgenommen und weiter gepflegt, hätte ich mir eine große negative Überraschung mit Sicherheit erspart.

Initialisierung

Ich habe in der Vergangenheit unnötigen Einfluss bei entscheidenden Personen verloren, weil ich manchmal Initiativen gestartet habe, die mir kurze Zeit später bei mindestens einer wichtigen Person auf die Füße gefallen sind und mich dann Einfluss gekostet haben. Die Hauptursache: Ich hatte sie nicht von Anfang an ins Boot geholt!

Um dies zu vermeiden, macht man Folgendes:

1. Ich mache eine Liste: Wer sind die sogenannten Stakeholder bei meiner Initiative? Wer wird davon betroffen sein – im Negativen, wie im Positiven?

2. Ich fokussiere mich: Wer auf der Liste sind die maximal sieben Schlüsselpersonen? Inwieweit sind die Personen meines Spielfelds betroffen?
3. Ich vereinbare mit den Schlüsselpersonen ein persönliches Gespräch, stelle ihnen die Initiative vor und befrage sie hinsichtlich ihrer Erwartungen bezüglich Inhalt, Zeit, Kosten, Ressourcen und Kommunikation.
4. Sollte es zwischen Schlüsselpersonen konfliktäre Erwartungen geben, mache ich mit ihnen ein gesondertes Treffen und kläre diese ab.
5. Während der Initiative informiere ich die Schlüsselpersonen in der Frequenz und der Form, die ich mit ihnen im Interview vereinbart habe.

Mit diesen fünf Aktionen erreiche ich, dass die Schlüsselpersonen Teil meiner Initiative werden und sich später nicht als politische Gegner entpuppen. Das befreit mich nicht von dem Risiko, dass dies noch eintreffen kann, aber ich vermeide das Risiko einer Gegnerschaft entscheidend.

Außerdem erweitert man schon mit jedem Start einer Initiative den persönlichen Einfluss bei Schlüsselpersonen dadurch, dass man ihnen Respekt und Wertschätzung entgegenbringt, ohne sich aber persönlich zu verbiegen. Wir wollen lediglich eine sachliche Initiative starten und uns nicht anbiedern.

Wenn Sie einwenden sollten, dass dieser Startaufwand für viele Ihrer Initiativen zu hoch sei, dann wägen Sie immer das Risiko ab, was passiert, wenn eine Ihrer Schlüsselpersonen durch diese Initiative in ihren eigenen Erwartungen Ihnen gegenüber verletzt wird oder enttäuscht ist.

Das Beziehungskonto

Das dritte wesentliche Werkzeug stammt aus den *Die 7 Wege der Effektivität* von Stephen R. Covey: das Beziehungskonto.

Die These dahinter: Wir alle haben in einer langfristigen Beziehung mit einer Person – ob privat oder beruflich – ein Konto, das die Qualität der Beziehung ausdrückt. Die Währung dabei ist naturgemäß nicht Dollar oder Euro, sondern Vertrauen. Das Konto ist also entweder im Plus oder im

Minus und es gibt zwei Transaktionen: die Einzahlung und die Abhebung. Abhebungen vom Vertrauenskonto sind alle Formen der Enttäuschungen. Einzahlungen ins Vertrauenskonto sind diffiziler.

Hier ein Beispiel: Das Vertrauenskonto meiner früheren von mir geleiteten IT-Abteilung gegenüber den Fachbereichen war gefühlt leicht im negativen Bereich. Enttäuschungen bei den Usern ließen sich nie vollständig vermeiden: späte PC-Lieferungen, mäßiger Hotline-Support et cetera. Allerdings konnten wir im Gegensatz dazu unsere Vorgaben bezüglich der Service-Level-Agreements immer einhalten. Also alles im Lot?

Nein – denn in der Regel hat die Einhaltung eines Vertrages entweder keine oder nur eine marginale positive Auswirkung zur Folge. Es erfolgt also kein nennenswerter Vertrauensaufbau beziehungsweise keine Einzahlung ins Vertrauenskonto! Das Treffen von Erwartungen zählt kaum als Einzahlung! Einzahlungen ins Vertrauenskonto sind verbunden mit dem Gefühl, dass man sich verstanden und wertgeschätzt fühlt – und dass man sich sicher und aufgehoben fühlt. Meistens kommen sie auch als positive Überraschung daher.

Unvergessen ist ein Erlebnis mit meiner Mutter. Sie hat sich in ihrem Leben für das Wohlergehen ihres Mannes und ihrer beiden Söhne aufgeopfert. Sie war angetrieben von dem Gefühl »Ich muss funktionieren!«.

Dann kam der Tag, an dem sie einmal nicht mehr funktionierte. Sie musste am Herzen operiert werden und »fiel aus«. Nun befürchtete sie ernsthaft, mein Vater wäre von ihr enttäuscht.

Dann geschah für sie aber das Unerwartete: Er riss sich total zusammen, schmiss den Haushalt und kümmerte sich herzergreifend um sie. Später wählte sie tatsächlich die Worte: »Dieser Mann hat in meiner schlimmsten Zeit so sehr eingezahlt, das vergesse ich ihm niemals …«

Einzahlungen benötigen wir, um Kredit beim anderen aufzubauen für die Momente, in denen wir mal wieder abheben. Und diese Momente sind leider unvermeidbar auf lange Sicht!

Einzahlungen meiner IT-Abteilung wären damals wohl gewesen:

- Mehr Transparenz in unsere internen IT-Kostenverrechnungen gewähren

- Mehr Mitsprache der Fachabteilungen bei Hardware- und Softwareauswahl gewähren
- Besser erst einmal zuhören, als den Fachbereichen ohne Diskussion sogenannte »Standards« aufs Auge zu drücken.

Es hätte Dutzende andere Möglichkeiten gegeben, um Einzahlungen auf die Beziehungskonten mit unseren Stakeholdern durchzuführen. Aber ich war dafür in meinen Dreißigern nicht reif genug.

Die Aufgabe, um auf dem politischen Parkett nicht auszurutschen, ohne sich zu verbiegen, ist dabei gar nicht so schwierig:

1. Ich analysiere zunächst: Wie ist der aktuelle Stand meines Vertrauenskontos mit den Personen meines Spielfeldes? (Synonym zu meinem aktuellen Einfluss.) Habe ich Kredit? Bin ich schon im Soll?
2. Ich analysiere potenzielle Abhebungen: Welche drei Dinge sind es, auf die die Schlüsselperson mit Sicherheit allergisch reagiert? Zum Beispiel: nicht gefragt werden – nicht schnell antworten – zu spät kommen.
3. Ich analysiere potenzielle Einzahlungen: Auf welche drei Dinge reagiert die Schlüsselperson äußerst positiv und »geschmeichelt«? Zum Beispiel: früh in Initiativen eingebunden werden – Tipps zur Verbesserung bekommen – mit Hintergrundwissen gefüttert werden.
4. Ich respektiere diese Analyse im Tagesgeschäft so gut ich nur irgendwie kann!

Ich weiß, dass das Politisieren nicht jedem liegt. Aber ich bin davon überzeugt, dass man sich klug verhalten kann, ohne seine eigenen Werte dabei auf das Spiel zu setzen. Ich kann bei meinen drei beschriebenen Aktionen nicht erkennen, dass ich meine eigenen Überzeugungen dabei je über Bord geworfen hätte. Hätte ich sie in meiner Zeit als Mitglied der Geschäftsführung früher angewendet, wäre mir die größte Niederlage in meinem Berufsleben jedenfalls wohl erspart geblieben.

TEIL 3

Weitere Aspekte zum Thema Leadership

Sie haben sich nun mit den wichtigsten praktischen Aspekten einer guten Führung von Mensch und Organisation beschäftigt. Ich möchte nun in Teil 3 eine Reihe von flankierenden Fragestellungen aufgreifen, welche im Rahmen meiner Führungsseminare immer wieder thematisiert werden.

Gibt es einen Unterschied zwischen Management und Führung?

Fangen wir mit dem Klassiker aller Fragen an!

Ich sehe sehr wohl einen Unterschied und am prägnantesten bringt das folgender Satz zum Ausdruck, den ich in einem Leadership-Seminar aufgeschnappt habe: »You manage things – but things don't have the power to choose. But you lead people, and people have the power to choose.« Ein wahres Statement, wie ich finde!

Aber konkreter! Um eine Firma erfolgreich zu halten, muss eine Vielzahl von Dingen »gemanaged« werden: Projekte, Krisen, Budgets, Fuhrparks, Kantinen, Zielerreichungen, Firmenzusammenschlüsse …

Sowohl Management als auch Führung verfolgen zweifelsohne immer bestimmte Ziele. Für die meisten Zielerreichungen benötigt man Ressourcen wie zum Beispiel Geldmittel, Sachmittel, Zeit und natürlich auch menschliche Fähigkeiten und Kapazitäten. Der Begriff Management ist im Industriezeitalter populär geworden und die Problematik dabei ist, dass man als »Manager« eine andere Brille auf der Nase hat, als wenn man sich als Führungskraft betrachtet. Ein Manager schaut kurzfristiger und begreift zudem den Mitarbeiter oder den Menschen meist als ein »Werkzeug« – als eine Sache – häufig sogar als einen Kostenfaktor, den man genauso behandeln kann wie eine Maschine. Taugt sie nicht mehr, tauscht man sie aus. Das mag im reinen Industriezeitalter vielleicht funktioniert haben – denken wir hier an die klassischen Fließbandtätigkeiten. Aber selbst hier haben fast alle Industrie- und auch Dienstleistungseinrichtungen wie Banken oder Versicherungen andere, flexiblere Arbeitsformen eingeführt, weil man auf Dauer spürt, dass die Menschen nicht zufrieden und damit auch nicht leistungsfähig genug sind.

Als Führungskraft betrachtet man die Welt aus einer anderen Perspektive. Der Blick ist langfristiger und man erkennt, dass der dauerhafte Erfolg letztlich doch nur mit dem hohen Engagement der Menschen zu erreichen ist. Und die Wahl, von der Peter Drucker in seinem Statement spricht, ist die persönliche Entscheidung darüber, wie viel Engagement man in den Beruf steckt und wie viel nicht.

Eine gute Führungskraft betrachtet den Menschen nicht mehr vornehmlich als eine Sache, die es zu managen – also meist auch zu kontrollieren – gilt. Als Führungskraft begreife ich den Menschen in seiner Gesamtheit. Der Mensch ist vierdimensional: sein Körper, sein Verstand, sein Herz, sein Geist beziehungsweise sein Gewissen. Ein Manager zielt auf den Körper und den Verstand eines Menschen ab. Er braucht die körperliche Kraft oder das Wissen des Menschen, um seine Ziele zu erreichen – und dafür bezahlt er ihn. Aber was er dabei weniger berücksichtigt, ist das menschliche Bedürfnis nach guten Beziehungen, einer Wohlfühlatmosphäre und Respekt (das Herz) und das Bedürfnis, als etwas Wichtiges wahrgenommen zu werden (das Ego). Auf diesen beiden Augen sind Manager häufig blind; das können Sie regelmäßig in allen Motivations- und Zufriedenheitsstudien ablesen, wenn Mitarbeiter davon sprechen, sie seien demotiviert, weil sie zu wenig gelobt oder respektiert würden. Man fühlt sich als Sache, die ausgenutzt und hin- und hergeschoben wird beziehungsweise die einfach nur zu funktionieren hat.

Vielleicht kann man diesen feinen, aber wichtigen Unterschied zwischen Management und Führung wahrnehmen und respektieren. Aber ich möchte hier keine Wortklauberei veranstalten und akzeptiere jeden, der lieber den Begriff »Management« oder »Manager« verwendet, sofern er dabei aber den Menschen (den Mitarbeiter oder einen Schutzbefohlenen) vier- und nicht zweidimensional betrachtet.

Management bedeutet für mich das Erreichen kurzfristiger sachbezogener Ziele – mehrere parallel oder einzeln nacheinander. Führung bedeutet für mich dagegen, das Kunststück fertigzubringen, parallel zum Tagesgeschäft das Unternehmen oder das Team mit hohem Engagement der Belegschaft in eine gesunde Zukunft zu führen. Oder anders: Führungskräfte sind nicht in erster Linie für kurzfristige Ergebnisse verantwortlich. Ihre Hauptverantwortung besteht darin, Orientierung, Strukturen und Entfaltungsmöglichkeiten für Menschen zu schaffen, die die gewünschten Ergebnisse mit hohem eigenem Engagement nicht nur heute, sondern auch in Zukunft liefern. Ohne gute Manager geht morgen das Licht aus. Ohne gute Führungskräfte gibt es kein Morgen für die Firma.

Deshalb stellen Sie sich folgende Fragen: Wie viele Managerpositionen haben wir derzeit? Wie viel Prozent davon sind mit wirklich guten Managern besetzt? Und wie viel Prozent von diesen Personen sind wirklich gute Führungskräfte? Von der Höhe der letzten beiden Prozentwerte wird die Zukunft Ihrer Firma abhängen.

Wer ist eigentlich Führungskraft?

Kurze Antwort: Jeder Mensch, der temporär oder auf Dauer eine Gruppe von Menschen verantwortet, um mit ihnen zusammen einen unternehmerischen Zweck zu erfüllen, ist aus meiner Sicht eine Führungskraft.

Das schließt den CEO oder den Projektleiter sowie den Meister im Produktionsumfeld genauso ein wie den Leiter einer kleinen Entwicklungseinheit oder den Bereichsleiter bei Volkswagen mit Tausenden von Mitarbeitern und weiteren Führungskräften.

Wie kommt man in Führungspositionen?

Ein guter Freund von mir hatte schon früh während seines Studiums eine Leidenschaft: Er verschlang förmlich den Karriereberater in den VDI-Nachrichten. Er wollte genau wissen, was man tun oder lassen sollte, um in einem Unternehmen möglichst weit nach oben zu kommen. Er legte tatsächlich eine bemerkenswerte Karriere hin und sie beinhaltete viele Elemente seines ursprünglichen Plans. Aber nach mehreren Positions- und vor allem Firmenwechseln war mit seiner Entwicklung irgendwo auf der zweiten Führungsebene von oben gesehen unvermittelt Schluss. Darauf angesprochen meinte er kurz: »Ich muss einsehen, dass ich ein guter operativer Manager bin – aber kein guter Stratege.«

Seine Geschichte zeigt uns zwei Dinge: Man kann sicher von Positionen träumen und sich fest vornehmen, zum Beispiel Vorstandsvorsitzender eines DAX-Unternehmens zu werden. Aber ich habe noch nie gehört, dass man sich selbst auf solche Positionen hieven kann – es sei denn, man kauft sich für viel Geld in Positionen ein oder ist Familienmitglied einer Unternehmerfamilie.

Die allermeisten von uns werden also in Führungsrollen berufen. Irgendein Mensch oder ein Gremium steht stets vor der Entscheidung, eine Führungsrolle besetzen zu müssen oder zu wollen, und wählt aus einer kleinen oder großen Anzahl an Kandidaten die am besten passende Person aus. Es ist nie ein Wunschkonzert, so sehr man sich auch danach sehnt! Viel interessanter ist es deshalb zu lernen, welches Verhalten in Führungspositionen führen kann.

Unvergessen ist ein Artikel aus dem *Harvard Business Manager*, in dem die Autoren David Rooke und William R. Torbert in einem siebenstufigen Bild aufgezeigt haben, über welche Verhaltensweisen man in Führungspositionen kommt und welche davon eigentlich geeignet sind, langfristigen Erfolg zu generieren.[28]

- Stufe 1 sind die Opportunisten. Sie streben aus persönlichen Ego-Gründen Managementpositionen an. Sie erreichen diese durch geschicktes Taktieren und sind immer im richtigen Moment an der richtigen Stelle, um die richtigen Dinge zu sagen.
- Stufe 2 sind die Diplomaten. Sie streben aus ähnlichen Gründen Managementpositionen an, aber sie beherrschen das Beziehungsmanagement und die politische Strippenzieherei in den Unternehmen.
- Stufe 3 sind die Experten. Laut aller Statistiken, die ich zu dem Thema kenne, rekrutieren sich über 60 Prozent aller Führungspositionen aus dieser Quelle. Man ist der Top-Fachexperte und steigt plötzlich zum Team- oder gar Abteilungsleiter auf. Für die meisten von ihnen ist das ein völliger Kulturschock, weil sie lernen müssen, dass die Ergebnisse, für die sie verantwortlich sind, nicht mehr von ihnen selbst abhängen, sondern von der Leistung ihres Teams. Die meisten späteren Chefs, die Mikromanagement betreiben, stammen aus dieser Stufe.
- Stufe 4 sind die Macher. Sie bilden die zweitgrößte Quelle der aktuellen Führungspositionen. Diese Menschen haben sich weniger durch hohe Fachkenntnis als durch hohe Zielerreichungs- und Durchsetzungsfähigkeiten ausgezeichnet. Man traut ihnen schlicht zu, jedes Vorgabeziel erreichen zu können; sie sind damit der Prototyp des heutigen Standard-Managers.
- Stufe 5 sind die Individualisten. Macher sind meist konformistisch und austauschbar. Individualisten sind häufig im positiven Sinne Querdenker und gehen ihren eigenen Weg. Wenn sie nicht zu viele taktische und politische Fehler begehen, können sie in Unternehmen extrem erfolgreich sein.

- Stufe 6 sind die Strategen. Sie zeichnen sich durch die Fähigkeit aus, sich aus dem operativen Geschäft weitgehend herauszuhalten, den Markt und dessen Entwicklung im Auge zu behalten und das Schiff von Klippen des Marktes fernzuhalten.
- Stufe 7 sind die sogenannten »Alchimisten«. Im Gegensatz zu den Strategen zeichnen sie sich dadurch aus, dass sie nicht nur das Unternehmen und seinen Markt kennen, sondern die gesellschaftlichen und globalen Entwicklungen im Blick haben und die Organisation erfolgreich transformieren können.

Die Harvard-Leute kommen bei ihrer Untersuchung zu drei wesentlichen Schlüssen, die ich teile:

1. Das Gros der Manager (ca. 80 Prozent) ist entweder früherer Experte oder kommt aus dem Stall der Macher. Das hat zwangsläufig negative Konsequenzen für das Ungleichgewicht zwischen der Zahl von operativen Managern und der Zahl derer, die wir in diesem Buch als gute Führungskräfte bezeichnen.
2. Zudem sind nur die Stufen 5 bis 7 in der Lage, ein Unternehmen oder eine Organisation tatsächlich erfolgreich in die Zukunft zu führen und zu entwickeln.
3. Die letztlich gute Nachricht: Man muss als gute Führungskraft nicht geboren sein – es ist alles lernbar!

Neben diesen Eigenschaften gibt es natürlich eine Reihe weiterer Faktoren, die die Entscheidung für die Besetzung einer Führungsposition begünstigen und die man sich schlicht aneignen kann.

Ganz vorne steht natürlich das Wort »Vertrauen«. Wenn Sie im Buch zurückblicken zur Fähigkeit »Vertrauen aufbauen«, so würde ich im Zusammenhang mit der hier gestellten Frage die Arbeit an der persönlichen Vertrauenswürdigkeit an oberste Stelle setzen, um bei Besetzungen von verantwortungsvollen Positionen berücksichtigt zu werden.

Einer Person in einer Führungsrolle muss man zwei Dinge zutrauen:

1. Sehr gute unternehmerische Ergebnisse dauerhaft zu liefern.
2. Menschen dazu zu bewegen, den Punkt 1 mit hohem Einsatz und hoher Qualität zu erbringen.

Beides zusammen geht nur mit dem Gleichgewicht aus Charakter und Kompetenz. Die Kompetenz speist sich aus den Führungsfähigkeiten und den bereits gelieferten Ergebnissen und der Charakter wird über eine Win-win-Absicht und eine hohe Integrität beeinflusst. Auch daran kann man arbeiten und sich dadurch in den Fokus der Entscheider rücken.

Am Ende dieser Frage möchte ich Ihnen das legendäre Auswahlmodell[29] des schon öfter zitierten Jack Welch nicht vorenthalten. Bei der Besetzung von Führungspositionen achtete er im Interview immer auf 5 Faktoren: 4 E's und 1 P.

- Erstes E: »Energy« – Wie viel natürliche Energie legt der Mensch sichtbar an den Tag? Ist das ein Mensch, der häufig morgens mit Schwung aufsteht und sich darauf freut, heute etwas anzupacken?
- Zweites E: »Energize« – Es mag Menschen mit viel Grundenergie geben, die aber andere Menschen nicht »anzünden« können. Also – in welchem Grad trauen wir dem Kandidaten zu, andere Menschen in unserer Organisation »anzuzünden« und auf eine große Reise mitzunehmen?
- Drittes E: »Edge« – Ist das ein Mensch, der klare Entscheidungen treffen wird? Ja oder Nein – und nicht »Maybe«? (Nichts hasste Jack Welch wohl mehr als Manager mit »Maybe« …)
- Viertes E: »Execution« – Trauen wir der Person zu, dass sie die PS auch wirklich auf die Straße bringt und greifbare Ergebnisse liefert?
- Das P: »Passion« – Wie viel Leidenschaft hegt der Kandidat für das, was er tut, oder für das, was wir in der Firma tun?

Aber zu guter Letzt ist es wohl entscheidend, dass man für sich selbst klar die Frage beantwortet, ob man in eine solche Position überhaupt kommen möchte oder nicht. Bei einem Missverständnis verlieren wirklich alle!

Was ist ein guter Führungsstil?

Ich habe einen Freund in einer hohen Führungsposition. Als ich mit ihm über diese Frage diskutieren wollte, hat er nur schmunzelnd den Kopf geschüttelt mit den Worten: »Wenn ich jetzt darüber auch noch nachdenken müsste, käme ich überhaupt nicht mehr zum Arbeiten. Aber wenn ich die Frage schon beantworten sollte, dann ist der beste Führungsstil der, der funktioniert. So einfach ist das …«

Jetzt musste ich schmunzeln, denn ich bin davon überzeugt, dass man es sich hier nicht zu leicht machen sollte. So kann ich den grundsätzlichen Führungsstil meines Freundes recht gut kategorisieren. Er glaubt an größtmögliche Freiheitsgrade, und wenn etwas schiefläuft, kommt er dazu und regelt das. Gleichzeitig kenne ich aber Mitarbeiter von ihm, die diese Art überhaupt nicht schätzen und sich neue Chefs gesucht haben.

Stellt man mir die obige Frage, so komme ich zunächst auch zu einer unbefriedigenden Antwort: verschiedene! Aber die Zahl der grundsätzlichen Typen von Führung ist überschaubar, wie wir sehen werden.

Schauen wir uns die gängigsten Führungsstile zunächst genauer an. Zur Verdeutlichung: Stellen Sie sich mal ein Fußballfeld vor – ein Tor links, ein Tor rechts. Wir begeben uns mal gedanklich an die Eckfahne links oben. Hier steht auf der Fahne groß »Kontrolle«. In dieser Ecke sind die Kontrollfreaks unter uns zu Hause. Nichts passiert, ohne dass es der Chef persönlich tut oder den Bearbeitungsvorgang kontrolliert und permanent informiert sein möchte. Wir kennen das alle in einer mehr oder minder heftigen Form. Wandern wir nun gedanklich nach rechts oben, können wir schon von weitem die Fahnenaufschrift »Unterstützen« oder im Englischen »Supervision« lesen. Eine mildere Form der Kontrolle. Hier hat der Mitarbeiter mehr Freiheiten und die Führungskraft tritt mehr als Helfer und Unterstützer in Kraft. Nun geht es quer über das gesamte Spielfeld nach links unten und auf der Fahne steht »Entwickeln«. Das bedeutet, dass die Führungskraft versucht, den Mitarbeiter in seinem »Ganzen« zu sehen, sein Potenzial zu erkennen und ihn ideal einzusetzen. Und gehen wir schließlich zur letzten Fahne rechts unten. Hier steht »Freilassen« drauf. Im Grunde geht es in dieser Ecke um die totale Freiheit nach dem Motto »Du machst das schon. Ich lasse dir alle Freiheiten«.

Führt man mit den Führungskräften eine Befragung durch, welchen Führungsstil sie denn am sinnvollsten finden und wo sie sich am liebsten sehen, pendelt das in der Mehrheit zwischen rechts oben dem »Unterstützter« und links unten dem »Entwickler«. Gräbt man tiefer und macht 360-Grad-Befragungen, dann entpuppen sich doch viele Führungskräfte als »Kontrollfreaks« oder »Freilasser«.

Hier klafft eine Lücke zwischen Wunsch und Wirklichkeit – oder eben eine Lücke zwischen aktuellen Gewohnheiten und der Einsicht, dass heutzutage situativ anders geführt werden muss, als man das vielleicht einmal gelernt hat.

Das Problem ist auch, dass das »Kontrollieren« und »Freilassen« jeweils sehr einfach auszuüben ist. Hierfür braucht man keinen großen Reifegrad. Beim »Unterstützter« oder gar beim »Entwickler« braucht man mehr Einsatz und mehr Fähigkeiten. Dieses Investment haben viele Führungskräfte, sei es aus Zeit- oder Geldmangel oder aus falscher Ehrfurcht oder Stolz, einfach noch nicht betrieben.

Das generiert für viele Manager unnötig neue Stressfaktoren, weil sie instinktiv spüren, dass ihre natürliche Neigung zur Führung nicht mehr dem entspricht, was immer häufiger angesagt ist. Viele machen es sich dann einfach und sagen: »Ich bin halt so, da müssen meine Leute einfach klarkommen«, und stürzen sich wieder kopfüber ins Tagesgeschäft.

Gott sei Dank gibt es aber auch andere. Sie investieren aktiv in ihre Führungsfähigkeiten und lernen, wie man beispielsweise Vertrauen aufbaut,

Perspektiven entwickelt und vor allem, wie man Mitarbeiter richtig coacht und entwickelt. Viele Manager, die diesen Weg nicht gehen, versuchen dann gerne, über Angst und Macht zu führen, oder sie wollen »der Nette sein« – was vordergründig positiv klingt, aber auf Dauer überhaupt nichts bringt. Ich kann diesen Reflex und diese Neigung zur »Nettigkeit« oder »Kumpelhaftigkeit« nachvollziehen, aber nicht gutheißen.

Die meisten Manager wollen sich einen Einfluss bei den Mitarbeitern darüber erarbeiten, aber dieses Eis ist zu dünn. Es werden Situationen kommen, in denen man unpopuläre Entscheidungen treffen muss und die steht man nur dann durch, wenn man eine gewisse Distanz zu den Mitarbeitern erhält.

Ich verstehe auch, dass das eigene Ego einer Führungskraft sich nach Akzeptanz oder gar so etwas wie Liebe sehnt. Aber meinen Klienten, die sich innerlich danach sehnen, von ihrer Organisation akzeptiert oder gar geliebt zu werden, versuche ich klarzumachen, dass das viel dickere Eis mit der persönlichen Vertrauenswürdigkeit und nicht mit der Nettigkeit gekoppelt ist.

Ich bin davon überzeugt, dass der zentrale Wert einer guten Führungskraft im Vertrauen liegt und gerade deshalb ist es wichtig, dass man alle vier genannten Grundführungsstile »Kontrolleur«, »Unterstützer«, »Entwickler«, »Freilasser« situativ beherrscht.

In vielen Momenten kann Kontrolle Vertrauen aufbauen – aber in vielen Momenten kann übertriebene »Kontrolle« Vertrauen vernichten. In vielen Momenten kann »Freilassen« Vertrauen aufbauen – aber in vielen Momenten kann es auch wieder das Gegenteil bewirken. Bei den beiden anderen Polen »Supervision« und »Entwickler« sieht die Vertrauensbilanz anders aus. Sie sind beim Thema Vertrauen zunächst klar auf der Habenseite. Hier kann man nur dann Vertrauen verlieren, weil man entweder die notwendigen Kompetenzen nicht besitzt oder weil man dem Tagesgeschäft Vorrang gibt und man sich nicht die Zeit für die notwendigen Dialoge und Entwicklungsaktionen nimmt.

Wie kann man gute Führung lernen?

Meine älteste Tochter hat mir in diesem Zusammenhang von ihrer Sprachreise in England erzählt. In ihrer Gruppe gab es einen Jungen. Wann immer es etwas in der Gruppe zu entscheiden gab – das Ziel eines Ausflugs, das Programm für den nächsten Tag – immer wurde er angeschaut und egal, was er sagte, wurde dann von ihr und dem Rest der Gruppe automatisch als Entscheidung akzeptiert. Sie ist heute noch nach Jahren von der Aura dieses Jungen beeindruckt und fasste ihre Beobachtungen in dem Satz zusammen: »Ihm wäre ich überall hin gefolgt.« Dabei muss dieser bemerkenswerte junge Mann wohl gar nicht dominant und typische machoartige Züge gehabt haben. Im Gegenteil, meine Tochter war von seiner Ruhe und Souveränität beeindruckt. Dieser junge Mann zählt sicher zu den Naturtalenten unter den Führungskräften. Allerdings dürften wir uns einig sein, dass es ungleich mehr Führungspositionen augenblicklich zu besetzen gilt, als es Naturtalente gibt.

Der Weg zu richtiger Führungskompetenz führt über

- *gute Vorbilder,*
- *Learning by Doing,*
- *Führungsseminare* oder
- *Coachings.*

Jeder dieser vier Wege hat seine Besonderheiten und ich möchte sie kurz erläutern.

Gute Vorbilder

Ein eindrucksvoller Weg ist der Weg über *gute Vorbilder* – aber die sind eher selten und ich wage derzeit keine Prognose darüber, ob die Zahl der guten Führungsvorbilder zunehmen oder abnehmen wird. Wer einmal das Glück hatte, eine wirklich gute Führungskraft zu erleben, wird von ihr oder ihm ein Leben lang ehrfurchtsvoll Zeugnis ablegen. In meinen Seminaren kann zwar stets nur eine Minderheit von solchen Erfahrungen berichten, aber der Glanz in den Augen derjenigen, die von wirklich guten Vorbildern berichten, ist immer wieder mit Freude zu beobachten.

Ich selbst kann von drei großen Vorbildern in Sachen Führung kurz berichten:

Ich beginne mit meinem Oberleutnant Hans Pflanz, in dessen Richtfunkbataillon 4 in Diez an der Lahn ich für meinen Grundwehrdienst stationiert war. Er ist sich dessen bis heute wohl nicht bewusst. Aber er wählte mich aus, sein persönlicher Fahrer und Zugschreiber zu sein, und zwar mit den Worten: »Funker Maron, in Ihnen sehe ich großes Potenzial!« Dieser eine Satz meiner Führungskraft hatte deshalb so eine Kraft, weil ich während meiner Jugend einen solchen Satz von meinem Vater ersehnt hatte, welcher aber leider niemals kam. Immer nahm er mir alle schwierigeren Aufgaben ab und machte sie selbst. Ich weiß noch nicht einmal, ob er sich mit mir als Person und meinen Potenzialen eingehender beschäftigt hat. Jedenfalls hatte er darüber in meiner Zeit als Jugendlicher und Heranwachsender nichts verlauten lassen. Und dann musste ich 20 Jahre alt werden und einen Vorgesetzten treffen, der mir einen solchen Satz entgegenwarf und diesen gleich dadurch untermauerte, indem er mir den vertrauenswürdigsten Job gab, den er vergeben konnte. Ich fuhr ihn in den zwölf Monaten unserer Zusammenarbeit sicher mit dem VW-Kübelwagen durch ganz Deutschland und er vertraute mir in allen administrativen Angelegenheiten vollständig. Er führte seinen Zug außerdem mit viel Einfühlungsvermögen. Pflanz wird mir als gute Führungskraft immer in Erinnerung und in meinem Herzen bleiben.

Ein Vorbild war mir des Weiteren mein erster Chef in meiner ersten Einstellung bei der Firma EDS, dem in den 80er-Jahren größten IT-Dienstleister der Welt, der mittlerweile in HP aufgegangen ist. Mein Chef war Dr. Achim

Bongers. Auch er sah ein Entwicklungspotenzial in mir und unterstütze mich aktiv, an einem Nachwuchsprogramm für spätere Senior Manager teilzunehmen. Er war zugänglich, hörte mir zu, interessierte sich für mich als Mensch und gab mir Entwicklungsmöglichkeiten. Außerdem war er gefühlt immer »gut drauf« und vermittelte mir ein eher unbeschwertes Bild vom Business. Er konnte gut Zuversicht vermitteln und war erfolgreich, was nicht unwesentlich für einen Mitarbeiter ist. Wer will schon in einem Verliererteam spielen?

Zum Dritten nenne ich Albert Spielmann, der für EDS damals Country Manager in Österreich war. Würde ich zu seinem achtzigsten Geburtstag eingeladen sein, würde ich aufstehen und eine Laudatio über ihn halten aus Sicht eines Mitarbeiters, dem er vertraute und alle Entwicklungsmöglichkeiten eröffnet hat. Ich würde die Rede wirklich abschließen mit den Worten: »Danke, dass ich Sie als meinen Chef erleben durfte!«

Welche Menschen würden Sie als ein gutes Vorbild in Sachen Führung auswählen, ohne die allseits bekannten Namen wie Ghandi oder Nelson Mandela zu nennen?

Learning by Doing

Der zweite Weg, *Learning by Doing*, ist mit Abstand die häufigste Form des Lernens. Das beginnt schon mit dem Tag, an dem man mitgeteilt bekommt: »Herzlichen Glückwunsch! Heute übernehmen Sie ein Team. Viel Erfolg!« Da steht man nun und macht sich überhaupt nicht klar, dass sich ab diesem Moment im Grunde alles verändert. Vorher ging es um einen selbst. Die persönlichen Arbeitsergebnisse als Fachkraft standen im Vordergrund. Plötzlich ist man »Chef« und nun hängt der eigene Erfolg von der Leistung anderer ab! Doch wie soll man damit umgehen? Der Weg führt wohl in 90 Prozent der Fälle über die Trial-and-Error-Methode. Man macht so gut, wie man kann. Man weiß vom Hörensagen, dass man sicher mehr als 20 Prozent seiner Arbeitszeit mit der Entwicklung des eigenen Teams verbringen müsste, aber das Tagesgeschäft lässt einem meist keine Zeit dazu. Außerdem – was sollte man in der Zeit mit den Leuten anfangen? Was reden?

Wie geht Führung eigentlich? Die unerbittliche Lernkurve beginnt. Es ist ein steiniger Weg, weil jeder Mitarbeiter anders ist und man trotzdem irgendwie versucht, eine Linie in den eigenen Führungsstil zu bekommen. Meistens sind die eigenen Chefs selbst auch nicht in der Lage, als gutes Vorbild zu fungieren, und beschränken ihre Hilfestellung auf mehr oder weniger gelungene Mitarbeitergespräche, bei denen konstruktives Feedback häufig ausbleibt.

Die meisten behelfen sich dann zusätzlich mit dem Lesen einschlägiger Bücher, dem Anschauen populärer Redner auf verschiedenen Social-Media-Kanälen und dem Anhören von Podcasts, welche sich mit dem Thema Führung und der Rolle des Chefs in der heutigen Zeit auseinandersetzen. Das Problem an dieser Stelle sehe ich aber, dass dies kein gezieltes Lernen ist und dass man vieles, was man hört oder liest, nicht gleich in die Praxis umsetzen kann. Man glaubt zwar zu lernen, weil man viel über die Thematik konsumiert hat; aber die praktische Umsetzung bleibt dann das Problem, weil in dem Moment, in dem man etwas bräuchte, das meiste schon wieder vergessen wurde. Um ein Könner zu werden, muss man also schon andere Register ziehen!

Führungsseminare

Der dritte Weg sind die *Führungsseminare*. Natürlich gibt es sie – wenn auch zu wenig gute. Wie in jeder anderen Trainingsbranche muss man unterscheiden zwischen »Global Playern« und lokalen kleinen Anbietern. Wenn ein Unternehmen international aufgestellt ist, kommt es an den wenigen großen Anbietern nicht vorbei und hier ist die Auswahl leider sehr übersichtlich. Die beiden größten und meines Erachtens besten internationalen Anbieter sind das Carnegie Institut und das FranklinCovey Leadership Institut, mit dem ich selbst – nicht ohne Grund – lange Zeit zusammengearbeitet habe. Als namhafte Anbieter sind das Hauffe Institut sowie das Malik Leadership Institut in St. Gallen die erste Wahl im deutschsprachigen Raum, DDI in Holland und CEGOS in Spanien. Auffallend ist auch hier, dass einige dieser Institute sich von eigenen Programmen schon teilweise verabschiedet haben und die Lizenzen von FranklinCovey übernommen haben, was schlicht an der Güte und dem pragmatischen Ansatz ihrer Modelle liegt.

Führungsseminare gibt es als offene Workshops beziehungsweise als Inhouse-Seminare. Wer sich mit solchen Angeboten auseinandersetzt, sollte unbedingt darauf achten, dass die Top-Führungsebene eingebunden ist und dass es ein Programm über einen längeren Zeitraum darstellt. Reine 1- bis 2-tägige Workshops ohne Vertiefungsangebote sind programmierte Fehlinvestitionen.

Coachings

Die intensivste Form des Lernens ist das *Coaching*. Führung mit Hilfe eines Coaches zu lernen ist die effektivste, aber auch aufwendigste Methode. Sie geht einher mit einer Reihe von »Sitzungen«, sei es vor Ort oder auch telefonisch oder per Video-Conferencing. Der Vorteil des Coachings liegt auf der Hand: Man kann auf die individuellen Bedürfnisse der Führungskraft eingehen. Man kann spezielle Situationen simulieren, in der Praxis testen und dann wieder mit dem Coach reflektieren. Es ist zudem angeraten, vor und nach dem Coaching ein Feedback von einer bestimmten Anzahl relevanter Personen wie Vorgesetzter oder Mitarbeiter einzuholen – sei es durch Interviews oder durch ein standardisiertes 360-Grad-Profil. Neben dem Zeit- und Budgetaufwand besteht die größte Herausforderung beim Coaching darin, den geeigneten Coach zu finden. Coaching ist ein blühender Markt und es ist nicht so leicht, einen wirklich fähigen Leadership-Coach zu finden. Ich denke, es gilt auch hier das Pareto-Prinzip: 20 Prozent sind wirklich ausgezeichnet. Man sollte bei der Entscheidung für ein persönliches Coaching unbedingt auf zwei bis drei verschiedene Einzel-Teststunden setzen und die Chemie zwischen den Menschen testen – das ist unbedingte Voraussetzung!

Welchen Weg der Entwicklung Ihrer Führungsfähigkeiten Sie auch immer einschlagen – am Ende gibt es immer zwei Gradmesser, ob man seine Führungsfähigkeiten entwickelt hat oder nicht: die nachweislichen Arbeitsergebnisse Ihrer Organisation anhand von klaren Kennzahlen sowie das Engagement und die Motivation der Mitarbeiter. Beides lässt sich mehr oder weniger gut messen und das sollte man auch regelmäßig tun, auch wenn die Mitarbeiterbefragung immer eine interpretierbare subjektive Größe bleibt.

Sollte man sich selbst als Manager coachen lassen?

Ich muss mich bei dieser Frage zunächst selbst fragen: Würde ich einen Coach für meine beruflichen oder privaten Agenden in Anspruch nehmen?

Es wäre gelogen, wenn ich stets uneingeschränkt Ja gesagt hätte. Ich habe mich selbst lange dagegen gesträubt, weil ich auch von meinem Elternhaus dahingehend erzogen wurde, Dinge allein zu schaffen. Jede Form von mentaler Begleitung war in meinem Elternhaus verpönt. Damals in meiner Jugend kannte man immer nur die Begriffe Psychologe und Psychotherapie und wer nur darüber nachdachte, war aus unserer Sicht schon reif für die Klapsmühle. In jedem Fall galt ein solcher Mensch als wenig lebensfähig. Das hat mich stark geprägt; bis ich Hilfe in Anspruch nehme, dauert es eine Weile und es ist von einer Reihe von Faktoren abhängig. Gott sei Dank ist nicht jeder so erzogen und es ist klar festzustellen, dass persönliches Coaching – gerade für Führungskräfte – rapide zunimmt. Warum ist es sinnvoll, sich coachen zu lassen?

Über die immer komplexeren Anforderungen unserer schnelllebigen Zeit müssen wir nicht viel Worte verlieren. Worauf soll man sich in seiner Arbeitszeit als guter Manager wirklich konzentrieren? Zeit ist kostbar. Was ist das berühmte »Richtige«? Der Druck, immer »das Richtige« zu tun, wird immer größer und an dieser simplen Anforderung scheitern auf Dauer die meisten. Das heißt nicht, dass sie ihren Job verlieren oder keine Ergebnisse erzielen würden. Aber sie bleiben in einem nebligen unbefriedigenden emotionalen Dickicht hängen. Hier würde ab und zu das Gespräch mit einer vertrauensvollen Person kleine Wunder bewirken.

Aber mit wem reden? Mit dem Chef? Mit den Mitarbeitern? Mit Kollegen? Mit dem Ehepartner? Mit Freunden? Wir kennen alle die Gründe, warum diese Personengruppen für diese Art von Gespräch in der Regel ausfallen.

Beim Coaching kommt ein simples Grundgesetz zum Tragen: Gemeinsam geht's besser! Der ruhige Austausch mit einer neutralen vertrauensvollen Person macht Dinge klar und schärft das Bewusstsein für das Wesentliche. Das ist der erste Kernwert eines guten Coachings. Der zweite Wert ist die simple Tatsache, dass man jemanden hat, der einem einfach nur mal zuhört und das Gefühl vermittelt, wahrgenommen und vor allem verstanden zu werden. Ein simples Gefühl, das der eigene Boss oder gar die Kollegen oder Mitarbeiter schon lange nicht mehr vermitteln können. Der dritte große Wert liegt im Feedback. Entwicklung – und danach strebt die Mehrzahl der Menschen – geht nur mit Feedback. Und auch Feedback findet seitens des eigenen produktiven Umfelds von Boss, Mitarbeiter oder Kollegen nur spartanisch – und wenn, dann meist kritisch – statt.

Der Druck, hohe Ziele zu erreichen, lässt wenig Spielraum, das Gute zu sehen, sondern schärft meist den Blick für die Hindernisse auf dem Weg zum Ziel. Wir sind in der heutigen Zeit sehr problemorientiert und sehen immer sofort das, was nicht geht oder was falsch läuft. Positive Anerkennung oder gar Lob sind in der heutigen betrieblichen Umgebung Fremdworte geworden. Dies aber alles liefert ein guter Coach: Fokus, Zuwendung, Feedback und – der vielleicht entscheidendste Wert – Umsetzung!

Solange ich mich mit dem Thema persönliche oder unternehmerische Entwicklung beschäftige, treffe ich auf den größten Feind der Entwicklung: die mangelhafte Umsetzungsquote durch zu geringe Disziplin. Von der Bedeutung von Disziplin erfuhr ich leider erst sehr spät. Hier hat bei mir ein echter Paradigmenwechsel stattgefunden. Früher bedeutete Disziplin für mich Einschränkung meiner Freiheit. Ich war eher typisch lust- oder angstgetrieben. Ich lernte nie diszipliniert, was sich natürlich in den Ergebnissen und meiner früheren Fachkenntnisse negativ niederschlug. Ich trainierte nie diszipliniert, weder im Sport noch in der Musik. Ich gehörte auch zu den vielen Menschen, die nur einen Bruchteil ihrer Talente wirklich »auf die Straße« bringen konnten – einfach weil ein Schuss Disziplin gefehlt hatte. Der Paradigmenwechsel bei mir stammt aus einem Vortrag meines früheren Kollegen Chris McChesney, einem bekannten Berater von FranklinCovey. Er lautet: »Freedom is in the Discipline!« Je älter ich werde, desto wahrer wird der Satz für mich. Nur die Disziplin bringt mich zu einer tief empfundenen und befriedigenden persönlichen Weiterentwicklung und Freiheit.

Und gerade für alle, die mit dem inneren Schweinehund bei der Umsetzung wichtiger Dinge zu kämpfen haben, lohnt sich das Konsultieren eines Coaches ebenfalls: Er oder sie ist so lange da, bis sich die Veränderungen in positive Gewohnheiten niedergeschlagen haben. Was für ein Segen!

Abschließende Antwort auf die Eingangsfrage: Ja – sich selbst coachen zu lassen, lohnt sich 100-prozentig! Diese Investition dürfte mehr wert sein als jeder große Geschäftswagen.

Wozu ein Führungsleitbild? Wie sieht es aus?

»Willst du andere Menschen für etwas »anzünden«, musst du selbst für etwas brennen!«

Dieser Satz eines mir unbekannten Autors ist mir immer in Erinnerung geblieben. Ich halte ihn für absolut zutreffend. In meinen Führungsseminaren treffe ich viele Manager, bei denen das innere Feuer für ihre so wichtige Aufgabe scheinbar erloschen ist. Sie machen Dienst nach Vorschrift oder sind in Gedanken schon bei einer potenziellen neuen Stelle – stets in der Hoffnung, dort ihr inneres Feuer wiederzufinden.

Ich bin kein Freund dieses Gedankens, denn eine solche Person verlagert die Verantwortung für das eigene innere Feuer – sprich die eigene Motivation und Leidenschaft für den Führungsjob – nach außen, statt nach innen.

Ohne Frage haben Unternehmenskulturen einen enormen Einfluss auf die eigene Gemütslage und damit auch für das eigene Engagement. Aber in aller erster Linie muss das Feuer von innen heraus gezündet werden. Aber wie geht das praktisch?

Einer der einfachsten Wege ist es, sich ein eigenes Führungsleitbild zu schaffen. Eine Art Manifest, welches sehr präzise beschreibt, wieso mir die Führungsrolle so wichtig ist, was ich grundsätzlich damit erreichen möchte und welchen Nutzen ich für wen stiften werde.

Dieses Leitbild schreibe ich selbst und lasse es mir von niemandem vorgeben. Es ist ein lebendes Dokument und man zieht es immer wieder aus der

Schublade, wenn man in seiner Führungsrolle einmal wieder in einer Krise steckt. Dieses Dokument beschreibt die eigene »innere Stimme« die mir auch im größten Wirbelsturm sagt, wo Norden ist. Sie sagt uns, wofür es sich lohnt, sich zu engagieren. Die innere Stimme ist eine Triebfeder für das Handeln als Führungskraft, denn sie beschert mir einen Sinn hinter der Rolle »Manager« oder »Führungskraft« und ein solcher Sinn ist nicht mit Gold aufzuwiegen.

Im Kapitel über meine Person am Ende des Buches können Sie erfahren, wie ich vor vielen Jahren durch ein Seminar zu meiner eigenen »inneren Stimme« gefunden habe: *Führungskräften, Studenten und Kindern mehr Weitblick und Freude zu vermitteln*, um es in die Kurzversion zu bringen. Dieser Prozess begann damals mit einer schlichten Frage, nämlich: Was würde mir in dieser Welt am meisten fehlen?

Sie können diese Frage leicht auf Ihre Führungsrolle ummünzen, und erhalten dann den Startpunkt einer Reihe von relevanten Fragen, welche man sich in Ruhe schriftlich beantworten kann:

1. Was ist das unerledigte Bedürfnis meiner Organisation und welchen Beitrag möchte ich dazu leisten?
2. Welche Führungswerte sind mir wichtig und wie gedenke ich, diese umzusetzen?
3. Welche meiner Talente werden mir als gute Führungskraft helfen und wo habe ich Schwachpunkte? Durch wen kann ich meine Schwachpunkte gut kompensieren?
4. Was sollen meine Mitarbeiter später einmal über mich als Führungskraft erzählen, worauf ich mächtig stolz wäre?
5. Welche Regeln werde ich befolgen, um nicht ins Mikromanagement zu verfallen?

Auch hier können Sie diesen Kanon an Fragen beliebig erweitern und daraus eine persönliche Verfassung schreiben.

Das ist eine der kraftvollsten Übungen, die man selbst anwenden kann, und es ist erstaunlich, was sie bei vielen – wenn auch nicht bei allen – an Emotionen zu Tage fördert.

Ich erinnere mich dabei an zwei Beispiele:

Da war einmal ein Meister, der in dem Maschinenbauunternehmen schon über 25 Jahre auf dem Buckel hatte. Nach der Übung saß er noch lange auf seinem Stuhl, während die anderen schon das Buffet der Nachmittagspause leerräumten. Ich fragte ihn, was denn los sei, und er schaute mich an und sagte mit glasigen Augen und einer kratzenden Stimme: »Ich danke Ihnen für diese Übung. Jetzt ist mir erst einmal wieder klar geworden, welch tollen und wichtigen Job ich als Meister eigentlich habe!«

Oder die Abteilungsleiterin eines Beratungsunternehmens, die im Moment, als sie ihr Beitragsstatement vor uns allen vorlesen wollte, die Fassung verlor und hemmungslos anfing zu weinen. Ich fragte sie später, woher ihre Emotionen kamen, und sie antwortete mir: »Mir ist beim Aufschreiben meiner inneren Stimme als Abteilungsleiterin so bewusst geworden, was ich gerne verändern und bewegen würde, aber meine Chefin lässt mir hierfür keinen Raum. Das hat mich so traurig gemacht.«

Das sind nur zwei von vielen Beispielen, was dabei herauskommt, wenn man auf die Suche geht, um einen inneren Kompass für sein Wirken zu finden.

Wenn man seine »innere Stimme« besser kennt, ob als Partner, Elternteil, Kollege oder Führungskraft, dann läuft vieles bewusster und kontrollierter ab. Man ist grundsätzlich zufriedener, weil man immer gleich merkt, dass man nicht der Spielball der Anforderungen anderer und des Alltagsgeschäfts ist.

Wenn Führungskräfte sich vom Alltagsgeschäft aber mitreißen lassen, dann können sie nie mit klarem Blick ihre Organisation weiterentwickeln und in die Zukunft führen. Weil so viele Führungskräfte ihre »innere Stimme« beziehungsweise ihren eigenen wertvollen Beitrag zur Gesamtorganisation nie formuliert haben, ziehen sie meistens den Sinn für ihr Handeln aus der Reaktion auf das Tagesgeschäft – und das ist nicht immer ergiebig oder motivierend.

Also ziehen Sie sich einmal für zwei Stunden allein an Ihren Lieblingsort zurück, legen Sie sich obige fünf Fragen neben ein leeres, weißes Blatt Papier und schreiben Sie alles auf, was Ihnen zu den Fragen einfällt. Das wäre mal ein erster Schritt zur Aktivierung Ihres inneren Feuers als Führungskraft.

Sollte man unterschiedliche Generationen unterschiedlich führen?

Schauen wir hierfür mal ein paar Generationen zurück. Mein Vater, Jahrgang 1928, hat seine Karriere in der Hochzeit der Industrialisierung – also in den Jahren zwischen 1950 und 1990 – absolviert.

In der Industrialisierung ist der Mensch meist eine Ressource, ein Produktionsfaktor und damit auch ein Kostenfaktor. Wenn ich meinem Vater noch erzählen könnte, dass die Menschen heute am Arbeitsplatz gute Beziehungen, ein gutes Betriebsklima und das Gefühl einer hohen Wertschätzung einfordern, dann würde er mich nur ungläubig anschauen und fast verächtlich den Kopf schütteln, als würde er innerlich denken: »Weicheier!« Solche Fragen hat es für ihn weder in seiner Rolle als Mitarbeiter noch in seiner Rolle als Vorgesetzter je gegeben. Man hatte schlicht zu funktionieren und er hatte schlicht funktioniert. Sein ganzes Leben lang.

Wenn der Vorstand ihn als technischen Werksleiter von A nach B versetzt hatte, dann hat er das brav gemacht – und die Familie ist brav mitgezogen. Wenn der Vorstand auf die Idee kam, ihm zwei Werke gleichzeitig anzuvertrauen, dann hat er das brav gemacht. Die Familie bekam ihn in dieser Zeit nicht mehr zu Gesicht – machte aber auch brav mit.

Persönliche Bedürfnisse waren absolut zweitrangig, weil frühere Generationen schlicht mit anderen Glaubenssätzen aufwuchsen. Für meinen Vater galt immer »die Pflicht zuerst« oder »Arbeiten im Schweiße des Angesichts« oder »Wenn mir eine Aufgabe übertragen wird, dann habe ich diese zu befolgen«.

Ich gehöre zu der Generation der Babyboomer. Meine Generation hat das fortgesetzt, was die 68er-Generation vorbereitet hat. Das langsame Entwickeln einer eigenen Identität mit all den daraus erwachsenden Konsequenzen. Mir ist ein weiterer kluger Satz von Peter Drucker in Erinnerung geblieben, der sinngemäß lautet:

»Das wichtigste Ereignis, an das sich die Historiker einmal in Bezug auf unsere Zeit erinnern werden, ist nicht die Erfindung neuer Technologien, nicht das Internet, nicht eCommerce, sondern die beispiellose Veränderung der Stellung des Menschen. Zum ersten Mal hat eine beträchtliche und schnell wachsende Anzahl von Menschen die Wahl. Zum ersten Mal müssen sich die Menschen selbst managen und sie sind darauf völlig unvorbereitet!« Wie wahr!

Wir müssen uns bewusst machen, dass die Geschichte der Menschheit begleitet ist von Ideologien, welche ihnen stets Halt und Orientierung geliefert haben. Denken wir an die Religionen. Früher war das Leben in gewisser Weise einfacher. Die Religion hat ein Verhaltensmuster vorgegeben, welches – wenn befolgt – direkt in den Himmel führt. Die Verantwortung hat man mehr oder weniger an Gott oder seine irdischen Vertreter abgegeben. Mit der Aufklärung kam zunächst die große innere Leere, denn die Religionen wurden durch Wissenschaft, Evolutionstheorien et cetera entzaubert und die Menschen suchten sich neue Ideologien und Geschichten, welche Orientierung, Sinn und Halt gaben.

In diesem Zusammenhang kommt mir eine kluge Erkenntnis von Yuval Harari, dem israelischen Historiker, in den Sinn: Anfang des 20. Jahrhunderts – also zu Zeiten, als mein Vater geboren wurde – hatten die Menschen grob gesprochen die Auswahl zwischen drei »Geschichten«, um ihr Leben danach auszurichten: dem Faschismus, dem Kommunismus und dem Liberalismus.

Mit Ende des Zweiten Weltkriegs haben sich der Faschismus beziehungsweise der Nationalsozialismus zunächst verabschiedet und es verblieben der Kommunismus und der Liberalismus. Mit dem Fall des Eisernen Vorhangs 1989 verschwand bis auf Weiteres der Kommunismus als Haltepunkt für viele Menschen. Übrig blieb scheinbar der Liberalismus.

Wir sind uns hoffentlich einig, dass sowohl in den Religionen als auch im Nationalsozialismus als auch im Kommunismus der Wert des Individuums und seine Selbstbestimmung keine primäre Rolle gespielt haben. So hat scheinbar tatsächlich nur der Liberalismus überlebt. Freie Entwicklung, freie Wahlen, freie Märkte – das scheint nun doch die Ultima Ratio für alles zu sein. Nur – wie soll man mit diesen ganzen Freiheitsgraden bitte schön umgehen, wenn man bislang nur gelernt hat, Vorgaben, Vorschriften und Befehle zu befolgen?

Stellen wir uns doch nur einmal vor, welche Herausforderung es für viele Menschen, die 40 Jahre lang in der DDR aufwuchsen und die die Regeln des Sozialismus befolgt haben, war, als ihnen gesagt wurde: »Ihr habt alle Freiheiten – jetzt organisiert euch bitte mal selbst – macht was daraus!«

Dazu kommt, dass der Liberalismus einhergeht mit dem Humanismus. Wir leben heute in einer Zeit, in der nicht Gott im Mittelpunkt steht, auch nicht ein Führer, das kollektive System oder der Chef, sondern der einzelne Mensch und sein Wohlbefinden. Im Grunde geht es uns – zumindest in der westlichen Welt – in der heutigen Zeit nur noch darum: »Geht es mir gut oder nicht?« Es geht primär um Gefühle – weniger um Fakten und Kompetenzen – und wir können uns vorstellen, welche Konsequenzen und Herausforderungen das für heutige Führungskräfte darstellt.

Ich habe 2019 für eine Weile das Unternehmen eines Freundes in seiner Entwicklung begleitet. Ich war mit seinem jungen Führungsteam und ihm zu einem Workshop am Montagmorgen um 9 Uhr in seinem Büro verabredet. Wer war pünktlich da? Mein Freund und ich. Wer war nicht pünktlich da? Sein vierköpfiges junges Führungsteam.

Um 09:10 Uhr kam der Erste. Sichtbar unausgeschlafen und schlecht rasiert kam er herein und murmelte ein fast unverständliches »Sorry«. Ein paar Minuten später kam der Zweite in ähnlicher Verfassung und um 09:30 Uhr waren wir endlich komplett.

Nach dem Meeting sprach ich dieses Verhalten bei meinem Freund und Geschäftsführer an. »Sag mal, meinst du nicht, etwas mehr Disziplin täte deinen Jungs gut?« Er antwortete mit großen Augen: »Was glaubst du, was ich schon alles probiert habe! Aber denen geht es nur noch um die Work-Life-Balance. Sobald ich da Druck mache, sind die weg und gehen woanders hin …« Ich spürte schnell, wie wenig Sinn es machte, etwas zu erwidern. Da sitzt ein Geschäftsführer vor mir, der mit seinen Managementmethoden, welche er in den Achtzigern und Neunzigern in Zeiten der Industrialisierung gelernt hatte, nichts mehr anfangen konnte. Seine Leute wollen sich wohlfühlen. Sie wollen wertgeschätzt werden und interessante Aufgaben bekommen – aber bitte in einem guten Verhältnis zum eigenen Privatleben.

Das berühmte YouTube-Video von Simon Sinek[30] über das Führen von Millennials brachte mich sehr zum Nachdenken. Dieser trug sehr überzeugend vor, dass wir es als Führungskräfte mit einem massiven Problem zu tun haben, denn »Millennials« – also Menschen, die nach 1985 geboren sind – wären »äußerst« schwierig und anspruchsvoll.

Ich muss zugeben, dass mir vieles von dem, was Sinek in dem Interview beschreibt, sehr bekannt vorkommt. Man wird den Eindruck nicht los, dass die jüngere Generation zum einen ungemein clever und leistungsbereit ist, sie auf der anderen Seite aber furchtbar sensibel, dünnhäutig und anspruchsvoll wirkt. Aufgrund ihrer Erziehung, in der sie häufig gehört haben, wie »besonders« sie doch sind und dass sie »alle Möglichkeiten« haben, schwelt in vielen von ihnen die Idee, einen »Impact« – also quasi einen echten Fußabdruck – in dieser Welt, in diesem Dasein zu hinterlassen.

Gegen diese Idee ist nichts einzuwenden, würde sich das eben nicht paaren mit einer hohen Sensibilität und der Erfahrung mit der heutigen technisierten Welt, alles sofort und gleich zu bekommen.

Ich habe das schöne Beispiel von Sinek noch im Ohr. Er fragt einen Endzwanziger, wie es ihm im Job geht. Dieser antwortet: »Ich glaube, ich werde kündigen.« – »Warum?« – »Ich kann hier scheinbar nichts bewegen!« Erwiderung Sinek: »Aber du bist doch erst acht Monate hier!«

Simon Sinek leitet davon ab, dass wir es mit einer verwöhnten, sensiblen, dünnhäutigen, anspruchsvollen Generation zu tun haben, die allerdings gleichzeitig ein angeknackstes Selbstbewusstsein hat, weil sie – angekommen in der realen Geschäftswelt – alle merken, dass sie weder »super besonders« sind, noch, dass sie wohl alles erreichen können, was sie wollen. Dieses angeknackste Selbstbewusstsein wird kompensiert durch die oberflächlichen sozialen Medien und durch die Erfahrung der »Instant Gratification«, also der Erfahrung, alles hier und gleich erledigt zu bekommen.

Simon Sinek hebt also den Zeigefinger und alle staunen andächtig vor dieser drohenden Gefahr für die Unternehmen: Wie bitte schön soll man eine solche Generation führen? Was mir an diesen Vorträgen häufig missfällt, ist nicht die Tatsache, dass auf ein mögliches Problem anschaulich hingewiesen wird. Das viel größere Problem ist, dass alle aufgeschreckten Manager und Führungskräfte keine Idee geliefert bekommen, wie sie diesem Problem nun begegnen sollen.

Ich gebe zu, dass mich beim ersten Mal Sineks Aussagen beeindruckt haben. Das mag wohl in erster Linie daran liegen, dass ich meinen Kindern, die 1992 und 1996 geboren wurden, die gleichen Botschaften ihrer »Einzigartigkeit« vermittelt habe. Aber jetzt stelle ich mir als Führungscoach die Frage, wie Manager mit dieser Botschaft umgehen. Welche Antworten haben sie parat auf diese angebliche Führungsherausforderung? Was würde ich nun empfehlen, wenn mich jemand auf dieses Thema hin befragt?

Hier die Antwort: Man lerne das, was ich schon vorher in einer Liste der Basics und erweiterten Führungsfähigkeiten aufgelistet habe! Tut mir leid, dass ich keine spannendere Antwort liefere. Denn ich bin überzeugt davon, dass man mit diesen Fähigkeiten generationenunabhängig als Führungskraft erfolgreich ist. Solange man im Kopf den Menschen nicht als zweidimensionales Werkzeug mit Physis und Kopf betrachtet, sondern vierdimensional zusätzlich mit Herz und Seele, ist die Tür für erfolgreiches Führen unterschiedlicher Generationen weit offen.

Haben Sie einen Babyboomer im Büro sitzen, der Tag und Nacht arbeitet und seine Familie vernachlässigt, schicken Sie ihn nicht nur früher nach Hause, sondern führen mit ihm oder ihr ein ernstes Gespräch unter Erwachsenen. Fragen Sie nach seinen Motivationen, warum er oder sie das tut. Coachen Sie und machen Ihre Erwartungen klar. Machen Sie nicht einfach nur die Ansage: »Jetzt gehen Sie mal nach Hause! Es reicht für heute!« Es würde am Grundverhalten nichts verändern. Das alte Denkmuster – das alte Paradigma – bleibt bestehen und spätestens in vierzehn Tagen wird er oder sie wieder Überstunden schieben. Machen Sie ihm oder ihr Ihre Prinzipien der Effektivität klar: »Die Säge schärfen«, »Das Wichtigste zuerst« et cetera. Vereinbaren Sie einen kleinen Verbesserungsprozess. Schließen Sie eine »Gewinn-Gewinn-Vereinbarung« ab und vereinbaren Sie ein Folgegespräch.

Haben Sie daneben einen »Millennial«, der unausgeschlafen zur Montagmorgen-Sitzung auftaucht und freitags um 12 Uhr den Griffel hinwirft, dann nehmen Sie das nicht einfach hin und denken: »Die sind halt heute so …«, sondern führen mit ihm oder ihr ein ernstes Gespräch unter Erwachsenen. Fragen Sie nach seinen oder ihren Motivationen, warum sie oder er das tut. Coachen Sie und machen Sie Ihre Erwartungen klar! Erklären Sie ihm und ihr zum wiederholten Mal Ihre Grundprinzipien der Effektivität: »Think Win-win«, »Resultate zählen« et cetera. Vereinbaren Sie auch hier einen kleinen Verbesserungsprozess. Schließen Sie eine »Gewinn-Gewinn-Vereinbarung« ab und vereinbaren Sie ein Folgegespräch.

Ohne Zweifel ist der Umgang mit unterschiedlichen Generationen mit unterschiedlichen Ansprüchen herausfordernd. Aber wir können uns das eben auch nicht aussuchen und wir werden daran nichts ändern. Die Babyboomer und die braven Pflichtbewussten werden bald in der Minderheit sein. Und dann?

Vielleicht gibt es ja eine Renaissance oder die Arbeit wird ohnehin nur noch über eine KI und Roboter erledigt und wir müssen besser programmieren können, als Menschen führen. Aber solange es Menschen in der Arbeitswelt gibt, solange sollte man ein paar Grundprinzipien beherrschen und nicht bei jeder neuen Generation darauf hoffen, dass ein nächster kluger Simon Sinek uns das Problem attraktiv verkauft und man dann doch wieder so klug ist wie vorher.

Sind selbstorganisierende Organisationen oder gar Firmen nur ein Trend?

Sie sind definitiv nicht nur ein Trend, der wieder vergeht. Sie sind aus meiner Sicht der notwendige und logische Schritt einer Evolution von Organisationsformen, in denen Menschen (noch) die Hauptrolle in der Wertschöpfung spielen. Sie sind hinsichtlich ihrer Chancen verführerisch, aber aus noch zu betrachtenden Gründen überaus herausfordernd.

Doch zunächst: Was ist eine selbstorganisierende Organisation? Kurz gesagt: Es ist eine Organisation ohne expliziten Chef für organisationsrelevante Entscheidungen. Ein Team erledigt eine unternehmerische Aufgabe in Eigenverantwortung ohne klassische Führungshierarchie. Auch wenn es sehr modern klingt, so gibt es solche Organisationsformen seit Urzeiten.

Selbstorganisierende Strukturen beinhalten automatisch zwei wichtige Komponenten, die vor Krisen schützen sollten: das Mehraugenprinzip und die Aufteilung der Verantwortung auf ein ganzes Team.

Nehmen wir das Beispiel des Dieselskandals in diversen deutschen Autofirmen. In deren klassischen hierarchischen Strukturen benötigt es einer kleinen Zahl von Menschen, um eine veritable Krise zu verursachen. Irgendwo war es ein einzelner Ingenieur, der nicht mehr wusste, wie er mit legalen und physikalisch verfügbaren Mitteln die Zielvorgaben seiner Chefs erreichen sollte. Er oder sein Entwicklungsleiter wurden findig und schlugen vor, zu tricksen. Ab dem Moment, ab dem der Vorgang in den mittleren Führungsetagen aufgenommen wurde, waren die anderen Entwickler schnell außen vor, machten mit und sahen die weitere Verantwortung schließlich bei den Menschen, die für den Umgang mit solchen Problemen ja auch fürstlich bezahlt wurden.

Ich stelle mir ein Entwicklerteam vor, welches ein Produkt für den Endkunden entwickelt und *keine* Managementebenen über sich hat. Ich würde mich trauen zu prognostizieren, dass man bei der Entscheidung, zum Beispiel die Software zuungunsten des Kunden und der Umwelt zu manipulieren, vorsichtiger wäre.

Wer sich für die Thematik der Weiterentwicklung von Organisationsformen und der Idee »selbstorganisierender Teams« in der Tiefe interessiert, dem kann ich nur die Lektüre *Reinventing Organizations*[31] von Frédéric Laloux empfehlen, dessen wichtigste Kernthesen ich hier kurz behandeln möchte. Er stellt die These auf, dass es in der Organisationsentwicklung mehrere Entwicklungsstufen gibt, die er – zwar einleuchtend, aber etwas zu vereinfacht – chronologisch hintereinanderstellt:

- Die patriarchalische Struktur (Prinzip Wolfsrudel) – Stichwort Mafia mit einem Paten und vielen Willfährigen. Dies ist heute in manchen Familienunternehmen noch zu finden.
- Die Befehlsorganisationen (Prinzip Armee) – Beispiel Militär, Kirche und noch sehr viele Großunternehmen mit starren Bereichszuordnungen.
- Leistungsorientierte Organisationen (Prinzip Maschine) – Kennzahlen, Ziele und Strategie stehen im Vordergrund, der Mensch ist ein Zahnrad.
- Beziehungsorientierte Organisationen (Prinzip Familie) – Werte und Miteinander kommen verstärkt ins Spiel. Die Sinnfrage wird häufiger gestellt.
- Das evolutionäre Prinzip – Dieses ist geprägt von Ganzheitlichkeit, Selbstführung mit sehr viel Eigenverantwortung und extrem flachen Hierarchien, sofern es den Begriff »Chef« überhaupt noch gibt.

Es sieht so aus, als gäbe es allgemein in der Wirtschaft einen Trend in Richtung evolutionärer, selbstorganisierender Strukturen, aber dieser »Krieg der Weltanschauungen« ist aus meiner Sicht noch nicht entschieden und alle von Laloux aufgezeigten Organisationsstrukturen sind noch überall zu finden – häufig auch in Mischformen.

Persönlich bin ich großer Befürworter des evolutionären Ansatzes und ich muss das als Liebhaber von *Die 7 Wege zur Effektivität* natürlich auch sein. Für mich ist es das ultimative Ziel, dass die Menschen irgendwann einmal in der Mehrheit eine charakterliche Reife erlangen, die das Reifekontinuum von Stephen R. Covey so prächtig skizziert: Menschen, die selten oder nie mehr in die »Opferhaltung fallen« und andere für ihr Schicksal verantwortlich machen, sondern mit einem hohen Grad an Souveränität und Selbstführung sich mit anderen Menschen ähnlicher Reife konstruktiv und kooperativ zusammenschließen können. Wenn Sie ein Team zusammensetzen können, das aus solchen »reifen« Menschen besteht, dann wird dieser selbstorganisierende, evolutionäre Ansatz tatsächlich Früchte tragen können. Es gibt gute Gründe dafür, über solche Strukturen ernsthaft nachzudenken.

Wir wissen, dass die jungen Generationen an Mitarbeitern weiter in Richtung der Erfüllung ihrer eigenen Work-Life-Balance trachten, wie wir bereits an anderer Stelle besprochen haben. Für diese ersehnte Work-Life-Balance sind Unternehmen der Generationen Wolfsrudel, Armee und Maschine klarerweise Gift. Demnach werden klassisch organisierte Unternehmen auch darüber nachdenken müssen, evolutionärere Organisationsformen anzustreben, wenn sie einen großen Pool an jungen Talenten weiterhin anziehen wollen.

Was zudem noch für die Entwicklung in Richtung evolutionärer Formen spricht, ist die Beobachtung, dass das Gros der jüngeren Generationen gar nicht mehr unbedingt danach strebt, Manager zu werden. Manager, Führungskraft oder gar Vorstand produzieren Klischees, die sich mit dem Wunsch nach einer Work-Life-Balance immer weniger vertragen. Deshalb passen evolutionäre Organisationsformen tatsächlich viel besser in die Zeit – wenn nur die Sache mit der charakterlichen Reife als Grundvoraussetzung nicht wäre.

Und damit kommen wir nun zu der gewaltigen Herausforderung, sich aus einer klassischen Organisationsform in eine selbstgeführte Organisation zu transformieren. Der Weg zu einem erfolgreichen evolutionären Ansatz, gerade in traditionellen Organisationen, ist mit viel Mühe gepflastert. Die zwei Hauptursachen für diese Mühen liegen a) in Gewohnheiten und b) am Mangel persönlicher Reife aller Beteiligten.

Leider weiß ich nicht, wie ich es glimpflicher ausdrücken soll. Seit über 20 Jahren bin ich in den unterschiedlichsten Firmen und Organisationsformen unterwegs und bei dem Versuch, eine nächste evolutionäre Organisationsform zu erlangen, beobachte ich häufig entweder schlicht alte Gewohnheiten oder Menschen, denen eine gewisse Reife in Bezug auf eigenverantwortliches, synergetisches, Gewinn-Gewinn-orientiertes Verhalten abgeht, das von unternehmerischem Denken geprägt ist.

Fangen wir aber zunächst einmal mit den *Gewohnheiten* an. Wie wir schon besprochen haben, sind Gewohnheiten eingeschliffene Verhaltensweisen, die immer mindestens einem Glaubenssatz folgen. Jede der vier ersten Organisationsformen, von Frédéric Laloux skizziert, hat ihre Erfolge eingefahren, sonst hätte sie nicht so lange existiert. Sie existieren, wie gesagt, noch heute. Erfolg prägt Erfahrungen und Erfahrungen prägen die Glaubenssätze, die unsere Verhaltensweisen und Gewohnheiten leiten. Und wenn Sie nun entweder als Führungskraft oder als Mitarbeiter in einem Unternehmen des Prinzips »Maschine« groß geworden sind und als Führungskraft Ihren bisherigen Erfolg darauf aufgebaut haben, dass Sie sich nur auf Kennzahlen, Ergebnisse und die Betrachtung des Mitarbeiters als Werkzeug und austauschbare Ressource konzentrieren konnten, dann ist jedem von uns klar, welch gewaltige Veränderungen im Kopf stattfinden müssen, wenn Sie plötzlich über Werte, Sinn und ganzheitliche Behandlung von Menschen sprechen sollen.

Das Gleiche auf der anderen Seite. Wenn Sie als Nicht-Führungskraft jahrelang erfahren haben, dass Entscheidungen ausschließlich von den auch dafür entlohnten Entscheidungsträgern getroffen wurden, dann empfinden Sie das als einen Rauswurf aus dem Paradies – oder praxisrelevanter aus Ihrer Komfortzone, in der Sie immer nur tun mussten, was Ihnen als Aufgabe vorgegeben wurde –, wenn Sie nun aufgefordert werden, eigenverantwortlich zu handeln oder gar zu entscheiden.

Bei allen Organisationen, die ich auf dem Weg zu mehr Eigenorganisation begleiten durfte, war es ein langjähriger Prozess der Gewohnheitsveränderung. Bis heute sehe ich keine – oft nachgefragte – »Abkürzung«. Schneller geht es nur, wenn Sie die seltene Möglichkeit haben, eine Organisation »auf der grünen Wiese« von Grund auf zu starten.
Aber auch das ist keine Garantie für den Erfolg, denn es gibt ja aus meiner Erfahrung die zweite ganz große Hürde für eigenverantwortliche Strukturen: die menschliche Reife in Bezug auf Eigenverantwortung.

Ich halte es mit der guten alten gaußschen Verteilung und denke, dass Sie einen gewissen Prozentsatz niemals in die Eigenverantwortung oder gar zum unternehmerischen Denken bringen – egal was Sie auch anstellen. Auf der anderen Seite haben wir den sicher wachsenden Prozentsatz derjenigen, die sich einen höheren Grad an Eigenverantwortung wünschen. Dazwischen ist eine noch große Gruppe, die dazu in der Lage wäre, aber die in ihren beschriebenen erlernten Gewohnheiten verharrt.

Ich frage meine Seminarteilnehmer regelmäßig, ob sie heutzutage die Gruppe der Menschen, die sehr häufig und gern andere Menschen für ihr Schicksal verantwortlich machen, eher als klein oder eher als groß betrachten. Die Antwort ist seit Jahren immer gleich: Die Gruppe der Menschen mit – nennen wir es einmal – dem Hang zur Opferhaltung wird als enorm groß wahrgenommen. Menschen in der Opferhaltung fühlen sich meist einseitig abhängig und kommen sich eher vor wie ein Ball, der von den Mitmenschen oder der Politik oder von den Umständen et cetera durch die Gegend gekickt wird. Sie fühlen sich weit davon entfernt, zu erkennen, dass sie trotzdem immer noch die Spieler im eigenen Lebensspiel sind.

Im gleichen Atemzug, wie man die Umstände oder andere Menschen für das eigene Schicksal verantwortlich macht, hofft man, dass irgendwann der große Retter (Chef) kommt, der einen aus dem Leid ins Paradies führt. Wer meint, dieses Thema wäre nur bei den Mitarbeitern an vorderster Front beheimatet, irrt! Ich kann mich noch gut an einen Workshop mit der kompletten obersten Führungsriege einer überaus angesehenen deutschen Beratungsgesellschaft erinnern. Zwei Tage zuvor wurde ein neuer CEO von extern ernannt und dieser CEO kündigte sich für einen ersten Kennenlernbesuch mit seiner neuen Partnerrunde am Abend des Workshops an. Ich durfte diesem Treffen beiwohnen.

Er kam, stellte sich kurz vor und wollte dann von seiner Führungsmannschaft wissen, wie sie denn die Lage des Unternehmens aktuell einschätzen würden. Praktisch alle von ihnen verfielen in den Jammermodus und versuchten zu erklären, warum die Firma nicht besser dastand, als sie eigentlich sollte. Schuld waren viele: die Kunden, die Politiker, die Globalisierung, die Wettbewerber, die Qualität der eigenen Leute, insbesondere die jüngste Generation et cetera. Und dann kam der bemerkenswerte Satz eines Top-Managers, gerichtet an den neuen CEO, der sich das alles ganz in Ruhe anhörte: »Aber jetzt sind ja Sie da, um das alles in Ordnung zu bringen.« Ich sehe heute noch sein etwas gequältes Lächeln. Er ging kurz auf die allgemeine Wirtschaftslage ein, verabschiedete sich dann rasch und wünschte allen eine gute Zusammenarbeit in der Zukunft und einen weiteren guten Verlauf des Workshops.

Ich dachte mir, was der neue CEO wohl von seiner neuen Führungscrew jetzt halten möge. Ich hatte nie Gelegenheit, ihn danach zu fragen, aber an seiner Stelle wäre der Einflusskreis dieser Truppe in meinen Augen erheblich eingebrochen. Wie sehr hätte ich mir an seiner Stelle Aussagen gewünscht, wie zum Beispiel: »Wir sehen das Problem X, aber wir haben bereits eine Idee, wie wir das in den Griff bekommen. Wenn Sie wollen, können wir Ihnen das gerne in den nächsten Tagen einmal skizzieren.« Die Tragödie von Menschen mit Jammerneigung ist ja, dass sie sich größeren Einfluss gerne wünschen, aber ihren wirklichen Einflusskreis mit ihrer Opferhaltung ständig verkleinern.

Das Gegenteil der Opferhaltung ist die sogenannte Proaktivität. Sie ist der erste Schritt heraus aus dieser unsäglichen einseitigen Abhängigkeit und dem Hang, andere für sein eigenes Schicksal verantwortlich zu machen. Proaktivsein ist eine von einer überschaubaren Zahl von Verhaltensweisen, die aus meiner Sicht in Summe einen reifen Erwachsenen ausmachen. Würde ich jetzt auf die anderen Verhaltensweisen eingehen, wäre das eine Nacherzählung des Buchs *Die 7 Wege zur Effektivität* – aber das werde ich hier nicht tun. Ich kann nur jedem empfehlen, es wenigstens einmal in seinem Leben zu lesen. Dann wird jeder verstehen, warum ich der Überzeugung bin, dass selbstorganisierende evolutionäre Organisationen nur dann richtig funktionieren, wenn eine ausreichend große Anzahl von Menschen darin ist, die sich möglichst oft wie reife Erwachsene verhalten können und nicht ständig aus einer Organisation oder Firma, die ja antritt, um den Menschen in der Gesellschaft etwas Nützliches zu liefern, einen Kindergarten veranstaltet. Leider fühlen sich die meisten Organisationen, die ich kennenlernen durfte, so an und deshalb ist die Transformation in eine flache Hierarchie so herausfordernd – aber dennoch machbar.

Was ist bei der Führung räumlich getrennter Teams zu beachten?

Eigentlich bin ich immer überrascht, dass viele Beratungsunternehmen daraus ein Thema machen und Seminare und Weiterbildungen anbieten, um diesem angeblichen Problem Rechnung zu tragen.

Zugegeben – auch ich tue mir in einem Präsenzworkshop, in dem ich die Menschen live in einem Raum vor mir habe, leichter, diese zu »führen« als in einer Videokonferenz. Aber eine Fortbildung brauche ich als Führungskraft meines Erachtens lediglich, um die interaktiven Möglichkeiten der Videokonferenztechnik in ihrer Gänze auszuloten. Womit ich eigentlich schon beim banalen, aber größten Tipp angekommen wäre. Es ist nur traurig zu sehen, dass viele Führungskräfte die Möglichkeiten der Interaktion wie Abstimmungen, clevere Einbindung von Chats, Whiteboards oder gar die Nutzung von »Breakout«-Räumen nicht aus dem Effeff beherrschen. Wer das heute nicht kann, hat aus meiner Sicht als Führungskraft in der heutigen Zeit nicht mehr viel verloren. Ausgenommen von dieser Aussage sind höchstens noch die Top-Vorstände, die alles über ihre Referenten gelöst bekommen, oder Manager, die immer noch die Gelegenheit haben, ihre Teammitglieder live am Firmenort zusammenholen zu können.

Von dieser Grundvoraussetzung einmal ausgehend, ist das Führen von räumlich verteilten Teams oder Mitarbeitern nicht viel anders als vor Ort, sofern man eben die Führungsprinzipien beherrscht, die im ersten Teil des Buches behandelt werden.

Schauen wir uns einfach in Ergänzung die Liste der Risiken an, die bei räumlich verteilten Teams und Mitarbeitern zur Führungspraxis dazukommen.

- *Risiko 1:* Man bekommt die Gefühlswelt des Menschen und die Entwicklung der Bereitschaft zum Engagement für das Unternehmen schlechter mit. *Wichtigstes Gegenmittel*: Regelmäßige Eins-zu-eins-Gespräche mit der Absicht, das Engagement hochzuhalten und nicht nur den Arbeitsfortschritt zu besprechen. Diese funktionieren auch per Videokonferenz – auch wenn das Live-Meeting im Zweifel immer vorzuziehen ist.
- *Risiko 2:* Weniger effektive Meetings und viel Zeitverlust, weil man nie weiß, was denn jeder am Bildschirm in Wahrheit so treibt. *Gegenmittel 1*: Auf das Verwenden der Videokamera bestehen. Bandbreite darf – selbst in Deutschland – nicht mehr als Ausrede gelten. *Gegenmittel 2*: Strichliste führen und darauf achten, dass man jeden im Teammeeting wenigstens einmal aktiv angesprochen hat.
- *Risiko 3:* Das Ungleichgewicht zwischen »den Lauten« und »den Leisen« wird noch verschärft. *Wichtigstes Gegenmittel*: Interaktive Formen für Meinungsabfragen im Team forcieren, anstatt immer dieselben reden zu lassen.
- *Risiko 4:* Viele Mitarbeiter verlieren den Kontakt zum »Flurfunk« und zu dem, was im Unternehmen »eigentlich so läuft«. *Wichtigstes Gegenmittel*: Das Prinzip »Ich stelle mich!« forcieren. Das ist eine Videokonferenz, in der man zunächst offen über das berichtet, was im Unternehmen und insbesondere in der »Zentrale« »so läuft«. Anschließend stellt man sich den Fragen der Mitarbeiter und kann dies einleiten mit: »Ich bin sicher, dass wieder einige Gerüchte im Umlauf sind. Sprechen Sie sie an und wir versuchen gemeinsam, so gut wie möglich darauf einzugehen.« Ich glaube, man kann sich eine kostspielige Studie darüber sparen, ob der Zeitaufwand für ein solches vielleicht 30-minütiges Meeting einmal im Monat mehr Aufwand verschlingt als die Diskussionen über die Gerüchte, die länger und verteilter stattfinden würden. Außerdem sollten Sie all

die positiven Aspekte, die mit dem Aufbau von Vertrauen einhergehen, dabei auch nicht außer Acht lassen.

- *Risiko 5:* Wichtige Geschäftsziele werden unter Umständen verfehlt, weil der Austausch auf den Fluren nicht mehr stattfindet. *Gegenmittel 1*: Bei der Formulierung der Ziele und Erwartungen besser werden! Der frühere Austausch auf den Gängen war früher immer wertvoll, weil man Ungenauigkeiten in den Zielformulierungen besser kompensieren konnte. Bei räumlich verteilten Teams muss man als Führungskraft viel genauer darauf achten, dass Ziele klar formuliert und die Verantwortlichkeiten eindeutig geklärt sind. Man sieht sich im Team seltener und kann Unklarheiten in den Zielvorstellungen zwischendurch schlechter kompensieren. *Gegenmittel 2*: Bessere grafische Darstellungen von Zielerreichungen einsetzen. Eigentlich ist es schade, mitanzusehen, wie das Prinzip der Anzeigetafel oder Scoreboards noch unzureichend genutzt wird. Aber gerade in verteilten Teams, bei denen so lapidare Fragen wie »Na, kommt ihr voran?« oder »Wie läuft's?« oder »Kann ich irgendwo helfen?« viel weniger gestellt werden können, ist es für die Zielerreichung lebensnotwendig, dass alle in den verteilten räumlichen Lokationen gleichzeitig wissen: »Gewinnen wir gerade oder verlieren wir gerade?« Sorgen Sie für attraktive, glaubwürdige und leicht lesbare »Wasserstandsmeldungen« und verschonen Sie Ihre Mitarbeiter mit der Versendung komplizierter Excel-Dateien, die in der Regel nur der Autor selbst ohne Weiteres interpretieren kann.

Ich habe nur fünf Risiken herausgegriffen, die aus meiner Sicht eine hohe Relevanz in der betrieblichen Praxis haben. Dennoch erhebe ich keinen Anspruch darauf, dass es eine vollständige Liste ist. Vielmehr will ich dazu aufrufen, sich selbst oder mit seinen Leuten einfach in Ruhe eine Stunde hinzusetzen, die eigenen größten Risiken herauszufiltern und gute Gegenmaßnahmen zu treffen und durchzuziehen.

Ansonsten bleiben die besagten Hauptfähigkeiten guter Führungskräfte auch in räumlich verteilten Teams bestehen.

Kann man gute Führung messen?

Zunächst würde ich eine weitere Frage stellen: »Sollte man es überhaupt tun? – Und wenn ja, warum?«

Auf diese Frage würde ich klar mit Ja antworten. Jeder kann gute Führung lernen und sich weiterentwickeln. Wenn möglich, sollte man die persönliche Weiterentwicklung nicht nur Bauchgefühlen überlassen, sondern sich konkrete Anhaltspunkte verschaffen. Das einzige Problem an dieser Stelle ist es, dass es sehr viele Interpretationen von guter Führung und damit eine Vielzahl von potenziellen Kriterien für eine Messung gibt. Diese Kriterien sind nur teilweise hart und die meisten sind eher softer Natur. Misst man eine gute Führungskraft nur nach klaren Fakten wie zum Beispiel der Entwicklung des Aktienkurses oder anderer wirtschaftlicher Parameter oder sind die zwischenmenschlichen Fähigkeiten nicht viel wichtiger?

Ich würde bei einer messbaren Bewertung von Führungskräften nie auf die vorhandenen harten und teils wirtschaftlichen Kriterien in deren Verantwortungsbereich verzichten. Führungskräfte werden dafür bezahlt, gute Ergebnisse zu erzielen, und zwar nachhaltig. Über die relevanten Kenngrößen muss ich aber an dieser Stelle gar nicht eingehen – die kennen Sie selbst zu Genüge. Viel spannender ist der Bereich der Messung, der über die harten Fakten hinausgeht. Auch das ist meines Erachtens machbar.

Besonders gut gefällt mir hier der sogenannte NPS – der Net Promoter Score. Er wird ursprünglich – wie bereits beschrieben – für die einfache Messung von Kundenzufriedenheiten eingesetzt. Wie jede andere

Methode zur Messung von Zufriedenheiten ist er Kritik ausgesetzt, aber aus meiner Sicht ist er sehr brauchbar für jede Form von Zufriedenheitsmessungen.

Der NPS – nun bezogen auf Führungskräfte – beruht im Grunde auf zwei einfachen Fragen:

- Mit welcher Wahrscheinlichkeit auf der Skala von 0 bis 10 würden Sie die Person X als Führungskraft Ihrem besten Freund oder Kollegen weiterempfehlen?
- Wie begründen Sie Ihre Bewertung?

Das Interessante am NPS ist seine Messmethode. Nur wer bei dieser Frage eine 9 oder 10 ankreuzt, ist wirklich zufrieden, denn wir alle kennen das Risiko der Weiterempfehlung: Wenn wir danebenliegen, fällt das auch auf uns selbst zurück. Diejenigen, die mit 9 oder 10 bewerten, sind die sogenannten »Promotoren«. Wer zwischen 0 und 6 ankreuzt, gilt hier als »Kritiker«. Wer 7 oder 8 ankreuzt, ist nicht unzufrieden, aber auch nicht vollständig überzeugt – deshalb fallen die 7- und 8er-Bewertungen bei der Berechnung des NPS unter den Tisch!

Die NPS-Formel lautet nun: NPS = % Promotoren – % Kritiker.

Damit kann der NPS zwischen –100 Prozent (wenn alle zwischen 0 und 6 ankreuzen) und +100 Prozent (wenn alle 9 oder 10 ankreuzen) liegen. Dagegen wäre der NPS = 0, wenn zum Beispiel alle Befragten eine 7 oder 8 ankreuzen würden oder die Zahl der Kritiker identisch mit der Zahl der Promotoren wäre.

Viele Studien über den NPS zeigen, dass Werte von über +50 nachhaltigen Erfolg generieren. Können Sie erkennen, was es bedeutet, einen positiven NPS zu erlangen? Das ist schon eine echte Herausforderung!

Wer als Manager also etwas Mut besitzt, der lässt seine Mitarbeiter, seinen Boss und seine Kollegen die beiden einfachen Fragen beantworten und setzt sich mit den Ergebnissen und Feedbacks kritisch auseinander.

Wem die zwei genannten Fragen zu unkonkret für ein gehaltvolles Feedback sind, der kann natürlich spezifische Fähigkeiten gesondert abfragen. Ich würde nur nicht auf die erste NPS-Frage zum Abschluss der Bewertung verzichten wollen.

Wer den Mut nicht besitzt, sich als Person bei der Frage ins Rampenlicht zu stellen, der kann für die Entwicklung seiner Führungskultur in der Organisation Varianten der Fragen benutzen, wie zum Beispiel:

- Mit welcher Wahrscheinlichkeit zwischen 0 und 10 würden Sie die Art der Führung im Unternehmen beziehungsweise im Team jemandem weiterempfehlen?
- Mit welcher Wahrscheinlichkeit zwischen 0 und 10 würden Sie die Art, wie die Unternehmenswerte gelebt werden, jemandem weiterempfehlen?

Ihrer Fantasie sind hier keine Grenzen gesetzt! Trauen Sie sich an die Messbarkeit guter Führung heran. Sonst überlassen Sie die Qualität Ihrer vermeintlich wichtigsten Ressource im Unternehmen zu stark dem Zufall.

Was ist die »Leadership-Landkarte«?

Ich zähle die Leadership-Landkarte zu einem der Highlights meiner bisherigen beruflichen Laufbahn. Die Landkarte ist ein logisches Ergebnis einer langjährigen Zusammenarbeit mit Harald Riedel-Taschner, einem Abteilungsleiter des ZID (Zentraler Informatik Dienst) an der Universität Wien, den ich zu den ambitioniertesten Führungskräften zähle, denen ich begegnet bin, und dem ich letztlich auch dieses Buch gewidmet habe.

Sie ist deshalb logisch, weil man auf der gemeinsamen Reise der Team- und Organisationsentwicklung auf so viele Führungsthemen und Werkzeuge stößt, dass es irgendwann völlig klar war, die klassischen Führungsthemen auf einer Art Landkarte darzustellen, um den Team- und Abteilungsleitern eine Orientierung im Dschungel der Führung an die Hand zu geben (siehe Bild 20).

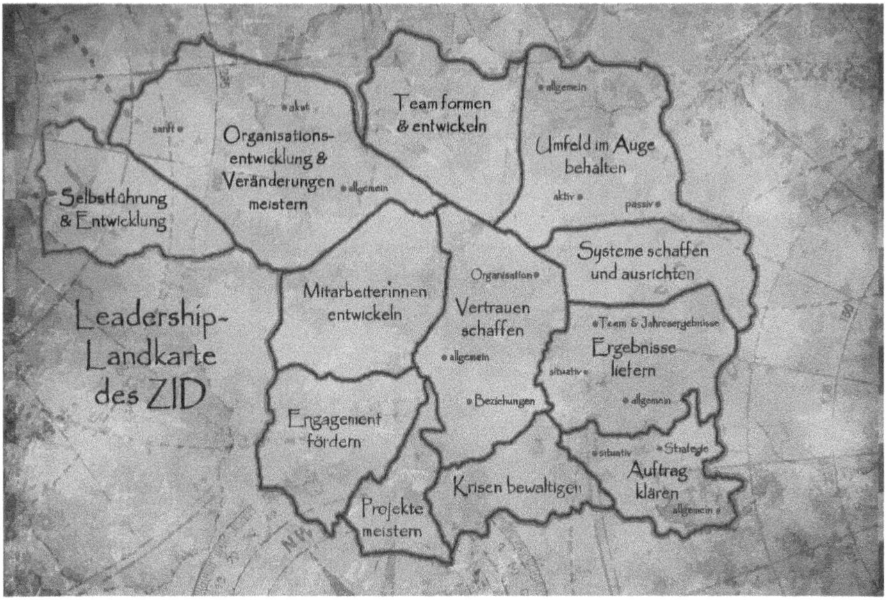

Bild 20: Die Leadership-Landkarte des ZID der Universität Wien

Schlägt man das Dokument der Leadership-Landkarte des ZID auf, so stößt man gleich auf folgende Präambel:

> *»Führungskräfte stehen tagtäglich vor zahlreichen Herausforderungen und Fragestellungen:*
>
> - Wie kann ich mehr Teamgeist in meinem Team schaffen?
> - Wie kann ich wirkungsvoll eine gute Vertrauenskultur aufbauen?
> - Wie kann ich mein Team zu mehr Engagement führen?
> - Wie gehe ich in Veränderungsphasen mit mir selbst und mit meinem Team um?
> - Wie halte ich mich selbst fit für meinen Führungsalltag?
> - Wie gehe ich mit Konflikten und Krisen in der Organisation um?

Um auf solche und ähnliche Fragen schnell und konkret reagieren zu können, ist die Leadership-Landkarte des ZID entstanden. Sie vereint Werkzeuge zur Mitarbeiterführung für viele Einsatzbereiche und macht diese überblickbar. Die Leadership-Landkarte versteht sich als Hilfestellung für alle Ebenen von Führungskräften, die ihre Rolle nicht nur auf das Managen von Budgets und Projekten beschränken, sondern den Umgang mit Menschen in den Mittelpunkt ihres Erfolgs stellen.

Die Leadership-Landkarte besteht aus drei Teilen:

- Die Landkarte selbst: Sie gibt eine Übersicht, in welchen Themengebieten (Länder und Regionen) man sich »aufhalten« und etwas finden kann.
- Die Matrix (Tool-Übersicht): Sobald eine Region ausgewählt wurde, finden sich hier alle passenden Werkzeuge zur erfolgreichen Selbstführung und Führung des Teams.
- Die Tools: Für jedes der 45 Werkzeuge folgt eine Kurzbeschreibung und die konkrete Anwendung in der Praxis.

Nicht jedes Werkzeug ist für jeden Anwendungsfall gleich gut geeignet. In Summe ist die Landkarte jedoch ein umfassender Baukasten, der die Führungsarbeit wesentlich erleichtern soll. Denn Führung ist letztlich nicht nur Führung der Mitarbeiter, sondern zu einem guten Teil auch Selbstführung und im Kern immer Beziehungsarbeit mit Menschen.
Unser Ziel sind zufriedenere und engagiertere Mitarbeiter.
Damit gehen bessere Arbeitsergebnisse einher.
Diese münden wiederum in einer höheren Kundenzufriedenheit.
Schlussendlich steigert all dies die Gesamtperformance der Universität Wien.

Wir wünschen eine anregende Wanderung durch die Landkarte und eine erfolgreiche Anwendung der Tools!«

Der Werkzeugkasten umfasst Einzelinterventionen wie zum Beispiel den »Delegation Poker« für das Ausverhandeln von Eigenverantwortungen im Team bis hin zu komplexeren Systemen wie der »NPS« für die Messung von Zufriedenheiten oder dem »Reiss-Profile« für die Analyse von guten Teamzusammensetzungen.
Die meisten Werkzeuge können frei verwendet werden – für manche Werkzeuge werden Lizenzpartner hinzugezogen. Wichtig ist nur, dass die Führungskräfte wissen, mit welchen Werkzeugen sie welches Führungsproblem angehen können.

Harald und ich geben uns nicht der Illusion hin, dass jede Führungskraft in der Organisation diese Landkarte täglich zur Rate zieht. Aber wir können beobachten, dass 20 Prozent dies regelmäßig tun und 60 Prozent sie fallweise in die Hand nehmen, um bestimmte Führungsherausforderungen zu meistern.

Und das führt mich zu Ulf Busch, dem Chef von Harald, der ihn nicht nur darin bestärkt, sich diesem Betätigungsfeld zu widmen, sondern in bemerkenswerter Form das Leben seiner in der Landkarte dargestellten Führungsprinzipien vorantreibt. Er ist für mich ein weiteres Beispiel großer Führung, dass man es nicht beim Wissen belässt, sondern das Können fördert.

Das gelingt Ulf Busch insbesondere durch seine regelmäßigen Jahresklausuren, in denen die Leadership-Landkarte immer wieder als Agendapunkt auftaucht und einzelne Werkzeuge wieder ins Bewusstsein gerufen und praktisch geübt werden.

Sollte man Parallelen zu Sport und Musik ernst nehmen?

Wenn man Führungsseminare besucht, gibt es seitens der Referenten immer wieder Vergleiche aus Sport und Musik. Ist das zielführend für die Entwicklung guter Führungsfähigkeiten?

Fangen wir einmal in der Sparte Sport an. Wo sind zunächst eindeutige Parallelen zum Führungsalltag in den Unternehmen zu finden? Alle Sportmannschaften streben, genau wie Wirtschaftsunternehmen, einen langfristig anhaltenden Erfolg an. Ein Weltmeistertitel ist fein, aber zur Legende wird man dadurch noch lange nicht. Der Erfolg von Sportmannschaften lässt sich wie in der Wirtschaft klar messen und der Erfolg beziehungsweise Misserfolg hängt von Faktoren wie den individuellen Fähigkeiten der Spieler, der richtigen Teamzusammensetzung, der Strategie, Taktik und der Stärke der Kontrahenten ab. Dazu kommen heutzutage immer mehr die finanzielle Ausstattung sowie das Image und der Markenwert dazu.

Im Fokus der entwicklungshungrigen Manager aus der Wirtschaft stehen dabei vor allem die Trainer und weniger die Sportchefs oder Vorstände der Clubs. Gerade hier wird besonders sichtbar, wie die Performance der Spieler auf dem Feld den Erfolg des Vereins im Business direkt beeinflusst. Wenn man das Wirken von Uli Hoeneß – dem früheren Manager und Vorstand des FC Bayern München – einmal ausnimmt, werden sich wenige Manager extra zu einem Vortragsabend mit dem aktuellen Vorstand vom Hamburger Sportverein oder einem renommierten Handballverein aufmachen. Wenn jedoch

Jürgen Klopp, der legendäre Trainer von Borussia Dortmund und vom FC Liverpool, angekündigt wird, sind die Tickets in Windeseile ausverkauft und hochrangige Führungskräfte und erfahrene Manager versuchen, aus seinen Erfahrungen etwas für ihren Führungsalltag mitzunehmen.

Erfolg kommt von Ergebnissen. Und Tore werden von den eigenen Spielern geschossen. Ob die eigene Mannschaft mehr Tore schießt als der aktuelle Gegner, hängt vorwiegend von der Teamzusammensetzung und der gewählten Taktik des Trainers ab. Und wenn man dann auch noch die Meisterschaft über eine ganze Saison gewinnen will, kommen so Faktoren wie der Fitnessgrad der Spieler und vor allem deren Engagement zum Tragen. Man spricht immer wieder von Formschwankungen und Motivationsproblemen, genau wie man es im eigenen Managementalltag bei seinen eigenen Mitarbeitern erlebt. Man beobachtet gespannt, wie die Clubs das so hinbekommen. Man kann auch so schön von außen hineinschauen und es via Bildschirm verfolgen. Ein Umstand, den man in der Wirtschaft praktisch nicht antrifft, da interne Abläufe und Kulturen eher bedeckt gehalten werden.

Aber damit hören die Parallelen zwischen Wirtschaft und Mannschaftssport schon auf. Lassen Sie uns einmal lieber die Unterschiede anschauen, die die Lernerfahrungen aus dem Sport wieder etwas relativieren.

Das größte Vergleichshandicap der Wirtschaft im Vergleich zum Sport sehe ich in der Tatsache, dass die Mitarbeiter im Sport – also die Spieler – ihren produktiven Einsatz in der Regel nur einmal pro Woche innerhalb eines sehr begrenzten Zeitraums – im Fußball über 90 Minuten – zum Einsatz bringen müssen. Dann aber wirklich hochintensiv und konzentriert. Die übrige Zeit wird mit Körperpflege, Fitnessübungen, dem Üben von Spielzügen, dem Anpassen von technischen Ausrüstungen und allem, was zur optimalen Vorbereitung für das eigentliche Event notwendig ist, verbracht.

Das ist aus meiner Sicht das völlige Gegenteil von dem, was wir in den Betrieben und Verwaltungen erleben. Hier geht jeder Tag für Tag, Woche für Woche seinem geregelten Job nach und versucht permanent, irgendwelche Tore zu schießen, während die Zeit für Verbesserung, Training und Vorbereitungen sehr knapp bemessen ist. Dies ist die völlige Umkehr der Praxiszustände und deshalb sind die Lehren eines erfolgreichen Fußball-

Coaches für die Adaptierung in der Managementpraxis mit Vorsicht zu genießen. Wenn sich aber nun ein Bereichsleiter einer Softwarefirma von der Begeisterung und Liebe Jürgen Klopps seinen eigenen Spielern gegenüber anstecken lässt und das in seinen Arbeitsalltag überträgt, ist dennoch schon viel gewonnen.

Bei den üblichen Vergleichen zur Musik steht häufig der Dirigent eines guten Orchesters im Mittelpunkt. Der Glaubenssatz an dieser Stelle lautet: Die Performance des Orchesters hängt insbesondere von der Güte und dem Wirken des Maestros ab.

Es ist nicht von der Hand zu weisen, dass der Orchesterleiter in seiner üblichen Rolle für den Gesamterfolg des Orchesters allein verantwortlich ist, lässt man mal seine Rahmenbedingungen wie Geld, Qualität der Intendanz et cetera kurz außer Acht.

Der Dirigent ist häufig auch für die Besetzung des Orchesters zumindest mitverantwortlich. Er prägt den Stil und vor allem die Interpretation der Stücke. Er prägt den Übungsaufwand und die Art, wie er mit den Musikern umgeht, um sie zu höchster Spielfreude und Leistung zu motivieren. Ohne ihn geht nichts.

Aber die Vergleichbarkeit mit der heutigen Managerwelt ist eingeschränkt, weil das Modell des Maestros heute als antiquiert gilt. Ich würde einem Vortrag eines Dirigenten nur dann aufmerksam zuhören wollen, wenn er mal aus der Schule plaudert über folgende Themen:

- wie er es schafft, einen frustrierten Klarinettisten, aus welchen Gründen auch immer, wieder zurück ins hohe Engagement zu verhelfen;
- nach welchen Kriterien er die Stücke auswählt (Stichwort Strategie);
- was er über das Verhältnis zwischen Talent und Disziplin zu sagen hat;
- wie man im heutigen Musikbusiness finanziell überlebt.

Ansonsten gelten in der Musik ähnliche Umstände wie im Sport. Zeitlich stehen die Vorbereitung und das Üben im Vordergrund, bevor man für eine sehr begrenzte Zeit eine erstklassige Performance für die Kunden – also die Zuhörer – an den Tag legt.

Es gibt jedoch eine Parallele zwischen dem Business und der Musik, die ich nicht unerwähnt lassen möchte: Jedes Unternehmen hat Wertschöpfungsketten und interne Prozesse. Das Beherrschen dieser Prozessketten ist das A und O einer sauber funktionierenden Organisation. Leider wird zunächst viel Aufwand in das Erstellen und Zeichnen von Prozessabläufen gesteckt, die dann doch meist sang- und klanglos in Schubladen und Dateiordnern auf Nimmerwiedersehen verschwinden. Das ist höchst bedauerlich, nicht nur wegen des Aufwands für die Erstellung, sondern auch, weil durch das Nichtbeachten der Sollabläufe extrem viele unnötige Kosten und Reibungs- und Qualitätsverluste entstehen.

Grafische Prozessabläufe vergleiche ich gerne mit Partituren in der Musik. Sie haben einen Startpunkt, sie laufen nach einem zeitlichen Grundschema ab – ein Funktionsbaustein folgt dem anderen und in der Vertikalen kann man immer gut erkennen, welcher Funktionsträger wann welchen Beitrag leistet. Wie in der Musik auch.

Der Unterschied zwischen Wirtschaft und Musik liegt nun aber darin, dass die Musiker die Partitur aus dem Effeff kennen, während das bei den Mitarbeitern in der betrieblichen Praxis nur allzu selten der Fall ist.

Die Gründe hierfür sind nicht unbekannt. Zum einen scheut man sich, aus einem für mich unverständlichen Grund die Prozessabläufe regelrecht einzuprügeln. Man hört dann Aussagen wie: »Keiner macht es, also brauche ich das auch nicht. Und mein Boss fordert es auch nicht ab. Wir sind ja schließlich nicht mehr in der Schule!« Und doch sollte man hier alte Schulprinzipien wieder zum Leben erwecken und das Prinzip »Lernen – Abfragen – Bewerten« anwenden. Tut aber keiner!

Ein weiterer Grund liegt im natürlichen Individualismus der Menschen. Prozessabläufe in ihrer vorgebenden Art lassen keinen oder nur wenig Raum für Interpretation und situative Flexibilität. Das widerstrebt der Natur der Menschen und darin sehe ich einen weiteren Faktor dafür, dass Mitarbeiter kein eigenes Interesse zeigen, Prozessabläufe völlig zu verinnerlichen.

Damit scheint aber der Vergleich zur Musik zu scheitern! Oder doch nicht? Keineswegs! Man muss sich nur einem anderen Musikstil zuwenden. Dem Jazz statt der Klassik.

Der fundamentale Unterschied zwischen Klassik und Jazz liegt in der Improvisation. Ein klassisches Stück wird in der Regel Note für Note exakt so gespielt, wie der Komponist sich das vorgestellt hat.

Im Jazz spielt man ebenfalls zeitlich beschränkte Musikstücke. Als unkundiger Zuhörer fragt man sich zwischendurch, warum das nicht völlig aus dem Ruder läuft, gleichwohl auf der Bühne zwischendurch offensichtlich jeder Musiker gerade einmal das spielt, worauf er Lust zu haben scheint.

Die Antwort liegt wieder im Begriff der Partitur und die Wahrheit beim Jazz ist, egal wie abgedreht die Improvisationen auch sein mögen: Jeder in der Band – und damit meine ich wirklich *jeden* – weiß zu jeder Sekunde exakt, wo an welcher Stelle der Partitur man sich gerade befindet. Nur gibt die Partitur im Jazz meist keine Einzelnoten vor, sondern die Abfolge der Akkorde. Man nennt das auch Lead-Sheet. Das reicht. Bei jedem Jazzmusiker läuft vor dem geistigen Auge die Abfolge der Akkorde, über die improvisiert wird, wie auf einem Laufband ab und das hält die Kapelle letztlich erfolgreich zusammen und gibt allen Musikern den Raum, sich individuell kreativ entfalten zu können. Aber vom Grundprozess gibt es *keine* Abweichung.

Deshalb rufe ich hier allen Führungskräften, die irgendwo mit internen Abläufen und Prozessketten zu tun haben, zu: »Let's play Jazz!« Lernt gemeinsam die Grundbausteine (Akkorde) und deren Abfolge, bis ihr sie im Schlaf beherrscht, und gebt euch dabei genug Freiräume für individuelle Interpretationen und kreative Freiräume.

Sollten Politiker nicht die besten Führungskräfte sein?

Sie wissen, dass für meine Bewertung einer guten Führungskraft das Prinzip der Effektivität – also das Richtige tun, um langfristig erfolgreich zu werden – elementar ist.

Und genau an diesem zentralen Punkt schneiden Politiker – speziell westliche, demokratisch gewählte Politiker – schlecht ab. Dieses Problem hat System. Das System heißt schlicht Demokratie. Stephen R. Covey hat in meinem Lieblingskapitel zum Thema »Synergie« einmal die drei größten Hürden genannt, warum kreative Kooperation zum Wohle des Ganzen so selten vorkommt.

1. Ein Mangel an Charakter
2. Die fehlende Fähigkeit, zuzuhören
3. Gewinn-Verlust-Systeme

Gerade der dritte Punkt ist für Politiker eine echte Bürde. Wir alle wissen, dass die Demokratie die beste unter den schlechten Staatsformen ist, denn das Mehrheitsprinzip macht die Demokratie zu einem Gewinn-Verlust-System.

Stellen wir uns also ein Führungstalent in der Politik vor, das wirklich das Zeug zum großen Staatsführer hätte und mit viel Ambition in die Mühlen des Systems einsteigt. Das Wahlsystem zwingt dem Talent nicht nur zu

Wahlkampfzeiten automatisch eine Gewinn-Verlust-Einstellung auf: »Je mehr Stimmen wir bekommen, desto weniger habt ihr!« Ich stelle es mir einfach unmöglich vor, in einem Wettbewerbssystem die »Gewinn-Gewinn«-Haltung einzunehmen, die aber letztlich für kreative Kooperation und echte Synergien nach dem Prinzip 1 + 1 = 25 elementar notwendig ist.
Auch ein Roger Federer mit seiner feinen und fairen Art wäre nicht auf die Idee gekommen, mit einer *Win-win*-Haltung ins Match zu gehen. *Fair-Play,* ja – aber nicht *Win-win.*

Es liegt in der Natur der Sache, dass am Ende sämtlicher politischer Verhandlungen, national wie international, die politischen Führer stolz von einem gefundenen Kompromiss sprechen – sofern sie einen solchen überhaupt zustande gebracht haben.

Ich war jahrzehntelang ein Freund von Kompromissen. Sie können sich die Gründe vorstellen. Selbst bei Streitigkeiten kommt man gemeinsam einen Schritt weiter. Das ist doch gut – oder etwa nicht?

Wenn man sich mit den Prinzipien der Effektivität befasst, nimmt man sofort einen anderen Blickwinkel ein. Ein Kompromiss ist wie 1 + 1 = 1,5. Ein Kompromiss ist das Maximum, das Menschen, die mit einer Gewinn-Verlust-Einstellung am Verhandlungstisch sitzen, erzielen können. Synergetische Ergebnisse, welche stets großartiger Führung entspringen und der Formel 1 + 1 = 25 gehorchen, sind in Demokratien leider ausgeschlossen!

Das ganze Drama wird befeuert von der alten Fußballer-Weisheit »Nach dem Spiel ist vor dem Spiel«. Durch den in der Regel festgelegten Vier-Jahres-Zyklus befindet man sich immer im Wahlkampf und verlässt die Gewinn-Verlust-Haltung gegenüber dem politischen Gegner praktisch nie. Außerdem sind die kurzen Wahlzyklen dafür verantwortlich, dass Politikern langfristiges Handeln völlig fernliegt – aber genau das können großartige Führungskräfte.

Für die Güte einer höheren Führungskraft benutze ich gerne das Modell der »4 essenziellen Führungsrollen« von FranklinCovey[32] (siehe Bild 21). Mit dem Modell komme ich in der Regel recht weit. Ich kann jedem Unternehmen nur empfehlen, sich in diesen vier Rollen ausgiebig schulen zu lassen.

Bild 21: Die 4 essentiellen Führungsrollen von FranklinCovey

- Die Kernfähigkeit ist »Vertrauen schaffen«.
- Fähigkeit Nummer zwei lautet »Visionen entwickeln«.
- Fähigkeit Nummer drei lautet »Strategien umsetzen«.
- Fähigkeit Nummer vier lautet »Talente coachen«.

Wenn ich dieses Modell für meine Betrachtung der Leistung der ehemaligen Bundeskanzlerin Angela Merkel heranziehe, dann schneidet sie nur bei einer Komponente wirklich gut ab: Sie konnte *Vertrauen* schaffen. Insbesondere im Ausland. Deutschland war unter ihrer Führung ein Land, dem wirtschaftlich, aber eben auch politisch viel Vertrauen entgegengebracht wurde. Das muss man erst einmal schaffen. Bei der für uns Menschen wichtigsten Währung – dem Vertrauen – hat sie gepunktet. Das steht für mich außer Frage.

Dann geht es aber abwärts mit den guten Bewertungen. Einer ihrer Vorgänger, Helmut Kohl, hatte eine recht klare Vision eines geeinten, funktionierenden Europas. Visionen und Perspektiven geben Halt und machen politische Entscheidungen weniger willkürlich. Aber gerade auf dem Feld der *Visionen* und Perspektiven war Angela Merkel nie wahrnehmbar.

Dafür war sie eine außerordentlich gute Krisenmanagerin. Aber damit war sie eben »nur« eine gute Managerin, aber keine gute Führungskraft. Sie hatte kein eigenes Bild für die Zukunft von Deutschland, Europa oder gar der Weltengemeinschaft entwickelt. Sie war gut im Reagieren, aber nicht im Gestalten. Und wenn sie einmal sehr weitreichende »strategische« Entscheidungen getroffen hat, wie zum Beispiel den Atomausstieg, dann entsprang dies nicht einem fundierten Zukunftsbild, sondern war schlicht eine angstgetriebene emotionale Reaktion auf die Nuklearkatastrophe in Fukushima.

Die dritte Fähigkeit, die der *Strategieumsetzung*, fällt in meinen Augen ebenfalls schlecht aus, weil man sich gleich fragen muss: »Welche Strategie?« Vielleicht kann man einen Koalitionsvertrag als Grundlage einer Regierungsstrategie verstehen, aber die Umsetzung zukunftsrelevanter Strategien konnte ich nicht erkennen.

Besonders schmerzt mich an dieser Stelle die Tatsache, wie wenig sie als frühere Umweltministerin in Sachen Klimapolitik tatsächlich erreicht und umgesetzt hat. Alle strategisch relevanten Kennzahlen werden von Deutschland bei Weitem nicht erreicht. Welche Position will man denn noch erklimmen, um solche Ziele positiv beeinflussen oder gar erreichen zu können, als die eines Bundeskanzlers?

Die vierte Fähigkeit großartiger Führung – das *Coachen guter Talente* – war gleichfalls alles andere als ihre Domäne. Angela Merkel war Angela Merkel und sie hat in ihrer Zeit keinen offenkundigen Wert darauf gelegt, echten Führungsnachwuchs zu entwickeln. Den Zustand der eigenen Partei am Ende ihrer Ära und die Art der Staffelübergabe an Friedrich Merz als Parteivorsitzenden kann man nur als ein einziges Führungsdesaster bezeichnen.

Machen Sie sich Ihr eigenes Bild der aktuell agierenden Politiker. Wer ist weitsichtig? Wer ist mutig für echte notwendige Reformen? Wer kann dauerhaft verlässliche Allianzen schmieden, um echte Probleme kooperativ zu lösen?

Womit sollte man sich als Führungskraft klugerweise beschäftigen?

Ich werde oft gefragt, was denn das Mindeste oder Effektivste ist, womit man sich beschäftigen sollte, um eine gute Führungskraft zu werden oder zu bleiben. Meine Antwort hierauf lautet folgendermaßen, wobei ich die Reihenfolge durchaus für relevant halte:

1. Lesen Sie zum Start *Die 7 Wege zur Effektivität.* Wenn Sie dieses Grundmodell einer erwachsenen Persönlichkeit verinnerlicht haben, verfügen Sie aus meiner Sicht über die Basis Ihres Führungserfolgs.
2. Lesen Sie *Schnelligkeit durch Vertrauen*, das Werk von Stephen R. Coveys Sohn. Nichts ist langfristig elementarer als der Aufbau von Vertrauen. Wie das konkret geht, kann man hier sehr einfach studieren. *Vertrauen führt* von Reinhard K. Sprenger ist ebenfalls äußerst relevant.
3. Ich kann weiterhin empfehlen, sich mit den großen Trends und Entwicklungen dieser Welt auseinanderzusetzen. Konkret empfehle ich im Moment das Buch *21 Lektionen für das 21. Jahrhundert* von Yuval Noah Harari, dem israelischen Historiker.
4. Befassen Sie sich darüber hinaus unbedingt mit einem der drei großen Werkzeuge zur Strategieumsetzung: Hoshin Kanri, OKR (Objectives and Key Results) oder 4DX (4 Disciplines of Execution).

Nichts ist für Ihren Erfolg und damit für den Erfolg Ihres Unternehmens wichtiger, als die wichtigsten operativen und finanziellen Kennzahlen in einem außergewöhnlich guten Zustand zu halten.

5. Machen Sie eine Coaching-Ausbildung. Die Zahlenwelt ist leicht zu lernen. Von ihr abhängig zu werden, ist noch leichter. Für Ihre Ergebnisse benötigen Sie jedoch das Engagement von Menschen. Je besser man die Menschen versteht, desto leichter fällt es, sich selbst und anderen eine Arbeitsumgebung zu schaffen, die es jedem leichter macht, die Wahl zu treffen: »Ich bin mit vollem Herzen und Engagement dabei!« Bei einer Coaching-Ausbildung lernen Sie sich selbst und die Motivationen Ihrer Mitmenschen gut kennen und bekommen ein Handwerkszeug, um die Potenziale der Menschen unter Ihrer Führung zur vollen Entfaltung zu bringen.

Wichtige Unterschiede zum Schluss

Zum Abschluss möchte ich noch drei Begriffsunterschiede erläutern.

Zwischen uns Menschen ist effektive Kommunikation wohl die entscheidende Tätigkeit für gegenseitiges Wohlergehen und deshalb ist es auch immer wichtig, dass man dasselbe meint, wenn man bestimmte Wörter in den Mund nimmt. Die Liste gängiger Missverständnisse ist nicht vollständig, aber gerade die folgenden Beispiele sind mir im Alltag von Führungskräften besonders wichtig zu erwähnen.

Der Unterschied zwischen aktiv und proaktiv

Wie oft höre ich doch den Ausruf – meist im Vertrieb: »Leute, wir müssen mal wieder proaktiv auf unsere Kunden zugehen!«

Wir wissen natürlich, was damit gemeint ist: Man hat sich wieder viel zu lange mit internen Prozessen herumgeschlagen und den Kontakt zu den Kunden verloren. Jetzt will man das wieder aktivieren und ans Lenkrad des Geschehens zurückkehren.

In diesem Zusammenhang wird das Wort »proaktiv« missbraucht. Damit verkommt es – völlig zu Unrecht – zum »Buzzword«. Langsam geht es ein in die Reihe von Begriffen, die man gerne verwendet, um Bedeutung und Modernität vorzutäuschen und die dann früher oder später als Bullshit-Bingo nicht mehr ernst genommen werden.

Eigentlich möchte der Vertriebsleiter nur sagen, dass man den Kunden gegenüber zu lange zu passiv war. Und das Gegenteil von passiv heißt schlicht aktiv – und nicht proaktiv.

Das Gegenteil von Proaktivität ist jedoch, sich in die Opferhaltung zu begeben – und nicht nur passiv zu sein! Das ist ein gravierender Unterschied! Ein proaktiver Mensch bricht mit negativen Mustern und wandelt sie in positive Muster um. Er übernimmt Eigenverantwortung. Ganz grob gesagt versucht ein proaktiver Mensch, stets konstruktiv zu bleiben und damit die Welt immer ein bisschen besser zu machen.

Der Vertriebschef kann mit seinem eingangs erwähnten Aufruf immer noch meinen, den Kunden die letzten Ladenhüter zu überzogenen Preisen zu verhökern. Er will raus aus der Passivität und zurück in die Aktivität – aber mit Proaktivität hat das nichts zu tun!

Der Unterschied zwischen »Ziel« und »Absicht«

Wenn ich mir die Zielvereinbarungen von Managern mit ihren Vorgesetzten anschaue, gruselt es mich regelmäßig. Da liest man dann gerne Dinge wie

- »Das XY-Projekt wird unterstützt (Ablauf, Layout, IT-Systeme).«
- »Das IE-Netzwerk ist etabliert und anerkannt.«
- »Know-how-Transfer und Know-how-Aufbau im Bereich XY wurden sichergestellt.«

Das Wort »Ziel« wird inflationär verwendet. Die hier beispielhaft aufgeführten Aussagen sind keine Ziele, sondern maximal Absichten. Ein Ziel lautet zum Beispiel: »Wir verbessern die Stillstandszeiten im Bereich X von A nach B bis Datum X.«

Warum geben sich so viele Führungskräfte nicht mehr Mühe, gute Absichten in klare Ziele umzuformulieren? Warum gibt man sich mit solchen unklaren »Zielvereinbarungen« überhaupt zufrieden?

Die Gründe sind wieder in der menschlichen Psyche und der Bequemlichkeit zu suchen. Man will vordergründig Fortschritte erzielen, will sich aber nicht gleichzeitig auf etwas Konkretes festlegen. Ich halte die Verwendung von Absichtsformulierungen in Zielvereinbarungen für unternehmerisch grob fahrlässig und einer guten Führungskraft nicht würdig!

Der Unterschied zwischen »Synergieeffekt« und »Synergie«

Ich bin irritiert, wenn ich erlebe, wie missbräuchlich der Begriff »Synergie« in Managerkreisen verwendet wird. Da die meisten Manager und Unternehmer nach einer Profitmaximierung trachten und dabei immer auch eine Aura von Kompetenz an den Tag legen wollen, gehört das Wort »Synergie« nach wie vor zu ihrem Lieblingswortschatz. »Bei diesem Firmenzusammenschluss werden wir jede Menge Synergien heben« oder »Das Synergiepotenzial bei dieser Fusion beziffern wir auf minimal X Millionen Euro« et cetera. Und schon leuchten die Augen der Gier und man hat maximale Führungskompetenz an den Tag gelegt.

Bei diesen klassischen Aussagen würde ich maximal von synergetischen Effekten sprechen wollen – denn man meint damit in aller Regel Einsparungseffekte. Hier geht es um Effizienz und nicht um Effektivität!

Jede Form von sinnvoller Einsparung ist zu begrüßen. Aber bei einem Zusammenschluss von zwei Banken zu einer neuen Megabank hat man primär Einsparungseffekte im Sinn und man kreiert nichts Neues.

Und damit sind wir beim echten Wesen von Synergie. Synergie ist der Zusammenschluss von Unterschieden, die gemeinsam etwas Neues hervorbringen! Synergie ist wie 1 + 1 = 25.

Der Erfolg von Apple ist meines Erachtens ein Beispiel für Synergie. Erst die Fusion aus Computer + Musikbusiness hat den iPod hervorgebracht, dessen logischer Nachfolger das iPhone geworden ist. Früher war Apple ein reiner Computerhersteller – heute hat das Unternehmen eine zentrale Rolle in der Welt der Digitalisierung inne.

Synergie ist auch die Suche nach der dritten Alternative. Hier ist mein Weg, dort ist dein Weg. Lasst uns einen gemeinsamen Weg finden, der besser ist als jeder unserer Einzelwege. Das ist die wahre Natur von Synergie! Synergie ist kreative Kooperation, wobei der Fokus auf »kreativ« liegt. Ein Zusammenschluss eines Windradherstellers mit einem Energieerzeuger ist kein kreativer Akt – das ist schlicht Business as usual und hat mit echter Synergie nichts zu tun.

Wer nach echten Synergien strebt und diese auch umsetzen kann, ist ein wahrer Könner im Bereich Leadership!

Epilog

Ich bin sicher, dass es viele weitere spannende Fragen rund um das Thema gute Führung gibt. Wenn Sie Interesse an einer Antwort haben, dann freue ich mich auf Ihre Kontaktaufnahme.

Damit wir uns bei der ganzen Sache nicht missverstehen: Auch wenn vielleicht der Eindruck entsteht, bei guter Führung ginge es mehr um den Menschen als um die Zahlen, so lassen Sie mich zum Schluss noch einmal klar festhalten, dass Unternehmen und Organisationen Zweckbündnisse sind, um messbare Ergebnisse abzuliefern – sei es als Produkte oder Dienstleistungen. Und sie müssen wirtschaftlich handeln, sonst gehen die Lichter aus und alle verlieren.

Aber wenn es bei Unternehmen nachhaltig klemmt, dann ist es weniger der Mangel an Rohstoffen oder Kapital, sondern der Faktor Mensch – davon bin ich fest überzeugt.

Ich habe in meiner Zeit als Organisationsentwickler viel Energie in die Optimierung von IT-Systemen, Prozessabläufen und Strategieentwicklungen gesteckt, damit ein Unternehmen rund läuft. Fast nie hat es an materiellen Mitteln gefehlt, aber der größte Flaschenhals zum nachhaltigen Erfolg aller Maßnahmen war immer der Faktor Mensch.

Das Buch entstand in den Jahren 2020 bis 2025. Es ist eine sonderbare Zeit. Wir befanden uns zu Beginn dieser Periode in der weltweiten Pandemie. Viel Vertrauen ist in den letzten Jahren in wichtige Institutionen wie Regierung, Politik, Wissenschaftler und Pharmaindustrie verloren gegangen.

Alle Menschen, die in entscheidenden Funktionen dieser Pandemie steckten, haben erfahren, wie ungeduldig »das Volk« ist und wie es nach klaren Vorgaben und Richtlinien dürstet. Unklarheit erzeugt Stress. Dieses Gesetz kam voll zum Tragen und damit sind wir wieder bei den handelnden Führungskräften.

Aber auch unabhängig von der Pandemie leben wir in einer Zeit, die wenig Anlass zur Zuversicht gibt. Ich kann mich noch gut an Silvester 2007/2008 erinnern. Um Mitternacht blickte ich in eine gute Zukunft. In unserem Land gab es quasi Vollbeschäftigung, der Kalte Krieg war beendet, Russland auf dem Weg zu einer glaubwürdigen Demokratie, die Tigerstaaten auf dem Weg zum Wohlstand, kaum noch Krisenherde und das westliche System des Wirtschaftsliberalismus schien sich als unschlagbar durchgesetzt zu haben.

Dann kam im September 2008 die Pleite der US-amerikanischen Investmentbank Lehman Brothers und seitdem ist alles anders. Wir haben bis heute die Folgen der Weltwirtschaftskrise und der Euro-Krise nicht überwunden und es gibt nur noch zwei Möglichkeiten, sein eigenes Geld ohne zusätzliche Arbeit zu vermehren – über Immobilien oder den Aktienmarkt. Die Armen werden ärmer, der Mittelstand hat wertvolle monetäre Substanz verloren und die Reichen werden immer reicher. Den Unternehmen und damit den Unternehmern und Shareholdern geht es weiter gut und die Digitalisierung, gepaart mit der Entwicklung der Biotechnologie mit ihrem dramatischen Wandel, hat sich gerade erst einmal warmgelaufen.

Wir leben über unsere Verhältnisse, sämtliche Gesellschaftssysteme auf der Welt sind für gerechte Lebensverhältnisse ungenügend ausgelegt und nun kommt die ökologische Krise auf uns zu – langsam, aber scheinbar unaufhaltsam.

Unsere Probleme sind globaler Natur und können auch nur auf globaler Ebene gelöst werden.

Ich bin jetzt 63 Jahre auf der Welt und wenn mir im Moment etwas fehlt, dann ist es gute Führung. Und damit schaue ich nicht nur auf die Politiker dieser Welt.

Wenn ein deutsches Großunternehmen weiter Signalanlagen für eine Bahnlinie in Australien liefert, die zum Zwecke des Transports von hochwertiger Kohle in Richtung indischer Kohlekraftwerke gebaut wird, dann ist das nur ein prägnantes Beispiel, dass auch unternehmerische Führungskräfte am Problem, aber auch an der Problemlösung beteiligt sind.

Am Ende ist es jeder Einzelne von uns, der gute Führung an den Tag legen kann. Wie gut führe ich mich selbst? Wie gut führe ich meine eigene Partnerschaft? Wie viel gute Führung investiere ich in meine eigenen Kinder oder überlasse ich das einer Kita, Lehrern oder anderen überforderten Instanzen? Wie gut führe ich meine Mitarbeiter? Wie gut führe ich mein Unternehmen? Wie gut führe ich meine Geschäftspartner und Lieferanten? Komme ich nur noch zum Managen oder nehme ich mir die Zeit, gut zu führen?

Egal wie wir diese Fragen für uns beantworten, wir brauchen gute Führung!

Schauen wir dabei aber nicht zu sehr auf diejenigen, die heute in den vermeintlich relevanten Positionen sitzen. Wir können uns nicht darauf verlassen, dass sie alle den Unterschied zwischen Management und guter Führung verstehen oder gar anwenden wollen. Bleiben wir bei unserem eigenen Einflusskreis und konzentrieren wir uns auf das, was in unserer Macht steht. Versuchen wir so gut wie möglich, zum Könner in guter Führung zu werden – und zwar alle!

Alles Gute für die Zukunft

Andreas Maron

Die Selbstbewertung

In jedem Kapitel spreche ich von unterschiedlichen Entwicklungskategorien. Bei welcher Fähigkeit befinden Sie sich – *ehrlicherweise und in der Regel* – in welcher Kategorie? (Im Zweifel eher konservativ bewerten.)

Und zur Erinnerung: Es geht nicht um das Wissen, sondern um das wirkliche Können!

Nr.	Fähigkeit	K1	K2	K3	K4	K5
B1	Ich kann mich gut selbst führen.	0	20	80	150	200
B2	Ich kann jedem Team eine überzeugende Perspektive vermitteln.	0	20	60	100	
B3	Ich kann meine Teammitglieder auf Ergebnisse und nicht nur auf Aufgaben ausrichten.	0	70	100		
B4	Ich kann Mitarbeitergespräche führen, welche vor allem das Engagement entwickeln.	0	20	40	60	100
B5	Ich kann eine gute Feedbackkultur entwickeln.	0	20	60	100	
B6	Ich kann ein Team durch jede Art von Veränderung erfolgreich navigieren.	0	50	100		
B7	Ich kann ein internes Projekt hervorragend managen.	0	20	60	100	
B8	Ich kann wirkungsvoll delegieren.	0	50	100		
B9	Ich kann sehr gut über Kennzahlen führen.	0	20	60	100	
B10	Ich kann gut entscheiden.	0	20	60	100	
B11	Ich kann etwas gut vermitteln.	0	70	100		

F1	Ich kann Vertrauen auf allen fünf Ebenen des Vertrauens aufbauen.	0	20	100	200	
F2	Ich kann eine gute Unternehmenskultur entwickeln.	0	20	40	100	200
F3	Ich kann eine Strategie mit vollem Engagement der Leute umsetzen.	0	80	200		
F4	Ich kann gut coachen.	0	50	100		
F5	Ich kann immer ein Top-Team auf den Platz schicken.	0	20	60	100	
F6	Ich kann eine Krise managen.	0	20	60	100	
F7	Ich kann mich politisch klug verhalten.	0	50	100		
	Mein aktueller Stand:					

Die Auswertung:

Summieren Sie die Punkte zusammen – es sind maximal 2200 Punkte möglich. Wie nahe kommen Sie an diesen Wert heran?

Sind Sie ein Neuling in einer Führungsrolle und kommen bei den Basics (B1–B11) über 400 Punkte, sind Sie bereits auf einem guten Weg.

Zählen Sie sich zu einem erfahrenen Teamleiter oder sind Sie in einer höheren Position und liegen in Summe über alle Fähigkeiten unter 650 Punkten, so sollte Ihnen das zu denken geben.

Welche Schlussfolgerungen ziehen Sie für sich aus diesem aktuellen Stand?

Wollen Sie den aktuellen Stand weiter steigern – und wenn ja – auf welches Niveau bis wann?

Was wird Ihnen helfen, dieses Vorhaben konsequent zu erreichen?

Danksagung

Das Buch hätte einen doppelten Umfang, würde ich zu folgenden Personen und Organisationen explizit Stellung nehmen, warum dieses Buch ohne ihren Einfluss nicht zustande gekommen wäre.
Ich danke allen!

Dr. Achim Bongers, Ulf Busch, Stephen R. Covey, Michai Cunia, Thomas Czerny, Sigrid Glanzer, Alain de Krassny, Mirko Einert, Stefan Eisenmann, Jake Jacobsen, Alexander Loisel, Maria Madl, Christina Maron, Silke Maron, Ray McGrath, Katharina Ohana, Hans Pflanz, Harald Riedel-Taschner, Karin Scasny, James Schober, Albert Spielmann, Peter Ungvari, Robert Ungvari, Guido Warrink und Sam Zibuschka.

Speziell danke ich John Petrucci, Mike Portnoy, James LaBrie, Jordan Rudess und John Myung von der Band *Dream Theater* für das beste Konzeptalbum aller Zeiten (»Metropolis Pt. 2 – Scenes from a Memory«), welches mich permanent beim Schreiben begleitet hat. (PS: Auch diese Herren sind auf ihrem Gebiet absolute Könner!)

Über den Autor

Meine frühe Passion war die Musik. Ich wollte Musiker werden – oder zumindest Tontechniker –, aber mein Vater hatte seine klaren Vorstellungen, wie ein erfolgreiches Leben für seinen Sohn wirklich aussieht: »Schlag dir das aus dem Kopf! Studiere etwas Anständiges – gehe in die Wirtschaft. Schau, dass du in einen Vorstand kommst, denn dann bist du weniger eine Marionette wie ich und hast genug Geld, um dein Haus und eine Familie zu finanzieren«.

Und wie das so ist auf dieser Welt – meist setzen sich Menschen mit klaren Bildern im Kopf eher durch als Menschen, die nur eine diffuse Vorstellung davon haben, was ihnen wirklich wichtig ist.

Ich folgte diesem vorgegebenen Bild, studierte an der TH Darmstadt Maschinenbau und mit 38 Jahren hatte ich alles umgesetzt. Ich saß in der Geschäftsleitung eines renommierten Unternehmens, wohnte in einem Haus und konnte meine Familie finanzieren.

Was dieses schöne Bild nicht erzählt: Ich arbeitete zu viel, meine Familie sah mich zu wenig und ich kam mir vor wie ein Abziehbild eines gesichtslosen Rädchens in einem riesigen System, welches wir globale Marktwirtschaft nennen.

Ein damaliger guter Freund rief mich eines Tages an und sagte mir, er hätte uns beide zu einem Seminar eingeladen. Dem Seminarleiter würden zur Mindestzahl noch zwei Teilnehmer fehlen und er wolle ihm einen Gefallen tun. Ich willigte ein, aber gleichzeitig hatte ich Bauchschmerzen, teilzunehmen, denn das Seminar trug den Titel »Mission Statement«. Es sollte darum gehen, herauszufinden, worum es einem in diesem Leben eigentlich wirklich geht.

Ich hatte Angst, nun festzustellen, ich hätte doch lieber Musiker werden sollen, als eine vorzeigbare Karriere in der Industrie über die letzten 15 Jahre hinzulegen. Diese Angst verflog bereits mit der ersten Frage des Seminarleiters: »Was fehlt euch in dieser Welt am meisten? Schreibt das bitte einmal auf …« Ich brauchte eine Weile, aber dann schrieb ich nur zwei Wörter auf mein viel zu großes Blatt: *Weitblick* und *Freude.*

Mein bisheriges Wirken als Manager war geprägt von Kurzfristigkeiten und Kurzsichtigkeiten, Quartalsergebnissen, Zielerreichungsstress, Feuerlöschen und einer ständig wachsenden Dynamik des Tagesgeschäfts. Gefühlt war immer zu wenig Zeit, um zu schauen, ob die Leiter, die man hochhechtete, auch wirklich an der richtigen Wand stand.

Gleichzeitig war ich umringt von Unzufriedenheiten, Frust, einer zunehmenden Schar von Menschen, die blaumachten, weil sie dieses Tempo einfach nicht mehr aushielten. Wo war die Freude? Wo war die Zufriedenheit geblieben, die eine berufliche Tätigkeit eigentlich begleiten sollte?

Weitblick und Freude – da standen sie also, die beiden Wörter, welche mich in den nächsten 20 Jahren bis heute begleiten sollten.
Stellte man mir die gleiche Seminarfrage heute nochmals, so würden die zwei gleichen Begriffe immer noch auftauchen, erweitert durch ein drittes Wort: *Vertrauen.*

Vor bald 20 Jahren formte sich dann also ein Statement, welches alles ausdrückt, was meine Arbeit bis heute ausmacht:

»Ich bin Andreas, der Bergführer. Meine Aufgabe sehe ich darin, Führungskräften, Studenten und Kindern mehr Weitblick und Freude zu vermitteln. Ich tue dies durch Befreien, Entwerfen und Spielen. Meine Talente hierfür sind Spüren, Neue-Wege-Gehen, Vermitteln und Musizieren.«

Schaue ich mir dieses Statement heute wieder an, so ist es so stark und motivierend wie eh und je. Es ist mein Kompass, welcher mich durch alle Motivationslöcher und Tiefen der letzten Jahre hindurchgeführt hat. Aber so ist das mit einem »inneren Auftrag« – einer Mission. Sie liefert eine klare Identität und sie wirkt als Triebfeder, immer wieder nach vorne zu gehen – gerade in Zeiten, in denen man dazu neigt, Hoffnung oder Perspektive zu verlieren.

Einen Auftrag zu kennen und zu haben, ist die eine Sache. Die Umsetzung eine andere. Und so recherchierte ich alles zum Thema »Weitblick«, »Freude bei der Arbeit«, »Der Faktor Mensch in der Wirtschaft« und »Langfristiger Erfolg« – und landete dabei bei einem Buch, welches zu den einflussreichsten Büchern der letzten drei Jahrzehnte weltweit avancierte: *Die 7 Wege zur Effektivität* von Stephen R. Covey.

Viele Leser werden den folgenden Effekt kennen. Man liest und hat ständig einen kleinen oder größeren Aha-Effekt. Man könnte ständig Passagen anstreichen oder Post-its hineinkleben, damit man diese Gedanken niemals wieder vergisst oder zumindest wiederfindet. So ging es mir mit diesem Buch auch. Gleichwohl ich es in der damaligen deutschen Übersetzung mehr als sperrig empfand. Aber letztlich war es das Kapitel 6 »Synergien schaffen«, das mir den endgültigen Kick verpasste. Schon immer hatte ich davon geträumt, dass Menschen konstruktiv miteinander umgehen könnten, und spätestens beim Kapitel 6 hatte ich eine vollständige, plausible und pragmatische Vorstellung davon, wie das tatsächlich in allen Lebenslagen Realität werden könnte.

So hatte ich meinen ersten Werkzeugkasten in der Hand, um Führungskräften, Studenten und Kindern mehr Weitblick und Freude zu verschaffen, und der Rest ist konsequente Geschichte. Ich löste mich aus meiner Geschäftsleitungsposition, machte eine Coaching-Ausbildung und ließ mich als einer der ersten deutschsprachigen Trainer in *Die 7 Wege zur Effektivität* durch Franklin Covey zertifizieren.

Seit bald 25 Jahren begleite ich nun Unternehmer oder Manager auf ihrem Weg, langfristig erfolgreich zu sein. Sei es, dass ich sie in einem zwei- oder dreitägigen Seminar erlebe oder über Jahre mit ihnen zusammenarbeite, sei es in Klausuren oder Einzeltreffen.

Ich bin Co-Autor des Business-Bestsellers *Die 4 Disziplinen der Umsetzung* sowie des Coaching-Buches *Potenziale entfesseln*. Beide Titel sind im Redline Verlag erschienen.

Privat bin ich verheiratet und Vater von drei Töchtern und einem Sohn. In meiner Freizeit spiele ich mit Leidenschaft Tennis und nutze stetig meine Sammlung an Musikinstrumenten zum aktiven Musizieren.

Quellenverzeichnis

1 Pletter, Roman: Der Anatom der Karte, *brand eins*: Können, Ausgabe 11/2007, siehe https://www.brandeins.de/magazine/brand-eins-wirtschaftsmagazin/2007/koennen/der-anatom-der-karte (abgerufen am 24.03.2025)

2 YouTube: Rubinstein at 90 interview, siehe https://www.youtube.com/watch?v=VFEsLd-ERZwI&t=396s (abgerufen am 24.03.2025)

3 *manager magazin*: Platzeck tritt ab. Die schwierigste Entscheidung meines Lebens, 10.04.2006, siehe https://www.managermagazin.de/unternehmen/artikel/a-410644.html (abgerufen am 24.03.2025)

4 Ungvari, Robert: Der »Antreibertest«, Create Momentum Wien.

5 Covey, Stephen R.: Die 7 Wege zur Effektivität, GABAL, 2018.

6 FranklinCovey: Leadership Programme, siehe https://www.franklincovey.de/de/fuehrung/ (abgerufen am 24.03.2025)

7 Grundl Leadership Institut, siehe www.grundl.de (abgerufen am 24.03.2025)

8 Grundl, Boris: »Leading Simple«: Leadership Programm, siehe www.grundl.de (abgerufen am 24.03.2025)

9 Diehl, Andreas: House of Change – Die vier Zimmer der Veränderung, siehe https://digitaleneuordnung.de/blog/house-of-change (abgerufen am 24.03.2025)

10 Kogon, Kory/Blakemore, Suzette: *Projektmanagement für inoffizielle Projektleiter*, Redline Verlag, 2025.

11 t2informatik: Definition Delegation Poker, siehe https://t2informatik.de/wissen-kompakt/delegation-poker/ (abgerufen am 24.03.2025)

12 Rosling, Hans: *Factfulness*, Ullstein, 2019.

13 »Hinnen, Andri/Hinnen, Gieri: *Reframe it!*, Murmann, 2017.

14 Kyle, Sam: *Decision Checklist*, 2018.

15 Marquet, L. David: *Reiß das Ruder rum!*, dpunkt Verlag, 2020.

16 Saint-Exupéry, Antoine: *Die Stadt in der Wüste*, siehe: Anders, Michael: Saint-Exupéry: Wenn du ein Schiff bauen willst ..., siehe https://anders-scp.de/?p=158 (abgerufen am 24.03.2025)

17 Duarte, Nancy: *Resonate*, Wiley, 2011.
18 Covey, Stephen M.R.: *Schnelligkeit durch Vertrauen*, GABAL, 2009.
19 Reicheld, Fred/Seidensticker, Franz-Josef: *Die ultimative Frage*, Carl Hanser Verlag, 2006.
20 Kununu-Arbeitgeberportal, siehe www.kununu.com (abgerufen am 24.03.2025)
21 Beise, Marc/Ritzer, Uwe: »Gegenwind gehört zum Geschäft«, *Süddeutsche Zeitung*, 08.10.2017, siehe https://www.sueddeutsche.de/wirtschaft/schaeffler-chef-klaus-rosenfeld-gegenwind-gehoert-zum-geschaeft-1.3699732?reduced=true (abgerufen am 24.03.2025)
22 Wikipedia: Organisationskultur, siehe https://de.wikipedia.org/wiki/Organisationskultur (abgerufen am 24.03.2025)
23 Simpson, Michael K./Maron, Andreas: *Potenziale entfesseln*, Redline Verlag, 2017.
24 Wegner, Jochen/Amend, Christoph: Thomas Zurbuchen, wann findet die Nasa Leben im Weltall?, ZEIT-Podcast „Alles gesagt?", Folge vom 02.08.2022:, *ZEIT ONLINE*, siehe https://www.zeit.de/wissen/2022-07/thomas-zurbuchen-alles-gesagt-interviewpodcast (abgerufen am 24.03.2025)
25 Hendrich, Fritz: *Die vier Energien des Führens*, Signum Verlag, 2002.
26 Leyendecker, Hans: Siemens-Skandal. Ermittlungen weltweit, *Süddeutsche Zeitung*, 17.05.2010, siehe https://www.sueddeutsche.de/wirtschaft/siemens-skandal-ermittlungen-weltweit-1.19258(abgerufen am 24.03.2025)2
27 Welch, Jack/Welch, Suzy: *Winning*, Campus Verlag, 2005.
28 Rooke, David/Torbert, William R.: *Die 7 Typen von Managern*, *Harvard Business Manager*, 7/2005.
29 Kramers, Jeffrey A: Jack Welch and the 4 E`s of Leadership, McGraw-Hill Professional, 2005.
30 YouTube: Simon Sinek on Millennials in the Workplace, siehe https://www.youtube.com/watch?v=hER0Qp6QJNU (abgerufen am 24.03.2025)
31 Laloux, Frédéric: *Reinventing Organizations*, Nelson Parker, 2014.
32 FranklinCovey: Die 4 essenziellen Führungsrollen®, siehe https://www.franklincovey.de/de/programme/4essenziellerollen/ (abgerufen am 24.03.2025)